邹鲁文化丛书

峄山碑刻集

王 川 编著

齊魯書社

图书在版编目(CIP)数据

峄山碑刻集/王川编著. —济南:齐鲁书社，2016. 12
ISBN 978-7-5333-3658-5

Ⅰ. ①峄…　Ⅱ. ①王…　Ⅲ. ①碑刻—汇编—山东
Ⅳ. ①K877.42

中国版本图书馆 CIP 数据核字(2016)第 295640 号

峄山碑刻集
王　川　编著

主管单位	山东出版传媒股份有限公司
出版发行	齊魯書社
社　　址	济南市英雄山路 189 号
邮　　编	250002
网　　址	www.qlss.com.cn
电子邮箱	qilupress@126.com
营销中心	(0531)82098521　82098519
印　　刷	日照日报印务中心
开　　本	880mm×1230mm　1/32
印　　张	11.5
插　　页	3
字　　数	299 千
版　　次	2016 年 12 月第 1 版
印　　次	2016 年 12 月第 1 次印刷
标准书号	ISBN 978-7-5333-3658-5
定　　价	**42.00** 元

《邹鲁文化丛书》编委会

总 序

邹、鲁是西周和春秋战国时期的两个诸侯国，这块古老文明的东方圣地曾经孕育了我国历史上著名的思想家、教育家孔子以及颜子、曾子、子思子、孟子等文化巨人，是儒家文化发源地和中华文明的重要发祥地。“邹鲁”并称常见于史籍而一直延续至今。《庄子·天下篇》记载：“其在于《诗》《书》《礼》《乐》者，邹鲁之士、搢绅先生多能明之。”《史记·货殖列传》中亦说：“邹鲁滨洙泗，犹有周公遗风，俗好儒，备于礼”“诵读之声不绝于耳”。《汉书·韦贤传》中称赞邹鲁为：“济济邹鲁，礼义唯恭，诵习弦歌，于异他邦。”韦贤、韦玄成父子丞相，被誉为“邹鲁大儒”。近代思想家梁启超《论孟子遗稿》中提出：“邹鲁学者多断断于礼容之末节而不见其大，惟子思述家学以作《中庸》。”可见，“邹鲁”一说自古有之。两千多年来，邹鲁作为文教兴盛之地，备受尊崇，影响深远。以儒家思想为核心的邹鲁文化，已经深深扎根于中华文明的精神血脉之中。

邹鲁文化是中国传统文化的重要内容，是中国古代东夷文化与华夏文化长期融合的产物，是中国远古时代思想文化发展的一个必然结果，它的产生、形成与发展，是与当时整个人类社会发展的大趋势紧密相联，是对中国原始文化的一种超越，而这一“超越”，对中国传统文化以及人类文明都具有重大历史意义和现代价值。

邹鲁文化产生之初，是一种地域文化，但随着历史的变迁，这一文化逐渐向其他地区传播与蔓延。在春秋战国“百家争鸣”时期，邹鲁文化是一家之言、是一门显学。至西汉武帝时期，“罢黜百家，独尊儒术”，便由一家之言的学术思想，上升为社会意识形态，成为统治者治理国家的指导思想、学校教育的教科书和选拔人才的一种标准，成为古代士人读“经”为官、光宗耀祖的事业。而邹鲁文化亦由原来的一种地域性文化，逐渐成为中国传统文化的核心内容和主流，影响深远。历经魏晋南北朝隋唐五代，“邹鲁”一词逐渐由地域概念转变为一种文化学术的代名词；宋元之后，“邹鲁”便成为一种文化的象征。天下邹鲁，一脉相传。在此后的历史发展过程中，在全国各地乃至海外的许多人文荟萃之地便出现了众多的以“邹鲁”相称的文化城市。如福建的泉州、漳州、福州、厦门、莆田，广东的汕头、揭阳、潮州、普宁，海南的文昌、儋州等有“海滨邹鲁”之称；南平、邵武、建阳、武夷山市等地称之为“闽邦邹鲁”；安徽的黄山、宣城、徽州、绩溪、歙县、黟县等地有“东南邹鲁”之称；浙江的宁波、温州、金华、义乌等地有“江南邹鲁”“小邹鲁”之称；湖南长沙有“荆湖邹鲁”之称；云南建水有“滇南邹鲁”之称；黑龙江的呼兰区有“江省邹鲁”之称；四川的蓬溪县有“梓东邹鲁”之称；甘肃的秦安县有“陇右邹鲁”之称；贵州的思南县有“云贵邹鲁”之称；韩国的安东市称为“海东邹鲁”“邹鲁之乡”，等等，这些邹鲁文化城市，在漫长的历史发展过程中，都曾参与了邹鲁文明的创造和发展。

对于邹鲁文化的研究，杜维明先生曾经提出：“为什么曲阜、邹城形成的区域文化影响到中原，继而到全世界？这其中经过怎样的曲折和发展，逐渐成为主流……都很值得探究。”任继愈先生则称赞“邹鲁文化与齐文化在春秋战国时期处于领先地位”，并指出“历史长、造诣深、层次高的是荆楚文化与邹鲁文化”。李学勤先生十年前也曾提出：“邹鲁文化何以会孕育出孔子及儒学？孔子和儒学又怎样塑造与推进了邹鲁文化？以孔子、儒学为代表的邹鲁文化是在什么环境条件下形成的，与其他区域文化存在着如何的关系？要回答这一类问题，必须对邹鲁文化进行全面的考察分析，说明其本质和特征。”这些问题的提出，代表了新时期学术界对邹鲁文化研究的一种热切期望。

邹城市委、市政府以高度的文化自觉和责任担当，先后于2014年和2015年召开了两届邹鲁文化城市座谈会，邀请曾经在各个历史时期引领中华文化发展潮流和方向的邹鲁文化城市的代表和专家学者，共同探讨邹鲁文化的优秀思想成果和当代价值，围绕“邹鲁文化的渊源与传承”“邹鲁文化的时代价值”“邹鲁文化的交流与合作”等主题，对邹鲁文化的产生、演进、传承及发展进行了广泛的研究与探讨，同时组织人员编纂了《邹鲁文化丛书》。该丛书第一辑内容涵盖了哲学、历史、文化、民俗、人物、文艺等多个方面。这是一项功在当代、惠及后世的重大学术工程。其中《邹鲁文化探源》一书，收集了近年来邹鲁文化研究领域的最新学术成果，对邹鲁文化的内涵、渊源、形成与传播，进行了多方位的探讨；《天下邹鲁》，对各邹鲁文化城市的文化底蕴以及在传承弘扬邹鲁文化方面所做的工作进行了介绍，使我们能够感受到邹鲁文化强劲的传播力；《郳鲁春秋》，在古国史的研究领域中填补了一项空白，读者可以从这部眉目清楚、叙述简要的著作中看到郳、鲁两国的来龙去脉和盛衰兴亡。其他书籍也分别从不同角度对邹鲁文化进行了阐释和探究。

近年来，党中央高度重视中华优秀传统文化的传承与弘扬。2013年11月，习近平总书记在山东考察时深刻指出：“一个国家、一个民族的强盛，总是以文化兴盛为支撑的，中华民族伟大复兴需要以中华文化发展繁荣为条件。”今年在庆祝中国共产党成立95周年大会上又强调“要坚定道路自信、理论自信、制度自信、文化自信”，而“文化自信，是更基础、更广泛、更深厚的自信”。以上讲话，正是我们研究中华文化包括邹鲁文化必须遵守的指导思想和原则。

《邹鲁文化丛书》的出版，适应了当代社会文化发展的潮流，是对邹鲁文化的创造性转化和创新性发展。对于唤起学术界对邹鲁文化的重视，推动邹鲁文化研究的繁荣与发展，加强邹鲁文化城市圈的交流与合作，具有重要的学术价值和现实意义。

“欲穷千里目，更上一层楼。”希望各邹鲁文化城市及有关专家学者充分把握当前文化发展的机遇，再接再厉，把这项研究工作继续深入进行下去。是所至盼。

安作璋

2016 年 11 月 28 日

目 录

元

明

清

民　国

峄山刻石

皇帝[1]立国，维[2]初在昔，嗣世[3]称王。讨伐乱逆，威动四极[4]，武义直方[5]。戎臣[6]奉诏，经时不久，灭六暴强[7]。廿有六年[8]，上荐高号[9]，孝道显明[10]。既献泰成[11]，乃降专惠，亲巡远方。登于峄山，群臣从者，咸思攸长[12]。

追念乱世，分土建邦，以开争理[13]。功战日作，流血于野，自泰古[14]始。世无万数，阤及五帝[15]，莫能禁止。乃今皇帝，壹家天下，兵不复起。灾害灭除，黔首[16]康定，利泽长久。群臣诵略[17]，刻此乐石[18]，以著经纪[19]。

皇帝[20]曰："金石刻尽始皇帝[21]所为也。今袭号[22]而金石刻辞不称[23]始皇帝，其于久远也，如后嗣为之者，不称成功盛德。"丞相臣斯[24]、臣去疾[25]、御史大夫臣德昧死[26]言："臣请具刻诏书[27]金石刻，因[28]明白矣。臣昧死请。"制曰[29]："可。"

【简介】

秦始皇统一六国后，于公元前219年东巡，据《史记·秦始皇本纪》载："二十八年，始皇东行郡县，上邹峄山，立石，与鲁诸儒生议，刻石颂秦德，议封禅、望祭山川之事。"碑文由李斯用小篆体书

宋·峄山刻石·正面

写。其文《史记》不载。刻石后为后魏太武帝拓跋焘推倒。宋淳化四年(993),郑文宝根据南唐徐铉摹本重刻于长安,世称“长安本”,现存西安碑林。宋元祐八年(1093)邹令张文仲获长安摹刻拓片,又摹刻于县衙厅后之峄阴堂中。后此碑亦残缺。元世祖至元二十九年(1292),县令宋德命工再度摹刻,即今存之“邹县本”。现藏邹城市博物馆。碑体为方柱形,高190厘米,四面各40厘米,四面刻字。前为始皇颂辞,共144个字,四言,每三句一押韵;“皇帝曰”以下为秦二世诏书,散体,79字。总共223字。有珍贵的文物价值与书法艺术价值。

【注释】

①皇帝:秦灭六国后改掉国王称号,称为“皇帝”,以古代“三皇”“五帝”的称号组合为一个专用名词,代表国家元首和不受任何限制的最高权力。

②维：用于句首，作语助。《史记·太史公自序》：“维昔黄帝，法天则地。”

③嗣世：一代一代地接续下去。按：秦先世称“公”，至惠文王始称“王”，历武王、昭王、孝文王、庄襄王而至秦王政（后改称为秦始皇），所以说“在昔”是“嗣世称王”的。

④四极：四方极远之地，即天下。

⑤武义：兵事。直方：正直，正义。

⑥戎臣：武臣。

⑦灭六暴强：指攻灭韩、赵、魏、楚、燕、齐六国。按从公元前230年灭韩，至公元前221年灭齐，仅用了10年时间，故上句话“经时不久”。

宋·峄山刻石·背面

⑧廿有六年：公元前221年，本是秦王政即位之二十六年，从这年起改称“始皇帝”。

⑨上荐高号：这里指秦始皇追尊其父庄襄王为太上皇。

⑩显明：光明高尚，贤明。《荀子·成相》：“许由、善卷，重义轻利，行显明。”《韩非子·说疑》：“如此臣者，虽当昏乱之主尚可致功，况于显明之主乎？此谓霸王之佐也。”

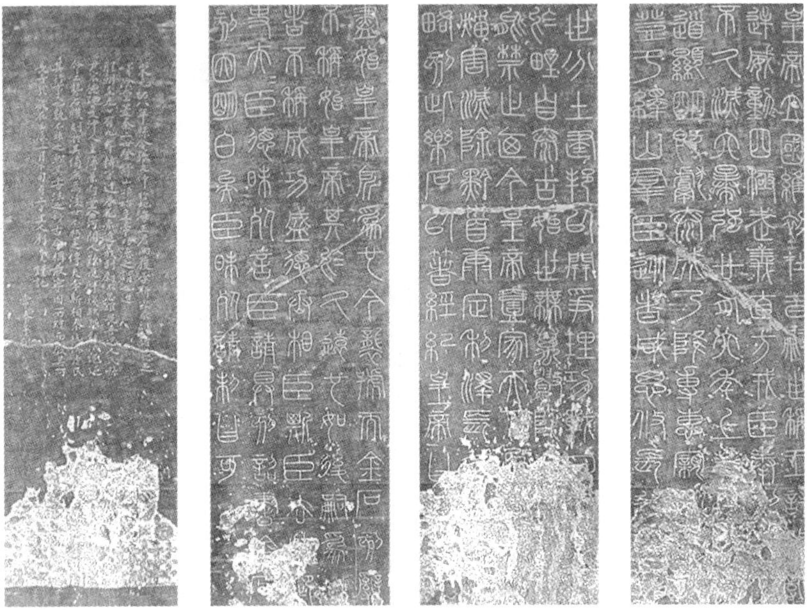

元代峄山刻石

⑪泰成：泰指平安，成指岁成。泰成就是平安而丰稔。

⑫咸：全，都。攸：同悠，远。

⑬争理：争夺的理由。

⑭泰古：远古。

⑮阤（yǐ）：延续、绵延；五帝：传说中的上古帝王，指黄帝、颛顼、帝喾、唐尧、虞舜；一说指太昊（伏羲）、炎帝（神农）、黄帝、少昊、颛顼；另一说指少昊、颛顼、高辛（帝喾）、唐尧、虞舜。

⑯黔首：黔为黑色，黔首犹黎民。《礼记·祭义》："因物之精，制为之极，明命鬼神，以为黔首则。"郑玄注："黔首，谓民也。"

⑰诵略：陈述大概。

⑱乐石：原指能发出乐音可制磬的石。《尚书·禹贡》中的"泗滨浮磬"即此石。

⑲经纪：纲纪、法度、秩序。

⑳皇帝：此“皇帝”是秦二世胡亥。公元前210年至公元前207年在位。按此以上是秦始皇颂功之辞，此以下为二世诏书。

㉑始皇帝：即秦始皇。秦始皇废除由臣下议论君上的谥法，自称“始皇帝”，规定后世嗣称二世、三世以至万世。

㉒袭号：承袭皇帝称号。

㉓称：相符，相配。

㉔丞相：官名，始于战国，至秦代为封建官僚组织中的最高官职，辅佐皇帝，综理全国政务。臣：臣下对皇帝时的自称；斯：即李斯(？～前208)，楚国上蔡(在今河南)人，战国末入秦，被秦王政任为客卿。秦王政十年(前237)秦下令逐客，他上书谏阻，即著名的《谏逐客书》。秦统一后，任为丞相。反对分封制，主张焚《诗》《书》，禁私学，以加强专制主义中央集权的统治。他又以小篆为标准，整理文字，对我国文字的统一与发展有重要贡献。秦二世时被赵高谗害，腰斩于咸阳。

㉕去疾：冯去疾。

㉖御史大夫：官名，秦汉时仅次于丞相的中央最高长官之一，掌监察、执法，兼管重要文书图籍。德：姓氏无考；昧死：犹冒死，古时臣下上书多用此语，以表示敬畏。

㉗诏书：帝王布告臣民之书，此指上文二世皇帝所说的话。

㉘因：因之，因而。

㉙制曰：秦始皇时规定，皇帝的“命”为“制”、“令”为“诏”。

文通食堂题记

鲁国驺□□里□掾[①]文通食堂[②]。掾少读《严氏春秋》，经召县掾、功曹[③]、府文学、□曹掾、县三老[④]。掾年八十六以永和六年十月八日己未以寿终。母年八十四以永和五年五月八日丁卯以寿终。掾有子男女八人，大女□侯，字□□□□久□。大男宗，字伯宗，年五十病终；有子男久卿，久卿弟宝公。伯宗弟般，字孟卿，年卅病终；有子男如，字伯商。孟卿弟寅，字仲玉，年五十病终；有子男憙，弟阿奴。仲玉弟□，字符玉，有子男方，弟扶、弟羡、弟顾。元玉弟竟，字仲忽，有子男吉，弟福。仲忽弟强，字季卿，有子男高，弟宝、弟时、弟少贵。季卿弟兴，字季起，有子男伯张。季起兄弟八人，诸兄薄命蚤终。季起秉掾、母奉终。得备衣冠印绶，长□虽无忠孝之心，尤识子道□□恩，躬率诸孙，举家竭欢，奉进甘珍。世孙念无堂，各欲尽□□□曰然。□欲兄□不使少子欲□□亲不往□，忽□供养，悲痛达心。丧魂魄□□自造归幽冥，孤子肠断，维五□常□悲伤，掾、母命终，何其思念之，悲□切□无穷，其子无随没之寿王，无□□之臣，唯愿有□显阙，以奉四时，供祭魂□，以□□禄，永享其道。愿□霜护其子孙。今□□□季起与伯张、高、宝等作成石庙堂，以俟[⑤]魂神往来休息，孝之然也。□以置食堂，虽辞□万世墓表,颂之皆昌,逆之者亡。后子孙□,崩落□子。愿毋绝缘,常受吉福,永无亟,万岁无央。伯宗妻□□□,字惠卿,年六十终。有子女□□□□□□□。孟卿妻高平孔叔阳女,四十八终。仲玉妻徐□□女,字淑,有子、女、孙、女等□之。元玉妻□伯春女,字睦信,有子女□□。仲忽妻安□□□小卿女,字□郎,有子女。季卿妻资稚侯女,字敬淑,有子女□。季起妻徐季文女,字义亲,有子女□。千□□□(构)命□□附葬□,谒(竭)家痛切,治此食堂,以汉安元年六月七日甲寅,毕成[⑥]。石工高平王□、王□□、高五庚。此中人马皆食(大)太仓[⑦]。

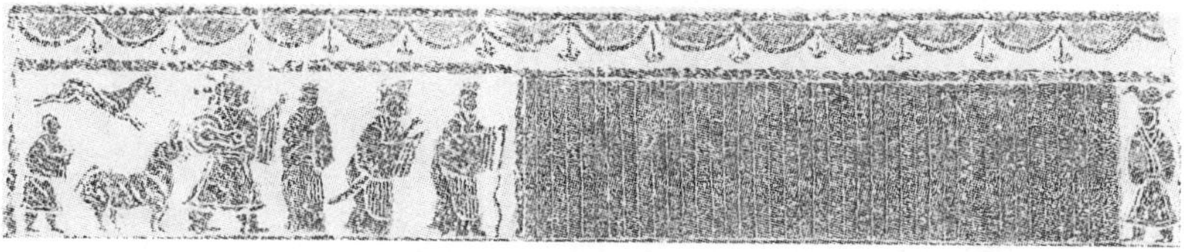

文通食堂题记

【简介】

2013年4月,峄山脚下北龙河村出土东汉汉安元年(142)祠堂画像题记石刻一块,石长1.91米,宽0.47米,厚0.28米,该石左侧为人物、动物画像,右侧为题记,自右向左竖刻41行,行12至18字不等,共600余字,据初步考证,是迄今为止国内发现或著录的汉代祠堂题记中字数最多的画像石。题记纪年明确、图像清晰、雕刻技法特点突出,是判定山东汉画石刻年代的可信标尺,对研究纪年汉画及年代序列具有重要价值。

【注释】

①掾:汉代属官的通称。上自三公下至郡县都有掾属,人员有主官自选,不由朝廷任命。单称掾,一般指县掾,是无官秩、没有实权的附属官员,有县令自选任命。掾字前字不识,当为姓氏,其例多见汉画题记。在题记中称掾,是掾的儿子避父讳,以官职称之。

②文通食堂:文通应是掾的字。食堂:亦名"飨堂",是古人建于墓前供亡灵享祭的象征性石屋。其上多刻题字,以志墓主、年月等情。

③功曹:亦称功曹史,秦代始设,为郡令、县令的主要佐吏。功曹权力,汉代最盛,实为郡、县长官的助理。如西汉萧何,曾为秦时功曹。

④县三老:三老是古代掌管教化的乡官,最早在出现在战国时魏国。秦置乡三老,汉增置县三老、郡三老和国三老。《汉书·高帝纪上》:"举民年五十以上,有修行、能帅众为善,置以为三老。乡一人,择乡三老一人为县三老。"

⑤以俟:等待。《诗经·邶风·静女》"静女其姝,俟我于城隅",又如《左传·襄公八年》:"周诗有之曰:俟河之清,人寿几何?""以俟"词句的意思是等待祖先的灵魂到来。

⑥毕成:汉代祠堂题记的常用句式。苍山元嘉元年(151)题记"立椁毕成,以送贵亲",微山永和四年(139)桓孨祠堂题记"……到六年正月廿五日,毕成"。

⑦太仓:太仓为汉代太仓令,藏粟最多之处。此处比拟死者禄食不尽之意。临沂五里堡画像题记:"人马禽兽百鸟,皆食于太仓,饮于河梁之下。"嘉祥许卒史安国祠堂题记:"此中人马,皆食大仓,饮其江海。"

峄山妖精洞刻经

文殊师利白佛言:“世尊[1],何故名般若波罗蜜?”佛言:“般若波罗蜜,无边无际,无名无相[2]。非思量,无归依,无洲渚。无犯无福,无晦无明。如法界[3],无有分齐,亦无限数,是名般若波罗蜜,亦名菩萨[4]摩诃萨行处。非行非不行处,悉入一乘[5],名非行处。何以故?无念[6]无作[7]故。”

【简介】

峄山摩崖刻经有两处,一在妖精洞一侧,东向,经文7行,每行14字,共98字。字径在17至23厘米之间。经文前有略小的题字一行:“斛律太保家客邑主董珍陀”11字。另一处在五华峰峭壁上,南向,首行题“文殊般若”4字,其下经文10行,每行10字,最后一行空2字,仍是98字,两处所刻经文相同。唯妖精洞刻经所有的“无”字均为“无”,而五华峰顶为“無”字。两相对照,可以理清全文(《峄山志》所录多处错误,不足取)。

妖精洞刻经未著刻石年代。据考《北齐书》,斛律光长子斛律武都,特进太子太保开府仪同三司,梁、兖二州刺史,于齐后主武平三年(572)在任所伏诛。经主董珍陀是他家的家客,刻石必在这一

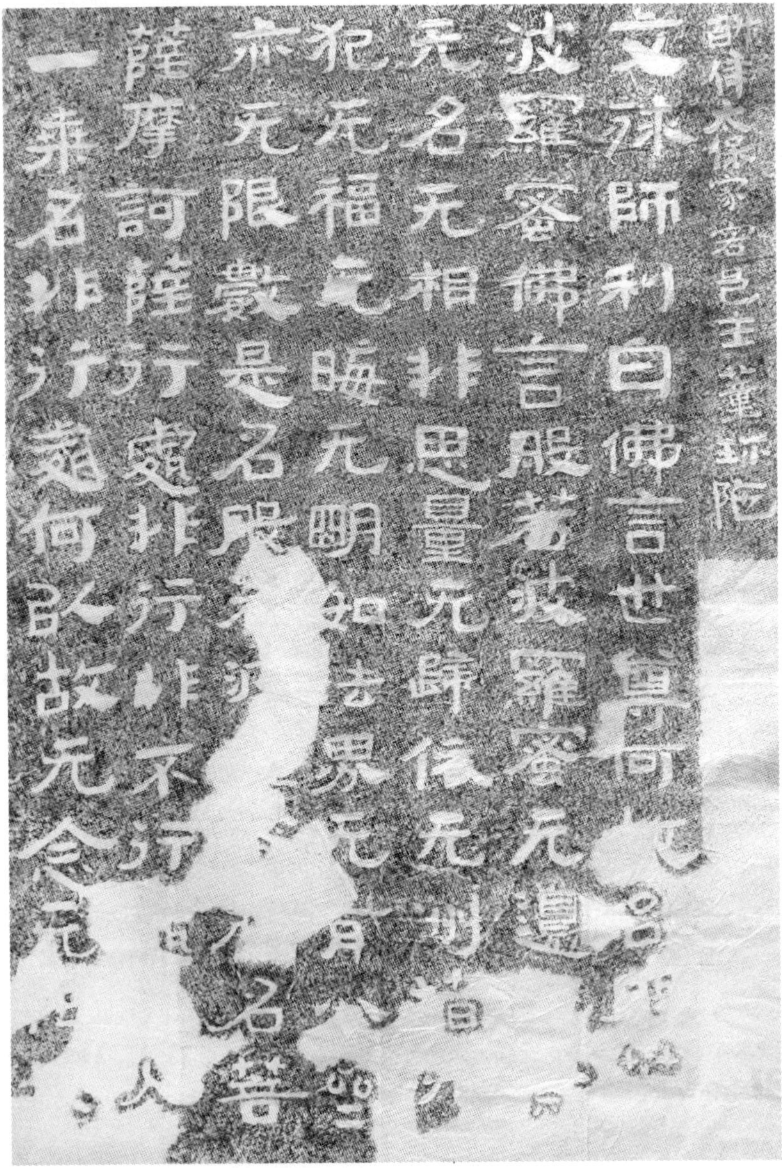

妖精洞刻经

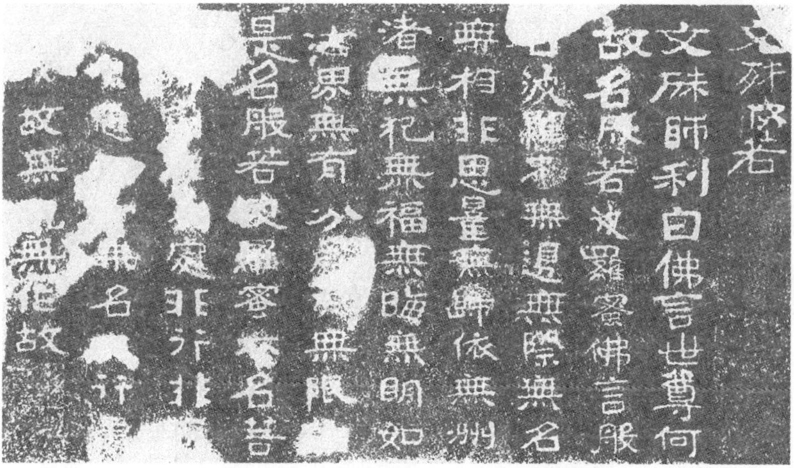

五华峰刻经

年以前，因为如在此后，便不会冠以“斛律太保家客”字样了。因此，断定此刻最晚在572年，比邹城另一处重要摩崖刻石《铁山刻经》的大象元年(579)早了7年以上。五华峰顶刻经过去著录皆称“无年代”，近几年才发现摩崖左侧石棱处刻有年代为“河清三年”。按：“河清”为北齐武成帝年号，“河清三年”为564年，比妖精洞刻经早8年，可以认为其是邹城市最早的北朝摩崖刻经。

《文殊经》全称《佛说文殊师利经》，是佛教般若波罗蜜多系经典。般若(bō rě)，梵文音译，意译智慧，在佛教中指如实了解一切事物的智慧，为表示不同于一般所说的智慧，故用音译。波罗蜜意译是到彼岸。般若波罗蜜是说般若如船，能将众生从生死之此岸，渡到不生不灭之涅槃彼岸的意思。

文殊是梵文“文殊师利”或“曼殊室利”音译的略称，意译“妙吉祥”，为佛教大乘菩萨之一，以“智慧”知名。他与普贤并称，作为释迦牟尼佛的胁侍，侍左侧，塑像多骑狮子。山西五台山是文殊菩萨的道场。

五华峰刻经落款

《文殊经》以文殊师利菩萨与长老舍利弗对话的形式，阐述了“万法皆空”“真谛无言”的深奥义理。最后又通过佛陀的印证与认可，表明此经义理是佛法的正宗。《文殊经》是阐述大乘佛教义理的重要经典，对中国古代思想界影响很大。此处刻石是《文殊经》中的一节。与现代流行经本在文字上出入很大，可能是不同的译本，也或与千百年来流传过程中的演变有关。

【注释】

①世尊：佛教徒对于释迦的尊称，佛经说释迦牟尼佛具有众多功德，能利益世间，于世独尊，故称“世尊”。

②无相：佛教语，与“有相”相对，指摆脱世俗之有相认识所得之真如实相。南朝梁萧统《和梁武帝游钟山大爱敬寺》诗：“神心鉴无相，仁化育有为。”唐姚合《过钦上人院》诗：“有相无相身，惟师说始真。”

③法界：界是种类的意思。诸法一一差别，各有分界，名为法界。有两种含义。有时指现象界的全体，有时又指宇宙万有的本体。《大般若经》第五百六十七：“世尊，云何名法界？佛告最胜天王：当知，法界即是不虚妄性。世尊，云何不虚妄性？天王，即是不

变异性。世尊，云何不变异性？天王，即是诸法真如。”

④菩萨：梵文“菩提萨埵”音译的略称，意译为“觉有情”，即“上求佛道，下化众生”的人。摩诃萨：梵文音译，意译为“大心”“大有情”，指有成佛之大心愿的众生，亦即大菩萨。

⑤一乘：唯一能令人成佛的教法。乘是车乘之意，以喻佛的教法。教法能乘载人至涅槃的彼岸，故谓之乘。专说一乘妙理的经典叫“一乘经”，指《妙法莲华经》。

⑥无念：佛教语。谓无妄念。唐白居易《对小潭寄远上人》诗：“借问不流水，何如无念心。”唐白居易《晚起》诗：“北阙停朝簿，西方入社名。惟吟一句偈，无念是无生。”

⑦无作：佛教语。谓无因缘之造作。《央掘魔罗经》卷二：“如来性是无作。”《百喻经·索无物喻》：“第二人言无物者，即是无相、无愿、无作。”宋陈善《扪虱新话·荆公〈字说〉多用佛经语》：“无土以为穴，则空无相；无工以穴之，则空无作。无相无作，则空名不立。”

严张八造塔碣

严张八造塔碣

大唐开元十八年四月□□□□八日立

□□□量□□之威□力也本□□□……玉毫间明其中□□□……之□路不可忠仪者哉！发主□□□……严□八□□□□□□□造七级浮图[1]一□相好□□□□……罪成德者解脱□□□……月□□□□而为颂曰：

□严□八妻王□□□化儿女□子女姑子合□供家人秋□□来看堂。

【简介】

清光绪间吴若灏修《邹县续志》记载："唐开元十八年严张八

造塔碣:在城南故县村佛寺中。碑凡十行,行二十三、五字不等,行草书。首云'大唐开元十八年四月乙卯朔廿八日立',中云'严张八为亡父见存母造七级浮图一石相□严净颂曰',下空白一行,未有题名。"原石原存峄山脚下大故村,现存孟府二门内东侧厦下。原石上中部有一掌大残疤,镶于砖壁。石高0.72米,宽0.36米。字多因残浅而不可读。刻立于730年。

【注释】

①浮图:佛教语,梵语 Buddha 的音译。又作浮头、浮屠、佛图,旧译家以为佛陀之转音。

□□法师墓碑

□□□……岂言□之外□□□……曰:“得财则已,不然性命非汝有也。”师坦然不畏,徐曰:“夫僧以乞食自资,安有赘物?今且散走,莫知所之□□□……钱可以赎命,死生有数,公等其图焉。”盗知其诚,释而勿害。由是寺免残毁,师之力也。

初,师至佛谷,尝诣□□□……大悟,与夫见桃花之色明心,闻燕子之声得道者复何异哉?宜乎宛转择师不易许人也。

大定改元之□□□□……诏有能助国用者,授以度牒[1],释道皆然。师乃输钱受赐,礼东平府普照禅寺月老为师,

□□□……[待]之,师喜得模范,倾心咨访,向[所]□□□释禅林尊宿无不推重。幸见[来]□□□□[跁]恳留住持。师遂住锡。未几□□□……虽无名额,但有像□□□[不]忍毁拆,并许存留。于是庵升为院,号曰“云岩”。师劝化诸善智,识曹元明孙,悟□□□……劳辇,粪壤伐菑[2],□□□□□□□谷,增狭广隘。不十年间,三门丈室、僧舍讲堂、香积储胥缔构一新。变荆榛砂□□□……休哉!□□□既毕,师遁居东平,曰“此始受业,破吾菟裘[3]也。”普照真禅师一日声鼓集众曰:“如来□□□……老拙可当其任哉?”坚让弗就。云岩徒众遽阙师资,遑遑失错,龙河、野店等村耆老数□□□

……拒复领云岩，四方归依，开度者众。

承安庚申岁中秋上休日，师呼门人元泉辈□□□□……曰：“昨梦师请，故来赴召。”泉等相顾惊愕，以为异事。既坐，师曰：“吾与公等戮力□□□……常存，无隳废矣。吾世缘已尽，行期将及，且死者始之终，物之所归□□□□……”盥漱毕，呼元泉等谓曰：“吾尝苦口训汝，非有它意，盖欲□□……”弗而送者不可胜数。师享年七十有□□□□……受教育千余人。

泰和辛酉刊□□□□……

□□□……载不□□□……

【简介】

立于1021年。据碑文内容推断，原碑应在峄山脚下龙河、野店附近，今存孟庙寝殿后。横卧于地，已残。残石高1.00米；宽：下部0.51米，中部0.37米，上部0.24米；厚0.20米。右面中部有一劈痕。残存碑文11行，每行39字左右不等。楷书。

【注释】

①度牒：僧道出家，由官府发给凭证，称之为“度牒”。唐宋时，官府可出售度牒，以充军政费用。

②伐菑：开荒。

③菟裘：地名。在今山东省泗水县。《左传·隐公十一年》：“羽父请杀桓公，以求大宰。公曰：‘为其少故也，吾将授之矣。’使营菟裘，吾将老焉。”后因以称告老退隐的居处。

峄山图记

张　通

峄山距邹之东南二十里。《禹贡》[1]曰:“峄阳孤桐。”《鲁颂》[2]曰:“保有凫绎。”郭景纯[3]谓:“峄山纯石相积,连属如绎丝然,故以为名。”《禹贡》作“峄”,奠其名也;《鲁颂》作“绎”,取其义也。《左传》曰:“鲁师入邾,邾众保于绎。”[4]杜预[5]谓:“绎,邾山也。”《地理志》[6]曰:“峄山在古邾之北,以绎邑所依为名。”此皆先贤之说,载于图经[7]者也。然学者多疑:孔颖达[8]疏《禹贡》,谓下邳之西自有葛绎山,《禹贡》所载,非此山也。及观其疏,《鲁颂》则引《禹贡》之文以为证,乃为此山矣。又《邹山记》[9]云:“邹山,古之峄阳,鲁穆公改为邹。今其地尤多桐树。”则图经之所考当为不谬矣。

夫环鲁之山多矣,论其玲珑秀峙,盖未有若此山之奇者。故四方游士,岁过千百。皆指以为灵仙之窟宅,而尘寰之福地也。所谓□下邳[10]之峄,盖罕闻焉。昔秦事巡游,车辙遍天下。凡六刻石。而首登于此,则其为名山也旧矣。

大定[11]乙未岁,朝廷遣使者乐傅而来,携供应司画工崔道,图写四方名山真景,而峄居一焉。既至于兖,时金吾卫[12]上将军驸马都尉[13]荀察公持节泰宁[14]。公五世国姻,宽明好事出于天性。于国家之务惟既厥心。喜闻是命,乃以滋阳令武德将军骁骑尉[15]孔君复古,以君材干荐诸使者,俾从事于峄山。君家于邹,峄,实家山[16]也。乃谓使者曰:“斯山之形胜左右不一。欲搜绝景,恐独见有所未尽。”彼然其言,遂率西溪隐吏孔渔[17]、乡老张椿年,相与穷幽极胜,命工写之,无有阙遗。若夫云烟草树之葱青[18],晦明风雨之变化,虽不能尽传,而层峦叠翠秀异之势,名祠古刹位置之所,曲尽其妙。有玉皇观李淳钫等,涉猎儒经,趣尚清雅。请摹其本,勒诸坚石,以贻四方奇伟之观。时同行广威将军邹县令阿里干智古、从仕郎主簿董子陆、忠武校尉徒单斯勒[19],皆喜其说而赞成之。李公既得其本,刻之有日,乃属通以纪其事。因取图经所载先贤之说,考正而授之。

大定丙申岁[20]清明日志。

【简介】

碑在峄山前之纪王城村东南隅玉皇观中。刻立于金世宗大定十六年(南宋孝宗淳熙三年,1176 年)。碑正面上刻《峄山图》,图下刻记文,小字正书,凡四十二行,每行 16 字。碑阴刻《玉皇观记》,是在十二年后的大定二十八年所刻(一说大定二十七年,详后)。此碑明嘉靖四年《邹县地理志》仅著录碑记原文。此外未做任何说明。此后万历《邹志》、康熙年间的两种《邹县志》均失载。直到清道光十四年(1834)董朴园私修未付梓的《邹县志稿》,才于金石部著录此碑,但未录全文。清同治三年(1864)侯文龄《峄山志》及光绪十八年(1892)《邹县续志》才又收录原文。但因年代太久,剥蚀严重,已断续不能句读。现此碑已不存(现孟府所藏《峄山图碑》有图无文字,乃明代之物,原立于县署者,不是此碑)。兹据各志书所录斟酌取舍录出原文,并依志书记载表述其载体形态。

现有志书对此碑的表述仍有分歧。《峄山志》称:“碑在纪王城

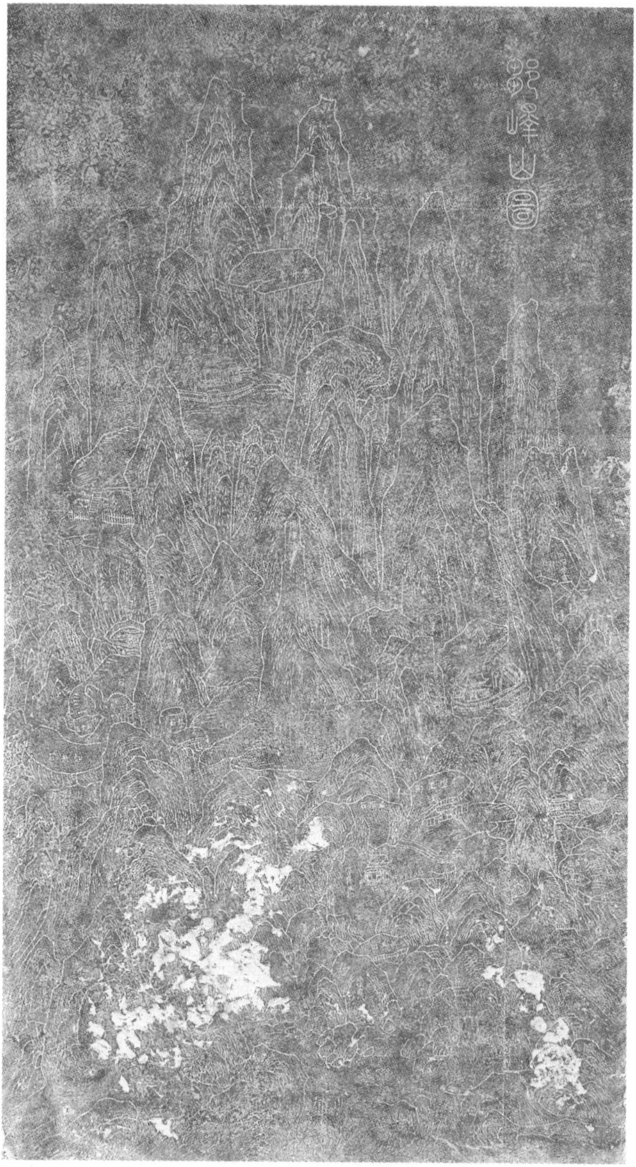

邹峄山图

村东南隅玉皇观。金大定间女冠李崇彦创建。圮废已久，只存一碑。碑东面，刻《峄山图》与《图记》。字迹剥落，多不可考。西面刻衔帖及省都合同印、本军合同印、威仪司合同印、本县合同印及创修玉皇观记。文皆未录。时大定丁未岁辛亥月丙子日，本观李淳锡、张道真、刘道元同立石。”按大定丁未岁即 1187 年，即金世宗大定二十七年，南宋孝宗淳熙十四年。

《邹县志稿》称：“金大定十六年《峄山图记》：在峄山前纪王村玉皇观中。州学正东鲁张迪志，正书小字，在峄山图之下。凡四十二行，行十二字。碑阴刻女冠据符于上截，而下刻玉皇观记，东鲁房脉撰，乃大定二十八年刻也。”

最后出的《邹县续志》综合上述二志所记，称：“金大定十六年《峄山图记》，在峄山前纪王村玉皇观中。凡四十二行，行十六字。碑阴刻《玉皇观记》，乃大定二十八年刻也。”

由以上记述可知，此碑前后两面乃两次所刻。碑阳时间无分歧，碑阴时间差一年，未知孰是。因碑阴与此题无关，可以不论。另一不合之处是此文作者，两处原文皆称“张通”，且此处所录《地理志》完整的全文中，文末有自称“属通以纪其事”。而《志稿》称“张迪”，不知何据。无论张通或是张迪，都查不到身世资料，《志稿》说他是“州学正”，籍贯是“东鲁”（曲阜），别处没有不同记述，可以这样认定。

【注释】

①《禹贡》：《尚书》篇名。用自然分区的方法，把全国分为九州。假托夏禹治水以后的政区制度。实际记述的应是战国时期地理情况，是我国最早的一部科学价值很高的地理著作。

②《鲁颂》：《诗经》分为“风、雅、颂”三部分，其中“颂”的部分又分周、鲁、商三部分。《鲁颂》共四篇，此处引文见第四篇的《閟

官》。

③郭景纯:即郭璞(276~324),东晋文学家,训诂学家。景纯是他的表字。河东闻喜(今属山西)人。本文中引语见明人所辑《郭弘农集》中。

④"《左传》曰"以下两句:引语见鲁哀公七年。字句有变通。

⑤杜预(222~285),西晋将领,学者,字元凯,京兆杜陵(今陕西西安东南)人。曾任镇南大将军,都督荆州诸军事,封当阳县侯。撰《春秋左氏经传集解》,是《左传》注释流传至今最早的一种,收入《十三经注疏》中。此文中引文即见该书。

⑥《地理志》:规范的书名应是《汉书·地理志》,引语见《汉书》二十八卷下,字句有变通。

⑦图经:凡文字以外附有图画的书籍都叫图经。如唐苏颂有《本草图经》。属于地理志一类的书籍多附有地图,所以多以图经为名。《通志·艺文略·地理类》有《图经》一门,列诸州图经三十三部,一千七百余卷。此指《隋书·经籍志》著录的《豫州图经》。

⑧孔颖达(574~648),唐经学家,字冲远,冀州衡水(今属河北)人,仕至国子祭酒。奉敕撰《五经正义》,用为科举取士的标准。疏:即正义,对经传的旧注再做进一步解释叫疏。

⑨《邹山记》:一种早期的峄山志书,现已不存。

⑩下邳:古县名,在江苏省。

⑪大定:金世宗年号。大定乙未岁,当金世宗大定十五年,即1175年。

⑫金吾卫:金吾是一种两端涂金的铜棒,用作仪仗。西汉时中尉改称执金吾,是巡察京都治安的官职。后世皇帝的禁卫军称金吾卫。

⑬上将军:武官的最高军阶。驸马都尉:皇帝的近侍武官。魏晋以后多对皇帝的女婿加此称号,非实职。

⑭持节：古代使臣出使，须持符节以作凭证。后世演变为官名。方面大员称持节。此处动用，即派作方面大员的意思。泰宁：地名，在今福建。

⑮“乃以”句：滋阳是县名，即今兖州。滋阳的县令名孔复古。以上“武德将军、骁骑尉”都是虚衔。

⑯家山：谓故乡。唐钱起《送李栖桐道举擢第还乡省侍》诗：“莲舟同宿浦，柳岸向家山。”

⑰西溪隐吏孔渔：西溪是地名，在今福建。隐吏是委婉的说法，就是退职的吏员，此人姓孔名渔。

⑱葱菁：青翠而茂盛。三国魏阮籍《清思赋》：“望南山之崔巍兮，顾北林之葱菁。”

⑲“时同行”句：同行的三个人都是邹县的地方官。一个邹县令，一个县主簿，一个县尉。“广尉将军”“从仕郎”都是虚衔。除主簿董子陆以外，其他二人从名字看都应是女真族人。

⑳大定丙申岁：当为金世宗大定十六年，即1176年。

桃花洞题名

右丞相[1]公因暇游此山，自悬钟[2]出，饮于桃花洞。时也，洞府深沉，风日晴丽，把酒谈笑，飘飘然有凌虚之意。□□命任天宠[3]纪其事。侍坐者：蒲献、魏伸、杨天泽、姜瓒、完颜重古、刘玮。承安五年清明日。

【简介】

石刻在桃花洞内，立于1200年。正书大字十三行，行六字。

【注释】

①右丞相：《峄山诗文选》解释为耶律履，耶律履卒于明昌二年(1191)，应不指此人。夹谷清臣，明昌四年(1193)，迁右丞相。承安五年(1200)，降授横海军节度使兼沧州管内观察使。

②悬钟：指峄山盘龙洞内钟石，上锐下丰，上部被三块巨石夹住，离地三尺而悬。盘龙洞与桃花洞相通。

③任天宠：曹州定陶人，字清叔。明昌进士。初为县令，善理讼事，累迁国子祭酒。贞祐间，由吏部侍郎改中都路都转运使。时京师戒严，悉力营办运粮事宜。擢户部尚书。蒙古破中都(今北京)，赴南京(今河南开封)途中死难。

杜公墓铭文

夫道者，虚无[①]之系，造化[②]之根。神明之本，天地之源。其大无外[③]，其微无内[④]。□旷无端，杳冥无对。至幽无察，而大明垂光，而品物有方。混漠无形，寂寥无声。万象[⑤]以之生，五行[⑥]以之成。诵之久矣，求之久矣，今于杜君得之矣。

公讳志希，家世东昌[⑦]人也。祖业宦门。慕真风，诣[⑧]峄阳长春万寿宫张公席下[⑨]，授丹阳之术[⑩]。衲衣[⑪]素食，苦节弥坚。恭以服众，俭以持身。举错不尘，就命本宫提点[⑫]之□。蒙掌教真人法赐金襕紫服[⑬]，主领宫门事。廉洁公正，□□私毫入己。聚万宝一壶贮春。功既满矣，丹即成矣，坐石立亡。出有入无，绰绰然有余裕哉。传展门人拾遗书曰："吉人为善，惟日不足。以形骸为逆旅，此□澄也，死□□形也。其□□者，性也。"

时大德二祀[⑭]五月，惟疾而羽化[⑮]，享春秋五十有四。先生之蜕去[⑯]，门人不忘厚德，卜葬本山阳之仙林。呜呼！山岳可以夷，江海可以空，先生之寿不可穷。今之所葬者，炼余之糟粕耳。事既毕，遂立一碣，庶几赞扬先师之胜迹，使后世不忘其美名。

词曰："猿惊白石，鹤怨清泉。松风徘徊，竹月婵娟。先生来了，或窍而元。神游三岛，其天守全。亦不知□，所以其然。君其问绪，白云之边。”

【简介】

原碑已无存。《峄山志》在《杜公墓》条下记载：“墓前有铭，书丹篆额。兼和光妙大师、法赐金襕紫服、集仙宫冯志通撰。元大德岁次丙戌季月壬辰上旬丙戌吉日。”此据文献收录原文。载体形态已不可知。刻立时间称“元大德岁次丙戌”，按“大德”是元成宗年号。成宗在位期间无“丙戌”年（可能是“戊戌”之误）。元朝有两个丙戌年。第一个在世祖至元二十三年（1286），第二个在元顺帝至正六年（1346 ）。《峄山志》记载有误。文中称“时大德二祀五月，惟疾而羽化”。大德二年值“戊戌”，刻立时间估计当在这一年，即 1298 年。撰文并书丹篆额者冯志通，也是一个道人，身世及履历无考。

【注释】

①虚无：道家的最基本概念。指“道”的本体。谓其无所不在，而又无形可见。故称虚无。《庄子·刻意》：“夫恬淡寂寞，虚无无为，此天地之平而道德之质也。”《史记·太史公自序》：“其术以虚无为本，以因循为用。”

②造化：创造化育。《淮南子·精神训》：“伟哉造化者，其以我为此拘拘邪？”也指天地、自然界。

③无外：犹无穷，无所不包。《管子·版法解》：“天覆而无外也，其德无所不在。”《吕氏春秋·下贤》：“其大无外，其小无内。”高诱注：“道在大能大，故无复有外。”

④无内：犹言无穷小。与“无外”相对。《淮南子·精神训》：“无外之外至大也，无内之内至贵也。”高诱注：“无内言其小。”汉蔡

邕《汝南周巨胜碑》:“沉静微密,沦于无内;宽裕弘博,含乎无外。”

⑤万象:宇宙间的一切事物或现象。南朝宋谢灵运《从游京口北固应诏》诗:“皇心美阳泽,万象咸光昭。”

⑥五行:指木、火、土、金、水。中国古代思想家认为是构成世界最基本的五种物质。万物都起源于此。这五种物质的关系,是相生相克,即木生火,火生土,土生金,金生水,水生木;水克火,金克金,金克木,木克土,土克水,构成了世界多样性的统一。

⑦东昌:地名。元朝置东昌路,明改为府。治所在聊城。

⑧诣:前往,去到。

⑨席下:对他人的敬称。宋王观国《学林·朕》:“今自高而侮人则曰足下,而称尊者为座下、几下、席下、阁下。”

⑩丹阳之术:马钰(1123~1183),号丹阳,全真道祖师王重阳的七大弟子之一。开创全真道的遇仙派,著有《洞玄金玉集》。此以丹阳之术指称道教法术。

⑪衲衣:以碎布缝缀而成的衣服。

⑫提点:道观中住持以下的道官。

⑬金襕紫服:金色丝线编织的道服。

⑭祀:年。

⑮羽化:道教称飞升成仙为羽化。后世称道人死为羽化。

⑯蜕去:蜕本指昆虫由蛹变成成虫。用以形容修仙的人蜕去皮囊,成为仙人。也用以讳称道人之死。

东游记

杨 奂

壬子四月甲寅朔[①]，出邹南门。二十五里许，达峄山。循山之西北绝涧，乱石为屋。西北、南行，游太湖、悬钟[②]二洞。东南入燕子岩[③]。仆[④]以病足坐岩下。诸君且示峄山图蜡纸，按图指顾，若仙桥之巨石、七真之西轩。下瞰纪侯之重城，汉相之坟冢[⑤]，一如眼底。如玉女峰、千佛塔，尤号奇绝。所至流泉、修竹、杂花、名果，殆若屏面而容缕数哉。逼夕阳下山，迤逦西北面而去。

【简介】

《峄山志》第一卷载元朝人杨奂《东游记》一文，前后均无文字说明。现代人张奎玉称有碑藏匿石洞中，不知何据。

杨奂(1186～1255)，又名知章，字焕然，乾州奉天(今陕西乾县)人。元初隐居为教授，学人称为紫阳先生。后被耶律楚材荐为河南廉访使。卒谥文宪。著有《还山集》等。孟氏《三迁志》载有其《东游记》长文，备记由陕东来游鲁行程，途次曾过峄山。

如果有碑，应是因其为当时名人，遂将其长文中记峄山的一段节录刻石，立“偃石洞”中。原刻石现已不存，故其载体形态不详，亦不知系何人所为。兹据《峄山志》辑录的原文录入。

【注释】

①壬子:元代壬子岁在元仁宗皇庆元年,即1312年。朔:阴历的每月初一日为朔。

②太湖、悬钟:都是当时峄山上的洞名,与今名未必完全符合。

③燕子岩:当时峄山上的地名。

④仆:旧时谦称"我"。司马迁《报任少卿书》:"仆非敢如是也。"

⑤汉相之坟冢:按《峄山志》记载,汉相韦贤归葬于邾国故城门南两公里处。《汉书》卷七十三《韦贤列传》:"贤四子…次子舜,留鲁守坟墓。"但考古发现,韦贤实陪葬于西安平陵。

灵岩侯碑阴记

峄之为山，虽非名岳巨镇[①]，其洞府玲珑，岩窦崎峭，千态万秀，他山之秀，未必可与并载。道家者流所谓洞天[②]之说，此岂不为之一欤。

顷年，导江张先生[③]题峄山诗有云："淮堧[④]有葛峄，其阳孤桐生。地理殊迥隔，山名难混并。"盖谓此山去徐地远，非《禹贡》所载"峄阳孤桐"之山也，意山当在淮堧。窃尝考之。《书》[⑤]曰："海岱及淮惟徐州。"《诗·閟宫》[⑥]云："保有凫绎，奄[⑦]有龟蒙，遂荒[⑧]徐宅[⑨]。"《春秋·文公十三年》[⑩]杜预注云："峄山在邹县北，今山之西南，有村曰'故县'，疑其为古邹县也。"唐杜佑[⑪]《通典》云："故邾国城，在邹县东南。周围四十里，上冠峰峦，下属沟壑，穷险胜景，有邹峄山。"前宋名公有《如逸斋王氏诗传补》[⑫]云："凫绎二阳山，皆徐国之地。绎与峄同。"李适仲《诗解》[⑬]曰："'保有凫绎'之绎，即《禹贡》所谓绎阳也。"陈大猷《书解》[⑭]旁注："方山薛氏云峄山在袭庆府邹县。此山，始无土壤，故山阳孤桐可贵。"程氏《春秋分记》[⑮]："绎山在邹县东南二十里，高秀独出。"《太平御览·峄山事迹》[⑯]引《尔雅》曰："邹峄纯石相积，连属而成山。"《邹山记》曰："邹山，古之峄也。孤桐之所植，邾文公之所卜。山下是邹县。本是郲国，鲁穆公改邹，山从邑变，故谓邹山，峄阳犹多桐树。”《宋会要》[17]大中祥符[18]元年，诏封峄山为灵岩侯。迨圣朝屡颁诏诰，祀典所载名山大川依期致祭。转官达鲁花赤忽都不花[19]、县尹刘遵理、主簿孟阇里不花、县尉扈文焕等咸曰：“祀事虽行，仍无依望瞻拜之迹。”乃命工砻石，刻“灵岩侯”三字于山阳长春宫之左，庶几后日承承继继，永为祭祀之所。初，县尹魏荣等，始欲议立，以瓜代[20]竟不果。因取受封之日为致祭之辰，盖十月之望[21]也。

惟神，主山之神也。山能兴云。云之兴，则雨从而出也。雨之出，则济乎万物，则民人之福也。民人，既被其福，而无旱干水患之灾，则答神休[22]。岁时之祭，其敢忽乎？因按诸记，采摭[23]其实，以告来者。

【简介】

原碑已无存，《峄山志·灵岩侯碑》条下记：“在长春宫左百步石上，元延祐元年立，碑阴镌刘之美记。”此据《峄山志》所载文录入。刘之美，《峄山志》原注“邹县人”，其他不详。载体形态亦无考。元延祐元年即1314年。

【注释】

①巨镇：一方的主山。南朝梁吴均《八公山赋》：“若夫神基巨镇，而卓荦荆河。”唐李义府《在嶲州遥叙封禅》诗：“天齐标巨镇，日观启崇期。”

②洞天：道教传说神仙所居的名山胜境，有十大洞天，三十六小洞天，七十二福地之说。见《云笈七签·洞天福地记》。

③导江张先生：张䇓，元代经学家，曾任曲阜三氏学教授。

④堧(ruán)：城下田、河边地或余地、隙地。淮堧：指淮河沿岸一带。

⑤《书》:书名,也称《尚书》《书经》,儒家经典之一。中国上古时代历史文件的汇编。

⑥《诗·閟宫》:《诗》是儒家经典之一,也称《诗经》。《閟宫》是《诗经》中的篇名。

⑦奄:覆盖,包括。

⑧荒:拥有。

⑨徐宅:古代徐戎所居之地,指徐国 。在今淮河中下游,即江苏西北部和安徽东北部一带。

⑩《春秋·文公十三年》:《春秋》是鲁国的编年体史书,相传为孔子作。是儒家经典之一。文公十三年当为公元前614年。

⑪杜佑(735~812):唐代史学家,字君卿,京兆万年(今陕西长安)人。著《通典》二百卷,为我国第一部记述典章制度的通史。

⑫《如逸斋王氏诗补传》:书名,是一部解《诗》的书。

⑬李适仲《诗解》:人名、书名俱不详。当是一部解释《诗经》的书。

⑭陈大猷《书解》:人名、书名俱不详。当是一部解释《尚书》的书。

⑮程氏《春秋分记》:人名、书名俱不详。当是一部解释《春秋》的书。

⑯《太平御览》:类书名。宋太宗时辑,简称《御览》,一千卷,分五十五门。引书1690种,汉人传记一百余种,旧地志二百余种,都是现在不传之书。按下文《峄山事迹》《邹山记》皆《太平御览》中条目。

⑰《宋会要》:书名。宋代专设"会要所"修撰会要,成书二千二百余卷,未刊行。元军灭宋,稿本北运。元人修《宋史》多取材于此。明时修《永乐大典》也将《宋会要》中史事分别采入。清嘉庆时,徐松又从《永乐大典》中录出,成《宋会要辑稿》一书,十七类,三

百六十六卷。本文所称引的《宋会要》当是原稿本。

⑱大中祥符：宋真宗年号。大中祥符元年为1008年。

⑲达鲁花赤忽都不花：达鲁花赤是官名，蒙古语镇压者、制裁者、盖印者的意思，转而有监临官、总辖官之意。元时汉人不能任正官，各级行政机关设达鲁花赤，由蒙古人担任，把握实权。忽都不花是人名，里籍及身世不详。

⑳瓜代：任职期满，由别人继任为"瓜代"。典出《左传·庄公八年》："齐侯使连称、管至父戍葵丘，瓜时而往，曰：'及瓜而代。'"意思是等明年瓜熟时派人去接替。

㉑望：每月的十五日为"望"。

㉒神休：此"休"字作吉庆、美善、福禄解。《诗经·商颂·长发》："何天之休。"

㉓摭（zhí）：摘取。

创建三清殿记

太上立德，其次立功，其次立言[①]，此之谓不朽。三者有一于此，斯可矣。峄，名山也。在道书号“妙光洞天”[②]，今远尘通妙纯德真人居焉。师姓王氏，讳志顺，益都[③]人。年未三十，已拔俗入道。师事栖德真人姚公志诩，于东海县之乐真庵。避中统壬戌山东之难[④]，遂从师来峄阳。后见顶上平旷可居，因结庐其巅。人迹既罕到，虎狼亦时至，而师习以为常，曾不少怖。惟日诵庄老，以息心养性为务。时出歌颂，尽有理趣。然性古淡，持戒严，荤膻华靡，一皆屏绝。课其徒，力耕以自赡。故公之遇凶

创建三清殿记

年，亦不从人乞假。经岁不下山，人或有邀主醮[5]席者，始为之一出。邻近诸州，皆以顶王目之，而尊礼备至。客来，尤憙接待。同类中有不能自存者，辄分财与之。此师之行实也。

碧云乐道子马道明，出师之门。道明，宿郡[6]人也。自得师点化，即归隐于宿之北山蝉窟洞，凡寂然端坐者十有余年。太守冯公下车之日，道明始出山。何则？公有道者也，恭以持己，宽以得众，莅政之暇，清静无为，踵门[7]者，止不过一二鸿儒，余则云水高士而已。道明此行，为是故也。

洎见公，叩[8]以从师姓氏，入道岁月，察其勤苦，心甚悯焉。宿

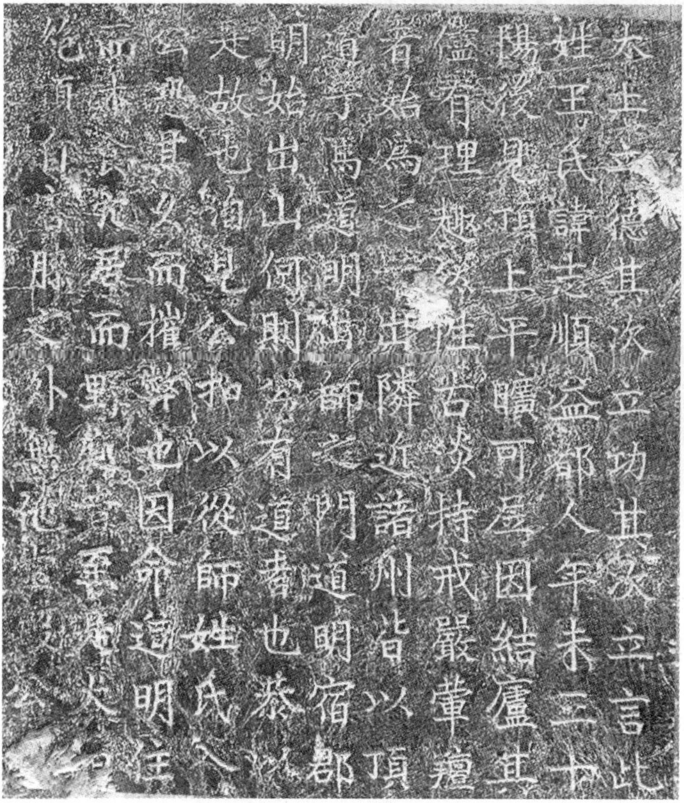

之城隅，适有旧道院一所，以比岁[9]年不顺成，道流散失，莫知所之。公恐其久而摧敝也，因命道明住持其中。既又为之峙其糗粻[10]，新其屋舍，使夫藏者、息者莫不得其所焉。则向日之草衣而木食、穴居而野处者，至是大相霄壤[11]矣。

虽然，公之设心犹以为未足也。盖称人之善，必本其父兄师友，厚之至也。道明尝言："师居绝顶，自容膝之外，无他堂殿。"公又命道明，使计材木，为师于顶上建三清殿，以为焚修之所。规画已成，却忆水陆异途，艰险百出，殆非人力所可辇致者。于是木植则市诸淮南，砖瓦则就峄阳为之。其敦匠助役，则一切付之道明。至于自始至终捐金指廪，至于绘素[12]，则皆我宿郡太守冯公之力也。

落成，征文于余，以示不朽。余应之曰："远尘，立德者也；太守冯公，立功者也；若夫立言，则有今时翰苑诸老在，顾小子何敢？"然而太守，知己者。其丰功伟德，固非止一端。此虽行善，亦不可遽泯[13]。故余欣然而为之记。

时有元之延祐二年八月十五日也。

【简介】

碑在戏楼前，刻立于元延祐二年(1315)之八月十五日，碑高205厘米，宽84厘米，方头，有额。刻篆书两行6字“创建三清殿记”；背面楷书两行6字：“道流宗派之图。”碑文楷书，首行是题目，其下两行为撰书者姓名，分别是“兖州前儒学正连观国撰”“将仕佐郎、前洪安路安抚司经历吉亨书并篆”。其下碑文14行，满行50字。文后接刻年月，满行后方提行。其下刻“化缘主碧云守□大师、本宫提点马道明，助缘真和冲□招玄大师、本宫提举郭道亨”。其后尚有两行，刻“功德主”“奉直大夫”“奉议大夫”“里人石匠”等字样，均剥落难辨。撰文及书丹人里籍及履历均不详。

【注释】

①“太上立德……”以下三句：语出《左传·襄公二十四年》：“太上有立德，其次有立功，其次有立言，虽久不废，此之谓不朽。”

②妙光洞天：道家称三十六小洞天之一。

③益都：地名，在山东。

④中统壬戌：中统是元世祖忽必烈年号。中统壬戌是中统三年，即1262年。山东之难：史事不详。

⑤醮：一种祷神的祭礼。后来专指僧道为禳除灾祟而设的道场。“主醮席”就是主持道场。

⑥宿郡：地名，元时为宿州，在安徽北部。

⑦踵门：登门、上门。《孟子·滕文公上》：“有为神农之言者许行，自楚之滕 ，踵门而告文公 。”

⑧叩：问。

⑨比岁：近年，连年。

⑩糗粻:干粮。

⑪霄壤:比喻相去极远,差别很大。宋洪适释《隶释·汉石经论语残碑》:“观遗经字画之妙,非蔡中郎辈不能为,以黄初后来碑刻比之,相去不啻霄壤。”

⑫绘素:在白色底子上绘画。引申指图画。唐李峤《与崔少府书》:“雕逾绘素,采夺华虫之饰;韵动旋宫,响入飞龙之奏。”

⑬遽泯:很快埋没。

白云五华宫记

邹县，春秋邾子之国①也。县南二十里，有山曰峄。《诗》之“奄有凫绎”②，《书》之“峄阳孤桐”③，即其地也。道家者流，称为“妙光洞天”。其绝顶，号五华顶。前有洞，时出白云，号“白云洞”。前代有白云观。自荐罹④兵革之后，遗址虽存，而其布列之详，不得复考矣。

夷真通教人师王公，从师姚安然，访道至于此山。见其左带颛臾之东蒙⑤，右邻包羲之祠宇⑥，圣林异木阴翳于其后，鱼、龙二山迤逦于其前，遂定终焉之计。刈薪植果，堙谷平路者四十余年。创起三清殿、三子堂，彩绘辉焕。复建东西斋厨，以为四方道友往来寄身之所。由是观宇翕然⑦一新，亦可谓之勤矣。

白云五华宫记

公名志顺，益都⑧人，自号远尘

子。祖宗相继,乡里目为善门。幼慕玄教[9]。及壮,屏妻子,事圆融灵妙辅德真人刘君高弟,安然静朴栖德真人姚公为师。师年七十有六而仙蜕矣,遂葬于观之巽[10]。公不茹荤,不饮酒,专以积功累行为务。故从公游者,衣褐曳屣,超离尘网,几希[11]上古之遗民。届至大元年,岁舍戊申[12]季冬,寿王闻之,美其道行高洁,特赐“远尘通妙纯德真人”嘉号,以光其德。既闻命矣,公叹曰:“予闻庄子所说,‘名者实之宾[13]’。吾将为宾乎?”公辞而弗受。门人与强勉而受之。溟溟然道益进。至延祐三年[14]孟春,神仙演道大宗师、玄门掌教开元真人改复额曰“白云五华宫”。公既立宫室,又命门人张志明,鸠金镌[15]《道德》二经板、《随堂》[16]五经板以□皆施。且恐泯其兴作之年月,及立缘之多艰,欲勒诸贞珉[17],以期永久。因录实迹,介志明来乞鄙文。

志明与余有里闬之旧[18]，余素知其悫实[19]，敬诺其请。仍告之曰："上古之俗，凿井而饮，耕田而食。夏则巢居，冬则穴处，至于老死不相往来。无利欲以汩[20]其心，无声色以丧其真。三代[21]以还，踶跂蹩躠[22]，乔诘卓鸷[23]，滔滔者皆是也[24]。老氏于此，振天纲，安地维。大唱淳风，一洗万古。后学景慕，有望道而仅知所归者，有悟道默识其微者。有合道而合于可知之之神。盖老氏还淳之余泽也。岂惟老氏乎？吾夫子之从先进[25]，颜之愚[26]，曾之鲁[27]，周子之拙[28]，朱了之晦[29]，莫不欲革浇漓[30]而从太朴。今公等近矣，尚勉之哉！"

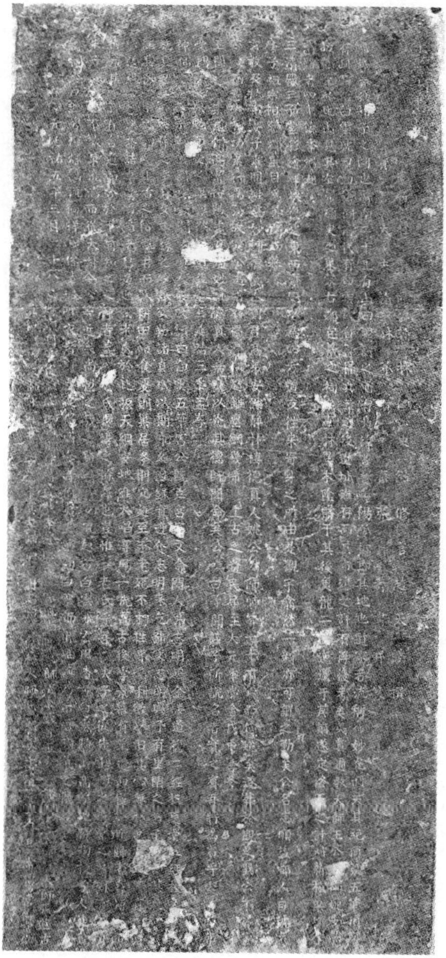

铭曰：玄风起兮白云飞，玄风杳兮白云归。山高兮地胜，物换兮人非。不图今日，金碧辉辉。鹤流[31]徜徉，绝俗造微。所衣者许子之褐[32]，所食者伯夷之薇[33]。约白云而出岫[34]，无乃示吾横气[35]之机！

【简介】

碑在戏楼前，刻立于元延祐五年（1318）三月廿八日。碑高202

厘米，宽86厘米，方头，有额。额刻篆书二行六字“白云五华宫记”。背面正书二行六字“本宫宗派之图”，碑文楷书，题下刻题名二行，首行“将仕佐郎翰林国史编修赵天麟撰”（《峄山志》作“赵大麟”，误），次行“资善大夫翰林承旨畴斋张仲寿书并篆”（《峄山志》作“张仲春”，误）。其下碑文17行，满行52字。文后刻“时大元延祐五年三月廿八日”，其下道众题名二行，多漫漶不可读。

碑阴顶端横刻楷书宗师题名四行，首行头二字缺，当是“长生”二字，以下“辅化宗玄明德真君刘”，次行“□□灵妙辅德真人刘”，三行“安然静朴栖德真人姚”，四行“远尘通妙纯德真人王”。以下题名皆漫漶不清。

撰文者及书丹篆额者赵天麟，东平人。张仲寿（1252～1324），字希静，号畴斋，钱塘（今杭州）人，官翰林学士承旨。著有《畴斋二谱》（今藏国家博物馆）。元陶宗仪《元史会要》：“内臣张仲寿，行草宗羲、献，甚有典则，亦工大字。”

【注释】

①邾子之国：邾，古国名，为颛顼后裔挟所建立，曹姓。建都于邾。公元前614年邾文公卜都于绎。战国时为楚所灭。

②奄有凫绎：《诗经·鲁颂·閟宫》：“保有凫绎，遂荒徐宅。”书碑者撰写错误。

③峄阳孤桐：《尚书·禹贡》：“海岱及淮惟徐州……厥贡……峄阳孤桐。”

④荐罹：屡次遭遇。

⑤颛臾之东蒙：颛臾是春秋国名，伏羲之后，风姓，鲁之附庸，故地在今山东费县西北。《论语·季氏》：“季民将伐颛臾。……孔子曰：……夫颛臾，昔者先王以为东蒙主。”《左传·僖公二十一年》：“任、宿、须句、颛臾，风姓也，实司太昊、有济之祀。”

⑥包羲之祠宇:“包”即“庖”。庖羲之祠宇即伏羲庙,在邹城凫山,毁于兵火。《拾遗记》:“庖者包也。言包含万象,以牺牲登荐于百神,民服其圣,故曰庖牺。”

⑦翕然:一致的样子。《汉书·杨敞传》:“宫殿之内翕然同声。”

⑧益都:今青州。

⑨玄教:即道教,语出《老子》:“玄之又玄,众妙之门。”

⑩巽(xùn):八卦之一,方位在东南,故“观之巽”即观之东南方向。

⑪几希:差别很微小。《孟子·尽心上》:“其所以异于深山之野人者几希。”

⑫至大元年岁舍戊申:至大是元武宗年号。至大元年即1308年。舍:居留。岁舍戊申就是岁星居留在戊申年。舍也作居留讲,与岁次同义。按《峄山志》作“至元元年”,误。

⑬名者实之宾:语出《庄子》:“名者,实之宾也。”名、实是中国哲学的一对范畴。名指名称、概念,实指实在。庄子此语意谓实为主,名为从,概念是实在的反映。

⑭延祐三年:延祐是元仁宗年号,延祐三年即1316年。

⑮镌:刻。《道德》:即《老子》。道教尊老子为教主,其书被尊为《太上道德真经》。

⑯《随堂》:道经名,是朝暮课诵及道场上常用经典的结集。

⑰贞珉:碑石的美称。珉是像玉的石头。

⑱里闾之旧:同乡的情谊。

⑲悫实:诚实谨慎。

⑳汩:此作扰乱讲。

㉑三代:夏、商、周;以还:以来。

㉒踶跂蹩躠(dì qí bié xiè):用心力的样子。《庄子·马蹄》:

“及至圣人，蹩躠为仁，踶跂为义，而天下始疑矣。”

㉓乔诘卓鸷：指心理不平衡。《庄子·在宥》：“于是乎天下始乔诘、卓鸷，而后有盗跖、曾、史之行。”

㉔滔滔者皆是也：众多之意。语出《论语·微子》：“滔滔者，天下皆是也，而谁以易之。”

㉕圣夫子之从先进：指孔子弟子及后学。《论语·先进》：“如用之，则吾从先进。”

㉖颜之愚：颜指颜回，孔子弟子。《论语·为政》：“吾与回言终日，不违，如愚。退而省其私，亦足以发，回也不愚。”

㉗参之鲁：参指曾参，孔子弟子。《论语·先进》：“柴也愚，参也鲁，师也辟。”

㉘周子之拙：周子指周敦颐（1017～1073），北宋哲学家，字茂叔，作《太极图说》。著作辑为《周子全书》。传说他性拙。

㉙朱子之晦：朱子指朱熹（1130～1200），南宋哲学家，字元晦，一字仲晦，号晦庵，所以本文称“朱子之晦”。

㉚浇漓：浮薄不厚。《书断·神品》：“终以文代质，渐就浇漓。”

㉛鹤流：鹤衣之流，指道众。

㉜许子之褐：褐是粗麻制成的短衣，古时贫贱者所穿的衣服。《孟子·滕文公上》：“许子衣褐。”故此处称“许子之褐”。

㉝伯夷之薇：伯夷是商末孤竹君长子，与弟叔齐让君位。二人奔周。入周后，因反对武王以暴易暴，又逃避到首阳山，采薇而食。

㉞岫：山穴。古人认为山中出云，晋陶潜《归去来辞》：“云无心以出岫。”故此处说“幻白云而出岫”。

㉟横气：充塞之气。杜甫诗：“老气横九秋。”

明德真人道行之碑

乾精坤粹[1]，挺生[2]至人[3]。淑德著于一邦，善行被于一邑。当时之人，相与尸而祝之[4]，社而稷之[5]。至于身没而敬不衰，岁久而思益切，以至历年旷远，享祀不绝，此□可以言□□术而□□□之欤？亦出于其人之真心实行，使之深感诚服，有所不能自已者也。淳然子史公先生其庶几[6]乎？

公讳志道，字复古，其先平阳[7]人。幼失怙恃[8]，资禀夷粹[9]。年在志学[10]，值岁饥，从叔父东之齐鲁，往来滕兖间，每望峄峰巍然，闻□道宫梵宇，心常企慕。以至大改元[11]，入山穷幽览胜，逶迤抵是宫。矫首[12]重峦叠巘[13]，灵洞当阳，境与心融，浩然有忘归之趣。

明德真人道行之碑

且闻崇德灵隐真人养高于此，乃诣席下，跽[14]通所志，执弟子礼。真人器而录之。□岁，簪戴[15]授今名。与同列者力服辛苦，昼则给侍，夜则坚坐不卧，历久不懈。

师既反真[16]，乃庐墓终制。于时金运讫箓[17]，陵谷变迁[18]，诸夏[19]云扰，朔南[20]未宁，生民蹂躏，道侣散亡，始则岩伏穴藏，终则弱肉强食。迨皇元抚定，纲纪荐复。然而人烟杳绝，豺虎纵横，而公未始出山也。

安然子姚公先生，玄门卓荦[21]之士也。颖脱世网，怀高蹈独往之操。敻[22]来山中，二子不期而遇。一见惊喜，相视而笑，莫逆于心，遂与为友，鼓舞之，倡和之，共乐邃古之道。然四境搀抢[23]，时尚平，议欲它适。复相谓曰："遇撄而宁[24]，处困而亨[25]，往圣之训也。吾侪心兵未殄，己寇尚骋，不能自克以至于逍遥之地，则虽偶时处乐土，而碌碌以至于尽，其与庶类等也，道何有焉！然则困穷撄拂[26]，故赖其磨砺有成也。其在斯时，惟宜自儆自奋，如临大敌，如出重围，必也捐躯力战，于兹九炼之地，或觊一生，庸可少怯乎?”二子确然自信,一往居绝顶,一深隐石室,各以苦行自力。

惟淳然子之隐石室也,身世俱忘,万缘尽屏,孜孜切切,入大究竟。核未我窥,帝[27]先视所以视,所以听。所凡一扬眉、一顿足,未始一息有间。一年而刳[28],二年而如[29],三年而见素[30]。至是畚[31]然大喜曰:“嘻!是为无之壮[32]乎?是为谷神玄牝[33]乎?是为天地之根乎?只是旧时人改却旧时行履处,古人岂欺我哉!”至于阴升阳降、坎虚离实[34]、造化反还之妙,亦皆自然冥契[35],所谓“得本而末自应”。且复岩栖幽处,于兹六十霜矣。天将悔祸,民用小康。

岁壬戌[36],安然子将南游观道。淳然子曰:“观向上师真所言所行,不出六合[37]之内。吾将反玄虚就平实矣。矧[38]相分在道人分上,虽相去万里,不隔一阙,何间彼已乎?”一举手而别。故宫自兵馑而后一变而为灰烬,再变而为荆榛,云凄烟惨,四顾岑寂,独猿呼鸟

噪、水流花开尚如昨也。公每至其处，必为捃[39]掷瓦甓[40]，剪蒿莱，发巨石，垒涧墙，营营[41]不已。枯槁同志之士闻风，时有至者，则为之给侍，为之舂炊。凡所以宣力效劳者，冀师见而悯之、□之、诲之、乐之也。

其徒有以玄门第一义问者，师曰："重玄上机，开口触讳。初地遽欲离形[42]去智，每见沉空滞寂，遂成心疾，无药可撩。"故尝谓："曷若反虚玄、依平实乎？"众拜手受教。

已而四方学者亹亹[43]而来，求为役者履满户外。相与经营垦阙，朴斫缔构，日改月化，新閟殿[44]，创云室[45]，辟田畴，萃冠褐[46]。清规整整，靓然为一真游之馆。玄门掌教大宗师加赐额曰"仙人万寿宫"。自是聚徒常盈千指。

公谦让不居，淡泊自乐以仁恕，接物未尝有喜愠之色。爰自壮岁胁不沾席，虽年临大耋，亦无昏惰之容。朱颜皓发，神采精明。

人望见之亦皆起敬起慕，知其为抱道蕴德之士也。

以至元[47]二十九年十二月十三日，无疾而化，春秋八十有六。名闻圣朝，寿王追赠“淳然体道明德真人”。

所度门徒无虑数百。其嗣领宫事高弟杨道远、刘志微，同侄道实，皆卓卓[48]然无忝者也。

岁乙卯[49]，道远不远千里，持状来谒，曰：“先师宁神于本山有年矣。设祠置像，奉岁时香火，虽未尝绝，然生平道行，未文之石，岂非不敏[50]之过！敢拜手以请。”余以曩[51]者曾游海上，获识姚公安然子于苍梧[52]。服其制行[53]冰蘖[54]。从游久之，与闻二子结友源委，兹故不辞而为之。

窃观淳然子之出处，始则急于修身，似不暇外顾。及其有得于道，则专于阐化[55]，不以独善为心。几于有始有卒者，是宜享祀不辍，非诚有大过人者，畴[56]克尔耶！因历叙为道之艰。后之作者，循规接武[57]勿替[58]，引之宫有不掞[59]且远者乎？呜呼，其懋盛哉！

【简介】

碑在仙人万寿宫，刻立于元至治二年(1322)，碑高205厘米，宽100厘米，有额。额刻篆书2行8字：“明德真人道行之碑。”背面刻楷书2行8字：“宗派之图、信士芳名。”篆刻框高40厘米，宽24厘米，刻“明德真人道行之碑”2行8字，篆体、碑身边框有几何图形纹，中刻碑文。首行刻题目（按《峄山志》所载题目，缺“之”字），题下刻“太中大夫、南康路总管崔”字样，同行底部又刻“古邾待诏王□、同弟□□王僖刊”字样。题后三行题名，依次是“清真观妙渊虚大师，教门高士、终南山说经台古楼观大宗圣宫三洞讲经师朱象先撰”“翰林学士承旨、资善大夫、知制诰兼修国史张仲寿书”“招文馆大学士、正奉大夫、提点太医院事李邦宁篆”。其后刻碑文21行，满行71字。文后刻“大元至治二年岁次壬戌十一月望日，门人洞微静照希和真人杨道远，希玄通真达妙大师、前本宫提举刘志微，赐紫金襕洞诚真静通玄大师、本宫住持提点李道实，前和宫陈道亨，知宫李道□等立石”。其后题名两行，一行“奉政大夫、中书户部主事任怀德”，二行“朝列大夫、左司员外郎李哈剌海”。此二行下截还有小字题名，皆不可辨认。

碑阴顶端横刻上代宗师称号及姓氏4行，楷书，依次是“重阳全真开化辅极帝君王”“长生辅化宗玄明德真君刘”“崇真大德灵隐真人王”“淳然体道明德真人史”。其下题名皆漫漶不清。

本文作者朱象先，号一虚子，茅山道士，至元十六年(1279)往礼终南山全真祖庭，居楼观台，集成《终南山说经台历代真仙碑记》及《古楼观紫云衍庆集》二书。书写者张仲寿见上篇，篆额者李邦宁身世不详。

【注释】

①乾精坤粹：乾、坤为《周易》二卦名，象征天地，乾精坤粹言天地之精华。

②挺生：挺拔生长。亦谓杰出。《后汉书·西域传》：“灵圣之所降集，贤懿之所挺生。”晋左思《蜀都赋》：“王褒韡晔而秀发，扬雄含章而挺生。”

③至人：古代指思想道德达到最高境界的人。《庄子·田子方》：“得至美而游乎至乐，谓之至人。”

④尸而祝之：祝是祝祷，祭告鬼神求福的一种仪式。“尸”是代表鬼神受祭的活人。古代的风俗如此，现在看来很有些戏剧的味道。《仪礼·士虞礼》：“祝迎尸。”《庄子·逍遥游》：“庖人虽不治庖，尸祝不越樽俎而代之矣。”

⑤社而稷之：社是土地神，稷是一种谷物，又是五谷神。《白虎通·社稷》：“人非土不立，非谷不食。土地广博，不可遍敬也；五谷众多，不可一一祭也。故封土立社示有土也；稷，五谷之长，故立稷而祭之也。”

⑥庶几：也许可以。近似，差不多。《孟子·梁惠王下》：“王之好乐甚，则齐国其庶几乎！”

⑦平阳：地名。当时的平阳府，在山西临汾；又有平阳县，在浙江福建交界处。下文有“东之齐鲁”，可知此“平阳”是山西的平阳府。

⑧怙恃：《诗经·小雅·蓼莪》：“无父何怙，无母何恃。”后因用“怙恃”为父母的代称。父死叫“失怙”，母死叫“失恃”，本文“幼失怙恃”是父母双亡。

⑨夷粹：平和纯正。南朝宋刘义庆《世说新语·尤悔》：“夫以水性沉柔，入隘奔激。方之人情，固知迫隘之地，无得保其夷粹。”

⑩志学：十五岁。《论语·为政》：“吾十有五而志于学。”

⑪至大改元：至大是元武宗年号（1308～1311），改元之年为1308年。

⑫矫首：昂首、抬头。唐杜甫《又上后园山脚》诗：“穷秋立日观，矫首望八荒。”

⑬巘（yǎn）：大山上的小山。

⑭跽：长跪，挺直上身两膝着地。

⑮簪戴：簪发戴冠，成为道士的一种仪式。

⑯反真：道人死称反真。

⑰金运讫箓:金国的气运已尽。按金亡于1234年。此处是追述语气。箓:帝王自称其所谓天赐的符命之书。张衡《东京赋》:“高祖膺箓受图,顺天行诛。”

⑱陵谷变迁:《诗经·小雅·十月之交》:“高岸为谷,深谷为陵。”陵是山,谷是山间洼地。高低变化用以比喻世事变迁、高下易位。

⑲诸夏:泛称中国。《论语·八佾》:“夷狄之有君,不如诸夏之亡也。”

⑳朔南:这是从蒙古人的角度称中国。因为蒙古在朔方,所以称内地为“朔南”。

㉑卓荦:超绝,特出。

㉒敻(xiòng):远。南朝梁武帝《孝思赋》序:“江途辽敻,家无指信。”

㉓搀抢:一作搀枪,彗星的别名。司马相如《大人赋》:“揽搀枪以为旌兮,靡屈虹而为绸。”因彗星主刀兵,故“搀枪”也形容不太平。

㉔遇撄而宁:《庄子·大宗师》:“其为物无不将也,无不迎也,无不毁也,无不成也。其名为撄宁。”成玄英疏:“撄,扰动也;宁,寂静也。动而常寂,虽撄而宁者也。”后来便用撄宁作为道家追求的一种修养境界,谓心神宁静,不为外界事物所扰。

㉕处困而亨:困是《周易》卦名。困卦的《卦辞》是“困、亨、贞、大人吉……”此言物极必反之义。

㉖撄拂:触犯,拂逆。宋叶适《故运副龙图侍郎孟公墓志铭》:“凡情伪错陈,横逆忽来,几若无所撄拂。”

㉗帝:通“第”,但,只。

㉘刳(kū):《庄子·天地》:“君子不可以不刳心焉。”成玄英疏:“洗去有心之累。”一年而刳:谓一年做到心静。

㉙如：圆融而不凝滞的境界。

㉚见素：《老子》十九章："见素抱朴，少私寡欲。"见素就是体现出纯朴单一的意思。

㉛齤(quán)：缺齿。《淮南子·道应训》："若士齤然而笑。"谓笑而露其缺齿。

㉜无之壮：《老子》第四十章："天下万物生于有，有生于无。"无就是无形而永恒存在的道，是宇宙万物的根本。故说"无之壮"。

㉝谷神玄牝：《老子》六章："谷神不死，是谓玄牝。玄牝之门，是谓天地根。"谷神就是虚静无为之神，太虚之神。玄牝是玄妙的母体。

㉞坎虚离实：坎、离皆周易卦名。坎象征水，离象征火。坎虚离实即下文"造化反还之妙"。

㉟冥契：默契，暗相投合。

㊱壬戌：元代有两个壬戌年，一是元世祖中统三年(1262)，在前文"正大改元入山"之前；二是元英宗至治二年(1322)，已到立此碑之年。故"壬戌，安然子将南游观道"如是前壬戌太早，后壬戌又太迟，此碑记年月有参差，不可解。

㊲六合：天地四方曰六合。

㊳矧(shěn)：况且。

㊴捃(jùn)：拾取，摘取。

㊵甓(pì)：砖。

㊶营营：往来不断的样子。《汉书·扬雄传》："羽骑营营。"

㊷离形：离弃形体。《庄子·大宗师》："堕肢体，黜聪明，离形去知，同于大通，此谓坐忘。"

㊸亹亹(wěi)：一作勤勉不倦的样子，《诗经·大雅·文王》："亹亹文王，令闻不已。"一作行进的样子，左思《吴都赋》："清流亹亹。"

㊹阒殿:深幽的殿堂。

㊺云室:道者的居室。唐陆龟蒙《奉和袭美寄题罗浮轩辕先生所居》:“预恐浮山归有日,载将云室十洲东。”

㊻冠褐:戴冠穿褐衣的人,就是道士。

㊼至元:元世祖年号。至元二十九年即1292年。

㊽卓卓:突出的样子。《世说新语·容止》:“嵇延祖卓卓如野鹤之在鸡群。”忝:愧。

㊾岁乙卯:墓主死后及立碑前的这个乙卯年,当是元仁宗延祐元年,即1315年。

㊿不敏:不聪明,谦辞。这里是道远自指。

51曩(nǎng):以往,从前。《尔雅》:“曩,久也。”

52苍梧:地名,在广西。

53制行:指德行。明宋濂《题汤处士墓铭后》:“予观老友陶先生所撰《汤处士墓铭》,叹其制行淳厚。”

54冰蘖:喻寒苦而有操守。唐刘言史《初下东周赠孟郊》诗:“素坚冰蘖心,洁持保贤贞。”

55阐化:阐发教义,化导众生。

56畴:谁。

57武:足迹。《诗经·大雅·下武》:“绳其祖武。”

58替:废弃。

59捩:扭转。

望峄山

鲜于枢

东方巨镇①宗岱宗，群山列峙臣妾同②。西南崛起③一万仞，却立不屈如争雄。何年天星下天宫，坠地化作青芙蓉④。外如削刻中崆峒，阆风⑤元圃⑥遥相通。我昔东游访青童⑦，群山邀我游中峰。悔不绝粒⑧巢青松，失身误落尘网中。如今可望不可到，舣舟⑨空羡冥飞鸿。神仙可学事亦晚，安用屑屑⑩悲秋蓬。吾闻峄阳有孤桐，凤凰⑪鸣处朝阳红。安⑫得斫为宝琴献，阜财解愠歌南风⑬。

【简介】

刻石原在峄山馆，现已无存，故其载体形态及刻立年月不详。此原文据志书录出。

鲜于枢(1246～1302)，元代著名书法家，字伯机，晚年营室名“困学之斋”，自号困学山民，又号寄直老人。汉族，大都(今北京)人。大德六年(1302)任太常典簿。好诗歌与古董，文名显于当时，书法成就最著。著有《困学斋集》。

【注释】

①镇：古称一方的主山为“镇”。《尚书·舜典》：“封十有二

山。”孔传云:“每州之名山殊大者,以为其州之镇。”宗:尊崇。

②峙:耸立。臣妾:西周、春秋时对奴隶的称谓。男奴叫“臣”,女奴叫“妾”。后遂作为对所属臣下的称谓。臣妾同:像臣妾一样。

③崛起:独出特起。仞:古代长度单位,周制八尺为一仞,汉制为七尺,东汉末为五尺六寸。

④青芙蓉:即青莲。青色的莲花,产于印度,音译为“优钵罗”。这句形容峄山的山势如青莲花。

⑤阆风:神话中的山名。《离骚》注谓:“阆风,山名在昆仑之上。”《离骚》:“朝吾将济于白水兮,登阆风而绁马。”

⑥元圃:即玄圃,避康熙帝讳写作“元圃”,又作“县圃”。传说中的仙境,也在昆仑山。《离骚》:“朝发轫于苍梧兮,夕余至乎县圃。”

⑦青童:道教神话中东方神名,又肝神名。《云笈七签·上清黄庭内景经》:“肝部之中翠重里,下有青童神公子。”注:“肝,东方木位,主青,故曰青童。”

⑧绝粒:即辟谷。古代道家以摒除火食、不进米谷为一种修炼的方法。巢青松:在青松林中结巢而居。这句是说后悔没有出家修道。

⑨舣舟:附船着岸。冥飞鸿:即“冥鸿”,高飞的鸿雁。语出扬雄《法言》:“鸿飞冥冥。”后多用来比喻避世之士。

⑩屑屑:细小琐碎的样子。秋蓬:蓬草秋天干枯后断根,遇风飞旋。所以常用来比喻行踪迁徙无常。

⑪凤凰:古代传说中灵异的鸟。《诗经·卷阿》:“凤凰鸣矣,于彼高冈;梧桐生矣,于彼朝阳。”后因以“鸣凤朝阳”比喻高才遭逢好的时代。

⑫安:如何。

⑬相传舜弹五弦琴作歌:“南风之熏兮,可以解吾氏之愠兮;南风之时兮,可以阜吾民之财兮。”

崇德真人之记碑

冲寂体真纯一大师、武当山紫霄元圣宫三洞讲经师邓志明撰

翰林学士承旨、荣禄大夫、知制诰兼修国史赵子昂书

翰林学士承旨、资善大夫、知制诰兼修国史张畴斋篆

性善[1]致柔，全德[2]之本。气运[3]盈虚，溟漠杳然。道毓三才，德统万类[4]。生化无穷，为众妙之门[5]，无为而无不为[6]。寂兮寥兮[7]，惟精惟一[8]。渊默[9]雷声，无极罔际。昔龙汉已前，赤明之后[10]，其师圣者，或隐或显。时代莅今，天下人莫能测。德播域中，亿劫[11]清馨，畴[12]弗钦羡？

时大金[13]，惟我重阳帝君[14]，越次超凡，倏焉得道。挈七真[15]于海上，阐大教于寰中。畅演玄机[16]，溥扇淳风[17]。六合[18]八纮，覍[19]褐簪裳。广敚[20]绵绵，不绝偕出，自七朵金莲，万枝玉华，芳也披云天。师云：“仙源滚滚以相承，法嗣联联而不断。”此之谓欤？

矧者，邹南滕北，有山曰峄阳山，即绎穴妙光天[21]者也。峰峦叠翠，玲珑相絅[22]，幽径崎岖，蹁[23]之极者，崭[24]耸碧空。嘻！于中有宫曰“仙人”，实祝延圣寿祈福之所，往古来今栖真之迹。时于甲午岁[25]，有明德大师李公主领宫事。公讳志椿，字知常，号和阳子。其

崇德真人之记碑

先彭城[26]人。幼稚不群，长则致诚，与物无竞。颖然悟道，径抵绛阴，投掙[27]明德真人[28]名下，愿执巾栉。真人询公之所悟详之异者，于是纳之。即服簪戴，旦暮侍师，遵给从容，谨逊无怠，苦志以坚贞。畅经旨，善琴书，质素以楷式。性若深渊，内澄而外不荡。尝历洞天，谒圣迹，赜[29]妙搒[30]微，玩味至真。环钵以凝神，湛然以澄彻，回光复源。逮至元壬辰岁[31]十二月十三日，明德真人升宦庶[32]，道侣畀[33]偁[34]和阳子李公为宫之提点住持[35]。

公既领命，道义愈加，处事雍容。昼则僔[36]众矻矻[37]以戮力，夜则萃集云友，心地用功。悦[38]役盈门而弗倦者，不越岁周，建三清[39]之宝殿，像设莹明，备具僝[40]讫。道缘滋盛，宫宇兴隆。所度[41]门人不啻百余众。自公簪服已来，朝夕行住坐卧，孳孳不昧。人以觊之，神气奕然，知其为有道之士也。迨丙申岁[42]元月二十四日，沐浴更衣，曲肱而化，乘彼白云，至于帝乡。有圣朝脱脱大王[43]向师之盛德，赐“明真和阳崇德真人”。

其真人李公拜淳然史公，真人史公师灵隐王[44]公，真人王公即长生真君[45]之高弟也。观其源流，璀润芝芳。斯根深则蒂固，源浚则流长。俾吾全真之教[46]，自古以固存，愈久□[47]明，盛者哉！誉李公之玄德，深矣美矣。以致虚极之微妙，实可嘉焉！

兹有门人高弟李道实、刘道古等，念本师之广德，去世悠远，未文之纪，斯不敏[48]之过乎！乃伐苍山，求碧琰[49]，愿刊其铭。令门下陈志新不辞千里而来，执状叩予作文。予尝闻师之德风久矣，喜因是应。沥肝胆，搜琅函[50]，扔[51]毫而书之。其铭曰：

《道德》[52]至尊，希夷[53]理深。覆载庇□，万汇[54]俱成。重阳帝君，金莲正宗。七真真君，玉华绽韫[55]。李公真人，长生重孙。悟明天理，洞御凝神。绳绳[56]瓜瓞[57]，后来弗辍，四海五湖，神仙英杰。云舆鹤驭，清天正曙。磤磤[58]宗风，鸾翔凤翥。真人之名，掷地金声。真人之心，月白风清。妙光高处，镌□巨珉。道众甡甡[59]，亿劫长春。

大元至治[60]岁次壬戌十一月十五日。

门人存真子本宫住持提点李道实、归真子张道古、本宫讲经师许道坚、知宫吴志全、知宫孙道信，金紫光禄大夫、中书省平章政事李道复，承事郎、江南诸道行御史台监察御史任志道，朝列大夫、两淮盐运副使刘道□，敦武校尉、济宁路兖州判官姬鉴，承事郎、济宁路同知兖州事杨□泽，典史房克让、兖州司吏王居简、本宫乾缘道人陈志新同立石。

本邑石匠王德石文同弟王德岽、王德□刊。

【简介】

碑在仙人棚，刻立于元英宗至治二年壬戌（1322）。碑高200厘米，宽100厘米，有额，额高50厘米，中间刻篆文“崇德真人之记”两行6字。碑文首行“崇德真人之记”题下50厘米，刻“朝列大夫两淮盐运副使刘□”字样，其下3行刻撰书者姓名，再往下碑文19行、题名3行，均为楷书。碑阴额刻“宗派之图”“英贤佳名”两行8字。碑体顶端横刻题名5行，刻崇德以上五世道人之称号及姓氏（避其名讳），由上到下依次是“重阳全真开化辅极帝君王”“长生辅化宗玄明德真君刘”“崇真大德灵隐真人王”“淳然体道明德真人史”“明真和阳崇德真人李”。其下道众列名甚众，多漫漶不可识者。

这是一幢记述仙人万寿宫提点住持道人李志椿事迹的碑记。李志椿羽化于元成宗元贞二年丙申（1296），26年以后其徒众李道实等为其立此碑。按：李志椿为全真道第五代，从随山开派算起为随山派第四代的传人。“北七真”中的刘处玄，号长生，为随山派的开派宗师。刘处玄传王贵实，王

贵实传史志道，史志道传李志椿。其名字辈分与其师都是“志”字，不解何故。

本文作者履历不详，篆额者张畴斋即前二文之张仲寿。

此碑署赵子昂书。按：赵子昂死于该年春，此碑刻立于冬季，后人多有疑者。清道光十四年《邹县志稿》：“此碑系伪托字体，笨拙不类赵书，列衔承旨亦误作‘丞’，不书名而书字，皆非是。”赵子昂（1254～1322），名孟頫，元代著名书画家，号松雪、松雪道人，生于吴兴（今浙江湖州）。他是宋太祖赵匡胤的第十一世孙、秦王赵德芳的嫡派子孙。

【注释】

①性善:孟子认为人性生来就是善的,这一说法后来成为宋儒正统的人性学说。臻:达到。柔:中国传统哲学以为“刚柔相推,而生变化”(《易·系辞上》),“守柔曰强”(《老子》)。“性善”合于全真道所提倡的“真行”,“致柔”合于全真道所提倡的“真功”,所以此处把这说成是“全德之本”。于此可见道教全真派的教旨与理学学说的互相影响、渗透。

②全德:道德上完美无缺。《庄子·天地》:“天下之非誉,无益损焉,是谓全德之人哉。”

③气运:宿命论者所指的气数和运会。气运是不断变化的,所以有盈有虚。

④“道毓”以下两句:“道”和“德”是中国古代哲学的一对范畴。“道”指事物运动变化所必须遵循的普遍规律,也指事物的本体。“德”是具体事物从“道”所得的特殊规律或特殊性质。毓:养育。三才:天地人。万类:万物,常指自然界有生命的东西。

⑤众妙之门:语出《老子》:“玄之又玄,众妙之门。”

⑥无为而无不为:语出《老子》:“为无为,则无

不为。”

⑦寂兮寥兮：语出《老子》：“寂兮寥兮，独立而不改，周行而不殆。”“寂兮”是无声，“寥兮”是无形。

⑧惟精惟一：语出《尚书·大禹谟》，精心一意的意思。

⑨渊默：深沉静默。语出《庄子·在宥》：“渊默而雷声。”

⑩“昔龙汉”以下两句：道家说天地之数有五劫：龙汉、赤明、上皇、开皇、延康。龙汉为始劫，一运历九万九千九百九十九劫。气运终极，天沦地崩，四海冥合，乾坤破坏，无复光明。经一亿劫，天地乃开，劫名赤明。赤明经二劫，无复光明，天地又坏。具更五劫，天地乃开。见《云笈七签·灵宝略记》。

⑪劫：本是佛教名词。佛教称世界从生成到毁灭的一个周期为一劫，道教借用这一说法。此处指很长的时间。

⑫畴：此处作“谁”解。

⑬大金：1115 年女真族完颜部领袖阿骨打创建的朝代。1234 年被蒙古和南宋联合进攻而灭亡。历 9 帝，120 年。

⑭重阳帝君：王重阳（1113～1170），全真道的创立者，名嚞，字知明，一字德成，号重阳子，咸阳（今属陕西）人，后世称为“重阳全真开化辅极帝君”。

⑮七真：王重阳的七个弟子：马钰、谭处端、刘处玄、丘处机、王处一、郝大通、孙不二。后来开创了全真道的七个派别。

⑯玄机：道家的奥妙。

⑰扇：通“煽”。淳风：淳朴敦厚的风气。

⑱六合：天地四方。纮：同“宏”，宏大。《淮南子·坠形》：“八殥之外，而有八纮。”

⑲覍（biàn）：同“弁”。

⑳广紩（zhì）：众多。

㉑妙光洞天：道家传说神仙居住的地方有十大洞天，三十六小

洞天，七十二福地。妙光天是三十六小洞天之一。

㉒絧（tōng）：缓直相通的样子。

㉓蹫（yuè）：峻拔的样子。

㉔崭（zhǎn）：高峻的样子。

㉕甲午岁：按其生活年代，此甲午岁应为1294年。

㉖彭城：今徐州。

㉗撎（yī）：肃拜。《说文·段注》："跪而举其首，惟下其手，是曰肃拜，汉人曰'撎'。"

㉘明德真人：史志超（？～1292），字复古，号淳然子。全真随山派第三代传人，峄山道观第二代住持，谥淳然体道明德真人。

㉙赜（zé）：玄妙幽深，此处作动词用，探见其玄妙幽深之意。

㉚摉（sōu）：求索。

㉛壬辰岁：1292年。

㉜升宦庶：宦是星宿名，《星经》载：天市垣帝座旁有宦者四星，微芒，去极七十六度半，入尾宿九度半。因全真道始祖王重阳追封帝君，其后世弟子应是在帝侧的众星。所以称史志道的死为"升宦庶"。

㉝畀：给予。

㉞偁（chēng）：称扬；

㉟提点住持：道官名，道教宫观的主持者。

㊱僔（zǔn）：聚集。

㊲矻（kū）：勤奋不懈的样子。

㊳悦：此处训为"服"僔（据《尔雅·释诂》）。

㊴三清：道经中说天外仙境称"三清境"，即玉清、上清、太清。元始天尊居玉清，灵宝道君居上清，太上老君居太清，所以道教中多用"三清"作为道观的名称。

㊵僝（zhàn）：应有。

㊶度:佛家谓离俗出生死叫度。《金刚经》:“我皆令入无余涅盘而灭度之。”所以寺院接受人为僧尼叫“度”。道教也借用这一说法。

㊷丙申岁:1296年。

㊸脱脱大王:脱脱(1272~1327)原是西域康里国王族,其父因国乱归元。脱脱辅元武宗为中书平章政事,卒后追赠和宁王。按元朝大臣位至宰辅的有三脱脱。其一为札剌儿氏,为元太祖开国功臣木华犁之曾孙,生活在世祖至成宗年代,卒于大德十一年(1307)年代较此略早。另一脱脱是蔑儿吉角氏,在顺宗时为相,未封王爵,且年代略晚,立碑时尚未显达。故知此处所说“脱脱大王”,当系康里脱脱。

㊹灵隐王公:王贵实,号灵隐子,随山派二代传人,峄山炉丹峪长生观创立者,谥“崇真大德灵隐真人”。

㊺长生真君:刘处玄(1147~1203),字通妙,一说字道妙,号长生子,东莱(今山东莱州)人。王重阳七弟子之一,创全真道随山派,谥长生辅化宗玄明德真君。

㊻全真教:或称全真道、全真派,道教两大教派之一。金世宗大定七年(1167)王重阳在山东宁海全真庵讲道时所创立。教旨以“澄心定意,抱元守一,存神固气”为真功,“济贫拔苦,先人后己,与物无私”为真行。功行俱全,故称“全真”。分为遇仙、南无、随山、龙门、嵛山、华山、清静7派。

㊼“久”下一字模糊不清。当是作“益”“更”“尤”等解释的一个古体字或别写字。

㊽不敏:本是自谦之词,不聪明的意思。因为《孝经》有“参不敏”的话,是曾参对孔子说的,所以此处“不敏之过”中之“不敏”暗含弟子自称之意。

㊾琰(yǎn):美玉名,这里是称美碑石的说法。

㊿琅函:装饰着美玉的书匣。

51扔:此处作勉强、牵引解。

52《道德》:指《老子》,相传春秋末年老聃作,分81章。前37章名《道经》,后44章为《德经》,故有《道德经》之名。道教尊老子为教主,把《老子》奉为主要经典,并赋予各种宗教解释,故此处说“《道德》至尊”。

53希夷:指虚寂玄妙。《老子》:“视之不见名曰夷,听之不闻名曰希。”河上公注:“无色曰夷,无声曰希。”南朝梁萧统《谢敕参解讲启》:“至理希夷,微言渊奥,非所能钻仰。”

54万汇:种种品类。

55馧(yūn):香。

56绳绳:接连不断的样子。

57瓜瓞(dié):瓞是小瓜。像瓜瓞的岁岁相继一样。语出《诗经》:“绵绵瓜瓞。”后来作为称颂子孙昌盛之辞。

58磤磤(yīn):象声词,原指雷声。宗风:某一流派特有的风格,特指佛教禅宗各派的风格。此处借用指道教随山派。

59甡甡(shēn):众多的样子。

60大元至治岁壬戌:1322年。这是《崇德真人之记碑》树立的时间。

仙人万寿宫重建记

道家者流出黄帝[1]老子[2]，以清净虚无为宗，颐神养性为事，长生久视[3]为著效，神仙飞升[4]为极致。自秦皇汉武，闻方士[5]之说，问蓬莱[6]之津，求不死之药，举世靡[7]然玄风。厥后，其徒支分派别，为符箓[8]，为斋醮[9]，为炼丹石[10]，为饰土木[11]，抑皆事乎其末。金季，帝君王公[12]、真君刘公[13]辈七人者出。不资外物，环堵[14]之是居，被褐[15]之为旋，或出或处，或默或语，或遨嬉市井，制行不立，皆务以全其真，可谓知所本矣。

仙人万寿宫重建记

邹峄海内名山，洞穴玲珑，贯彻踵顶，咸有泉流其中，巨石盘错，奇形异状，观览可以悦目，坐卧可以适体，诚栖神之胜境。道书有

"妙光洞天"之目。羽客[16]庐其中,不啻百数。仙人万寿实为之冠。

邑北东逾二十里,庄以蒋名,中有观曰"通玄",仙人之田墅也。野颇饶沃,道侣耕播,以供盂粥。初,长生之徒灵隐真人王贵实主之。罹兵燹[17],荡荒鞠。其嗣明德真人史志道构宇以居,矩矱[18]一遵先世之旧。志道世传嗣者:曰崇德真人李志椿,曰希和真人杨道远,皆受真人之号,令主宫事。李师道实、谷师道玄,志椿之弟子也,相与谋曰:"本非末不成,末非本不兴。我辈离尘割爱,玄素[19]是依,服膺师说,闻道本有年矣。虽资质凡庸,讵有仙分!如食者慕八珍之厨,饮者思九霞之浆,不能忘怀。今吾居狭隘敝陋,无以妥高真之灵,望其照临,得乎?"于是撙[20]费度材,搜[21]补遗阙。于宫、于观、于邹城、于炉丹峪、匡家庄、狼济村,皆赡宫恒产。之所修创,大小凡百余楹,殿堂、丈室、庖湢[22]罔有弗具。仍即余力,镵[23]坚甃[24]险,凡数十步。既而介邑贤郭君弘远、姜君舜举、滕阳余君以善征文以纪诸石。

予谓:仙真之事邈矣。希世一遇,未易遽得。兹数人者,向道日久,立志既坚,精诚感格[25],杳冥[26]恍惚之际,庸或可觊。否则,婆娑[27]烟霞区,谈玄唱道,如太古隐君子,留名坐石,亦可以不负先生矣。弖为之书。

【简介】

碑在万寿宫,刻立于元至治二年(1322),碑高198厘米,宽101厘米。额刻篆书两行8字"仙人万寿宫重建记"。背面刻楷书两行8字:"宗派之图,信士芳名。"碑文题下刻署名3行,首行"朝列大夫、国子祭酒李之绍撰",次行"集贤学士、荣禄大夫刘赓书",三行"翰林学士承旨、荣禄大夫、知制诰兼修国史赵孟頫篆"。据此,则《峄山志》署"赵孟頫书"是错误的。其下碑文13行,满行46字。文后刻"大元至治二年十一月望日,赐金襕紫服洞诚真静通玄大

师、住持宫门提点事李道实，同知宫陈道广等同立石”。以上均隶书。其下尚有题名4行，楷书，字体略小，名字不具录。

碑阴顶端横刻楷书祖师名4行。首行“重阳全真开化辅极帝君王”，次行“长生辅化宗玄明德真君刘”，三行“崇真大德灵隐真人王”，四行“赐紫金襕通玄大师保真子赵志古、淳然体道明德真人史”。其下竖行题名不具录。

本文作者李之绍（1253～1326），字伯宗，号果斋，平阴县人。元至元三十一年（1294）征名儒修《世祖实录》时被推荐，任翰林院国史馆编修官，仕至翰林侍讲学士。著有《果斋集》。

书写者刘赓（1248～1328），字熙载，名水（今河北威县）人。至元十三年（1276）授国史编修，仕至翰林学士承旨。

篆刻者赵孟頫，见前篇《崇德真人之记碑》简介。

【注释】

①黄帝：传说中中原各族的共同祖先，姬姓，号轩辕氏、有熊氏。

②老子：相传春秋时思想家，道家学派的创始人。一说即老聃，姓李名耳，字伯阳，楚国苦县（今河南鹿邑东）人。著《老子》。

③长生久视：不老，耳目不衰。形容长寿。《老子》59章：“有国之母，可以长久，是谓深根固柢，长生久视之道。”

④飞升：谓羽化而升仙。唐郑璧《和袭美伤顾道士》：“门人不睹飞升去，犹与浮生哭恨同。”

⑤方士：我国古代好讲神仙方术的人。起源于战国时燕齐一带近海地区。

⑥蓬莱：古代传说中的海上三神山之一。津：渡口。

⑦覈：“核”的异体字，翔实明白。玄：道。

⑧符箓：道教法术之一，说是天上神的文字，可用以驱使鬼神

和治病等。

⑨斋醮:道教设坛祭祷的一种仪式。斋是供斋,醮是礼神,借以求福免灾。

⑩炼丹石:道教法术之一,丹即丹砂,将朱砂放在炉火中烧炼,据说服食可以长生。

⑪饰土木:指修庙塑神。

⑫帝君王公:王重阳(1113～1170),全真道的创立者,后世尊为教祖,元世祖封其为"全真开化真君",教徒们尊其为"帝君"。

⑬真君刘公:刘处玄(1147～1203),号长生,王重阳七大弟子之一,随山派的开派祖师。著《仙乐集》《至真语录》等。七人:除刘处玄外,还有马钰、谭处端、丘处机、王处一、郝大通、孙不二六人。

⑭环堵:方丈为堵。环堵就是四面环绕面积方丈的土墙,形容居室的隘陋。

⑮被褐:穿着粗布短袄。谓处境贫困。《墨子·尚贤中》:"傅说被褐带索,庸筑乎傅岩 。"汉徐乾《中论·治学》:"视衮龙之文,然后知被褐之陋。"

⑯羽客:指神仙或方士。北周庾信《邛竹杖赋》:"和轮人之不重,待羽客以相贻。"

⑰燹(xiǎn):野火,多指兵乱中纵火焚烧。

⑱矩矱(jǔ yuē):规矩,法度。《离骚》:"勉升降以上下兮,求矩矱之所同。"《淮南子·泛论训》:"音有本主于中,而以知榘彠之所周者也。"高诱注:"矩,方也。彠,音约,度法也。"

⑲玄素:黑白,比喻两种事物的根本差别和变异。南朝梁江淹《萧重让扬州表》:"窃闻周夏异章,玄素各礼。"

⑳撙:限制,节省。

㉑搜(sōu):检查,阅视。

㉒湢(bì):浴室。《礼记·内则》:"不共湢浴。"

㉓镵(chán):铲,刺。《淮南子·泰族训》:"夫刻肌肤,镵皮革,被创流血,至难也,然越为之以求荣也。"

㉔甃(zhòu):砌,垒。

㉕感格:谓感于此而达于彼。宋李纲《应诏条陈七事奏状》:"然臣闻应天以实不以文,天人一道,初无殊致,唯以至诚可相感格。"

㉖杳冥:指极远的地方。《宋玉对楚王问》:"翱翔乎杳冥之上。"恍惚:模模糊糊,不易捉摸。《老子》:"道之为物,惟恍惟惚。"

㉗婆娑:有多义,此作盘旋,徘徊解。宋玉《神女赋》:"又婆娑乎人间。"烟霞区:有云气的地方。此指修道的名山中。

敕邹邑峄山万寿宫住持碑

陈绎曾

元统三年十月既望，时巡[1]开平[2]。皇帝若曰：惟有我元，惟祖惟宗。钦崇大道，修真之士，蠲[3]厥租庸。祈年赐福，故常是式[4]，以佑朕躬[5]。惟邹峄山，仙人所居，万寿之宫。乃师乃徒，□□汝护，持守必恭。凡尔宫宇，使驲[6]往来，罔顿罔供[7]。田园林泽，碓[8]磨馆肆[9]，弛厥徭征。凡百孰何[10]，毋敢恃强，毋或夺攘。凡尔师徒，毋恃朕言，越逾宪章。惟时越逾，汝则不恭，国有法程。九月既望[11]，万乘[12]式安，皇帝还京。御明仁殿，侍臣请祠，申赐宝芗[13]。十有二月，爰[14]集真信[15]，于峄之阳。奉制[16]醮[17]饷[18]，昊天上帝[19]，设词[20]如方。□笈[21]琅函[22]，上报下祈，于昭宠光。洞诚真静，通玄大师臣李道实、明道贵德洞微大师臣关志全、通微致虚大师臣吴道全等拜手[23]稽首曰：大哉王言，其在兹宫，未之前闻。粤[24]若秦皇，荒游侈辞，且以不朽。今天子遵祖宪，共明神，赐民福，甚盛德也。其可无丰碑硕词以焜耀[25]万世！遣其徒明真安静冲和大师董安道来征词。乃作颂曰：惟皇坦荡体自然，山藏澥[26]纳玄又玄，帝十一世恢中天[27]。紫檀[28]巍巍閟神宫，金泥[29]玉检皇岱宗，昊天上皇德既同。太上含淳曰真人，心通太一[30]役万神，祈年赐福宣灵文。峄山孤桐奉朝阳，仙

人道士持宝芗，云璈[31]碧落[32]声琅琅。雨旸时若[33]年谷登，大道无为民以宁，天子万年八表[34]清。

【简介】

碑在峄山仙人棚前，高 183 厘米，宽 83 厘米。正面为八思巴文，碑阴为汉文，皆已漫漶不能辨识。据《峄山志》载："元统三年敕祭峄山仙人万寿宫。国子助教陈绎曾撰。至元三年二月立。"按：元顺帝元统三年为 1335 年。当年十一月改年号为至元，故多种历史纪元表均无"元统三年"。这一年是敕祭峄山的时间，立碑在其后二年，即至元三年(1337)。因漫漶，碑文字体、行款均不可知。正面八思巴文无人能识，故不录。其背面汉文原文在历代各种邹县志书中均失载，惟民国二十三年(1934)编纂的《邹县新志》中载入，故据之录入此书。

作者陈绎曾，元代学者和书法家，处州(今浙江丽水)人，字伯敷，一作伯孚。举进士，官至国子助教、国史院编修。著有《文说》

《翰林要诀》等。善真草篆书，传世作品有纸本小楷书《静寿先生诗集后序》，现藏北京故宫博物院。

【注释】

①时巡：帝王按时巡狩。《尚书·周官》："又六年，王乃时巡，考制度于四岳。"孔颖达疏："周制，十二年一巡守也。如《舜典》所云，春东、夏南、秋西、冬北。以四时巡行，故曰时巡。"

②开平：位于今中国内蒙古自治区锡林郭勒盟正蓝旗境内，多伦县西北闪电河畔。元世祖忽必烈即位以前，于1256年3月，命刘秉忠建王府于此。1260年5月5日，忽必烈在开平即位。1263年6月16日，忽必烈下诏升开平为上都。1267年，忽必烈定都燕京（1271年改称大都），改上都为陪都，作避暑行宫，夏天在这里处理政务。

③蠲（juān）：免除；厥：其；租：实物地租；庸：力役地租。"租庸调"是唐代税收制度，后改行两税法，此制遂废。此是以旧时的说法来说当时的事情，就是免除赋税的意思。

敕邹邑峄山万寿宫住持碑

④故常是式：经常

实行,形成制度。

⑤朕躬:皇帝自称。

⑥驲(rì):古代驿站专用的车。《左传·文公十六年》:“楚子乘驲,会师于临品。”杜预注:“驲,传车也。”

⑦罔顿罔供:不要安顿住宿和供应食品。

⑧硙(wèi):磨。《说文·石部》:“硙,磨也。”

⑨肆:店铺或手工业场所。按:此下两句是说道庙经办的磨坊、堂馆、店铺、作坊等也减免税收。

⑩凡百孰何:凡百是概括之辞。《诗经·小雅·雨无正》:“凡百君子,各敬尔身。”郑玄笺:“凡百君子,谓众在位者。”孰何:谁人,何事。此句言不管是什么人,什么事。

⑪既望:阴历每月十五日为望,十六日为既望。苏轼《前赤壁赋》:“壬戌之秋,七月既望。”

⑫万乘:周制王畿方千里,出兵车一万辆,后遂以万乘代指帝位。此指皇帝出巡的车辆。式:语助词,无义。

⑬芗:紫苏之类的香草。此概指寺庙中所焚香料。

⑭爰:文言发语词,无义。

⑮真信:真人和信士,也就是道士和信众。

⑯奉制:奉旨进行斋醮活动。制:制诰,皇帝的命令。

⑰醮:一种祷神的祭礼。宋玉《高唐赋》:“醮诸神,礼太一。”

⑱饷:用食物款待。此指散斋饭给道众吃。

⑲昊天、上帝:均指天。《尚书·尧典》:“乃命羲和,钦若昊天。”《诗经·大雅·大明》:“上帝临女。”《尚书·立政》:“吁俊尊上帝。”

⑳词:此指“青词”,即道教斋醮仪式上写给天神的奏章表文。用朱笔写在青藤纸上,所以叫青词。

㉑笈:书箱。

㉒函:书套。此句指道书。

㉓拜手:古代男子跪拜礼的一种。既跪,两手拱合,俯首至手与心平,而不至地,叫“拜手”。稽首:叩头到地叫“稽首”。

㉔粤:作语助,无义。粤昔就是在昔,从前。

㉕焜耀:《左传·昭公三年》:“焜耀寡人之望。”释文:“焜,明也;耀,照也。”

㉖瀣(xiè):海。

㉗“帝十一世”句:元朝至顺帝恰历十一代。

㉘紫檀:道宗的祭坛。

㉙金泥:古代文书用泥封。此言用金泥封固的向天神的奏章。玉检:玉制的标签。皆指文书。

㉚太一:老子之道的别名。太是至高至极,一是绝对唯一的意思。《庄子·天下》称老子之学是“主之以太一”。

㉛云璈:道士的法器,敲击作响,奏道乐时用以打节奏。

㉜碧落:天空。唐杨炯《和辅先入昊天观星瞻》:“碧落三乾外,黄图四海中。”

㉝雨旸时若:晴雨适时适度。

㉞八表:八方以外极远的地方。陶潜诗:“远之八表,近憩云岑。”

绎山炉丹峪重修长生观记

绎,天下名山也。岩谷嶝峒[①],怪石错叠,钟[②]奇孕秀,千态万状,实洞天之绝胜也。是谷在山阴,崖头寅缘[③]登玉女峰,直下千仞。瞰是宇,缩入根底,如堕井中。仰之,周围层峦[④]叠巘,嵚岑[⑤]峣嵲[⑥],苍壑翠壁,谽谺[⑦]崑𡶼[⑧]。竹木葩卉,胶轕[⑨]蒙翳。云气吞吐,烟霞映贲。朝昏变化,神异莫测。仙隐之域,殊为幽佳。厥中,古有丹灶,因名焉。观自隋唐以来有之,五季[⑩]之乱,人烟聚落,尽化榛莽。兹实豺虎之区,栋宇尽废,止留基迹。讫宋绍圣[⑪]间,复有殿舍。金大定[⑫]初重葺,皆有石纪。然荐经劫火,仆裂散逸无存。国初[⑬],尚余太上殿。

灵隐真人始至此山,得仙人观遗址。刊木转石,结庐其中,经营阅久,乃成室居。稍分徒侣,复于是观并为兴构。命门人淳然体道明德真人史志道坐此,休心奉守。史公仙去,其门人明真和阳崇德真人李志椿继之。至元[⑭]二十八年,李公门人明真体道通玄大师暴道全复为之主。大德[⑮]元年,撤故殿,恢制重建,增东西厢等舍。后暴公南游浙间不返。灵隐嗣教三叶孙、本宗宗教凝玄冲妙文莹真人李道实,其门人明道贵德洞微大师、本宗都提点吴志全等,继为葺盖至备。复辟拓土产,植果艺蔬,与戴氏里诸庵,以给在上仙

人万寿宫道众斋食之需。其地所据，东界钲饼石，南自顶而下，至花头石，西抵夫主山、东华宫，北至车行古陌，此观之恒业也。其自兴复之后，未有碑记以诏永久。至正[16]四年春，提点吴君造予馆，请文甚坚。窃喜其戮力宗门，殊懋厥绩，故不暇让而为记次。

粤[17]原道教之流，始自黄帝。崆峒访广成[18]，问要妙之言。如曰："至道之精，窈窈冥冥。无视无听，抱神以静，形将自正。"又曰："无劳尔形，无摇尔精，必清必静，乃可长生。"旨哉是言！盖伊之抱朴守一，拒绝外诱，葆光[19]啬气，废心用形，以为得道长生之本。此太古之时，风气不开，纯朴未散。克是为守，则人多寿，理或然也。三五而下[20]，风气既开，纯朴已散，利欲相扰，浇伪日滋。磔[21]裂太和[22]，凿蚀精一，则人多夭殇，少至百年，理亦然耳。厥后仙者非有异禀，复得奇术，凝心绝慕，窃造化之机，饵铅汞之剂，弗克以延其龄，然不无摇精劳神之苦。迨金季、我朝之初，五祖七真[23]倡全真

教，立戒周严，屏除外诱，修洁身心，务得本来灵境，神光无所不通，而与造物者游。数千载而下，其有得乎广成之遗旨者欤？今灵隐之徒，累叶[24]兴祠宇、辟土产。同厨廪不啻数千指，分处各所，皆温饱而享安闲之乐。然不求道祖遗旨，百年之久，莫悟真趣，屏弃天属，居斯食斯，亦徒然耳！歌曰：

炉丹峪重修长生观记

山之幽兮谷之空，烧丹药兮为琳宫。区区声利，虽有荣，百年几得算其终。豺虎塞路狐狸凶，羽客无知睡正浓。猿鹤恐泄灵境风，谷口每着白云封。熙熙花鸟春光融，恍若不与俗尘通。盘之深兮应此同，山人安在吾将从。

【简介】

碑在炉丹峪，据碑载，刻立年代在“大元至正四年岁次丙子十一月甲辰日”。按：至正四年为1344年，岁次甲申。查元代有两个丙子年，第一个在前至元十三年（1276），其时南宋尚未灭亡；第二个在后至元二年（1336），均不在至正四年。不知何以致误，也不知是年代错还是干支错。

碑高220厘米，宽97厘米，有额。碑额刻字部分高35厘米，宽32厘米。正面刻篆文“重修长生观记”两行6字。背面刻楷书双线勾“宗派之图”两行4字。

碑正面第一行为题目《峄山炉丹峪重修长生观记》，其下两行署名。《峄山志》著录原文不载，补录如下：第一行“孔颜孟三氏子孙教授李元林撰”；二行“奉训大夫、济宁路济州知州兼管本州岛诸军奥鲁劝农事蔡思中书并篆”。其下碑文17行，满行45字。行楷书。

末两行，第一行年月下刻“制授明道贵德洞微大师、住持仙人万寿宫本宗都提点吴志全，通玄诚德养素大师、提举张道亭，同知宫李志真、辛道邕、崔敬玄、赵道明、荆道明，本观知观王道素等立石”。次行略低，刻“益都路邹县达鲁花赤兼管本县诸军奥鲁劝农事安童，承事郎、益都路邹县尹兼管本县诸军奥鲁劝农事李彦审，将仕郎、益都路邹县主簿李珩，典史郑□，司吏徐克恭，玉德、陈惟恭。玉工常伟、男常景鲁并门人李展刻”。

碑阴顶端横刻重阳帝君以下六世祖师之称号及姓氏，楷书6行，依次是“重阳全真开化辅极帝君王”“长生辅化宗玄明德真君刘”“崇真大德灵隐真人王”“淳然体道明德真人史”“明真和阳崇德真人李”“凝玄冲妙文莹真人李”。其下题名不录。

本文撰者及书写者，除署名中说明的履历官衔外，查不到其他有关其身世的资料。

【注释】

①崆峒：有多义，此作山洞解。唐高适诗：“峭壁连崆峒。”

②钟：此作汇聚解。

③寅缘：攀附上升。

④峦：小而尖的山。

⑤嵚岑（qīn cén）：山高的样子。南朝齐陆厥《京兆歌》：“逦迤

傍无界,嵚岑郁上千。”

⑥峣嵲(yáo niè):危高貌。唐柳宗元《招海贾文》:“舟航轩昂兮,下上飘鼓;腾趠峣嵲兮,万里一睹。”

⑦谽谺(hān xiā):山谷空旷的样子。

⑧崑陁:山坡。

⑨胶辖(jiāo gé):交错纠缠的样子。

⑩五季:指梁、唐、晋、汉、周五代,907年至960年。

⑪绍圣:宋哲宗年号,1094年至1098年。

⑫大定:金世宗年号,1161年至1189年。

⑬国初:指元朝初年。

⑭至元:元世祖年号。1264年至1294年。至元二十八年为1291年。

⑮大德:元成宗年号。1297年至1307年。大德元年为1297年。

⑯至正:元顺帝年号。1341年至1370年。至正四年为1344年。

⑰粤:此为古文语助词,无义。

⑱“崆峒访广成”句:《庄子·在宥》:“黄帝立为天子十九年,令行天下。闻广成子在于空同之上,故往见之。”下文引语皆见《庄子·在宥》。

⑲葆光:隐蔽其光辉。比喻才智不外露。《庄子·齐物论》:“注焉而不满,酌焉而不竭,而不知其所由来,此之谓葆光。”

⑳三五而下:指传说中的“三皇”“五帝”以下。

㉑磔(zhé):本指分裂牲体。

㉒太和:就是道。张载《正蒙·太和》:“太和所谓道。”

㉓五祖七真:五祖指全真道出现以前出现的内丹派著名道家祖师,说法不一,计有钟离权、吕洞宾、施肩吾、刘海蟾、陈抟、张伯端、王重阳等。七真,即上所注释之王重阳的七大弟子。

㉔累叶:累世,好几辈子。

白云宫创建二神灵感祠之碑

二神者:汉关将军、蜀郎君神也。

将军讳羽,字云长。河东[1]解[2]人。佐昭烈[3]定荆益[4],为前将军,死于忠义。始封寿亭侯,庙食当阳。宋绍圣三年[5],赐庙号显烈。崇宁[6]初,封忠惠公,二年,进武安王。其后加义勇英济之号。

郎君讳昱,蜀[7]郡守李冰[8]第二子也。佐其父除水患有功,庙食[9]灌口川[10],号护国灵应王。开宝[11]七年,去王号。嘉祐[12]八年,封灵惠公。元祐[13]二年,改感应公。崇宁初,进昭惠灵显王。政和[14]八年,改为真人,未几仍封为王。后又累加威济英烈之号。必其有御灾捍患之实,故见于《宋会要》者如此。

盖二神生而以忠义智勇为德,殁而以聪明正直为神。其精气英魂充塞宇宙,贯彻古今。历千百载而血食[15]不替。今天下之人,邑构其祠,家绘其像,岁时祭祀,不啻[16]奉其父母、先祖。何其盛哉!

至正[17]庚寅冬,邹有剧寇,数十为群,据勾绎山洞间。宵则略村落,入城邑,燔庐舍,或执富民,迫求酒肉金帛而后释之。徐州路达鲁花赤,率官兵千余人合而围之,久不能得。明年,信都[18]武文秉来为尉,白于兵马[19]曰:"此贼易与,吾自擒耳!公其以众退。"乃下令城中,家具一梯,缚木屋脊,蓄砖石为备。由是贼不敢入。然后募并山丁壮五百，夜则围山，昼则治田。率弓箭手覆诸隘以待。贼窘饥，招降者五人，杀死者十余人。惟渠魁[20]弗获。

时，尉次[21]于二下里之白云宫，召道士李提点志遇、石提举志至而告之曰："苟二神阴助而获此寇，吾其即此建祠以报之。"且誓曰："吾不获此贼，不立世矣！"又明年二月，首捐俸五百缗[22]为之倡。二道士以米麦百斛[23]为之助。邑人张敬祖洎大姓[24]又以五千缗继之。滕州分兵马指挥也速迭而闻之，以俸缗五百来助，曰："吾所愿也。"悉付志至掌之。市材僦[25]工，筑堂四楹。塑二神于中。列侍十像。祠宇宏敞，冠服鲜耀，见者起敬畏。始于是岁二月，终于十又二月。尉躬督其役。祠未及完而贼党悉擒，是其神之阴相也耶？敬祖等以尉之功不可不纪，神之灵不可不彰。状其事之京师，因前陕西行省郎中张君晋君，请予文之石，以示永久。

白云宫创建二神灵感祠之碑

尉字士仪，由大都[26]令史[27]，补永清[28]典史。今济宁[29]兵马掌判[30]邹人卓公希颜为吏部侍郎[31]时，稔[32]其为人。

患其乡多盗，故有是命。抑[33]尉亦不负所举矣。先是大兵平徐，尉承命督兵守黄河东浒，斩馘[34]若干人，贼不敢东，滕邹赖以安。总兵官锡[35]马以赏之矣。

余里，违[36]邹一舍而近，击柝[37]相闻者也。是寇之平，吾里实与安焉。故喜闻而乐道之。先述神之盛，次序尉之绩，仍系以诗。其诗曰：

于[38]赫二神，异世同符。英盖一时，材雄万夫。忠魂义气，生死弗逾。当阳灌口，庙食如初。历千百载，祠遍寰区，岁时祭享，莫敢或逾。洋洋[39]如在，敬恭拜趋。有感斯通，如鼓应桴[40]。眷兹邾娄[41]，勾绎[42]之墟。囊橐盗贼，剽劫里闾。猖獗陆梁[43]，奚翅[44]穿窬[45]。有尉孔武，贾勇奋□。□□□□，危剿□□。神之相之，是逐是驱。既歼其魁，亦殄[46]其徒。乃基乃构，乃塈[47]乃涂。翚飞[48]矢棘[49]，芋[50]宇渠渠[51]。神其来止，既安且宁。有俨□像，巍如焕如。□□□□，永保我邾。

正议大夫国子祭酒鲁郡王思敬记。

中奉大夫治书侍御史李稷书丹。

奉议大夫陕西行中书省左右司郎中张思政篆额。

【简介】

《峄山志》记载:“碑在纪王城村正西二里许,元至正十四年甲午创建,久经圮废,只存一碑。”又不知何时碑额被人盗去,碑身仆地断为七块。分别拓后,对合拓片可见其载体形态。碑身高 280 厘米,宽 105 厘米,碑文楷书,字径 4 厘米。碑右题一行,撰书者题名 3 行,以下是碑文 15 行,满行 70 字。左侧年月及地方官题名 6 行。元至正十四年,1354 年。

此碑书写者李稷,字孟豳,滕州人,泰定四年进士,至正初出任江南行台监察御史,中书省参议、治书侍御史。至正二十四年任山东廉防使,当年病死,谥“文穆”。撰文者及篆额者除署名中著明官阶里籍外,其余不详。

【注释】

①河东:郡名,秦时始置,治所在安邑(今山西夏县西北),辖境相当今山西沁水以西,霍山以南地区。

②解:县名,当时属河东郡。现并入山西运城。

③昭烈:即刘备(161 ~223),字玄德,涿郡涿县(今属河北)人。三国蜀汉的建立者,221 年至 223 年在位。年号章武,卒谥昭烈。

④荆益:荆州和益州。荆州在今湖北,益州在今四川。

⑤宋绍圣三年:1096 年。

⑥崇宁:宋徽宗年号,1102 年至 1106 年。崇宁二年:1103 年。

⑦蜀:郡名,秦时始置。

⑧李冰:战国时秦人,被秦昭王任为蜀郡守。任期约在公元前

256 年至公元前 251 年间。在任时在岷江流域兴修多项水利工程，其中以都江堰最著名。

⑨庙食：旧时人死后受人奉祀，在庙中享受祭飨。

⑩灌口川：在今四川灌县西北。

⑪开宝：宋太祖年号，开宝七年为 974 年。

⑫嘉祐：宋仁宗年号，嘉祐八年为 1063 年。

⑬元祐：宋哲宗年号，元祐二年为 1087 年。

⑭政和：宋徽宗年号，八年：按政和无八年。因政和八年十一月改元“重和”，尽管当时前十一个月的文书可能书写“政和八年”，但后世应述“重和元年”，即 1118 年。

⑮血食：受祭祀。因祭祀用牲牢，故称血食。

⑯啻：但，只，仅。

⑰至正：元顺帝年号，庚寅为至正十年（1350）。

⑱信都：旧郡名，在今河北省。尉：县尉，县级行政区域的武官。

⑲兵马：兵马指挥使司衙门的简称，郡（府）级行政区域的武官衙门。此指其人，即兵马使。

⑳渠魁：首领，指敌对方面的，含贬义。

㉑次：停留。

㉒缗（mín）：本义是穿钱的绳子，引申为一串钱。一千文为一缗，后来俗称一吊。

㉓斛：旧时量器名，古时一斛十斗，南宋末年改为五斗。

㉔大姓：大家族。

㉕僦：雇。

㉖大都：元朝首都，在今北京。

㉗令史：三省、六部的低级办事人员称令史；县级行政官员所属的办事人员也叫令史。

㉘永清：县名，在河北；典史：在知县以下，掌管缉捕，监狱的属官。

㉙济宁：地名，在山东。元时为路（府以上的行政区划名）。

㉚兵马掌判：掌管一路军事的官员。

㉛吏部侍郎：吏部是官署名，掌管全国官吏的任免、考核、升降、调动等事务。侍郎：各部的副职叫"侍郎"（正职为"尚书"）。

㉜稔（rěn）：熟悉。

㉝抑：此作发语词用，无义。

㉞馘（guó）：古代战争中割取所杀敌人的左耳，用以计功。

㉟锡：古与"赐"字通。《公羊传·庄公元年》："王使荣叔来锡桓公命。锡者何？赐也。"

㊱违：距离。一舍：三十里。

㊲柝：古时巡夜者敲击报更的梆子。

㊳于（wū）：叹美声。

㊴洋洋：美盛的样子。

㊵桴（fú）：鼓槌。

㊶邾娄：古邾国也称"邾娄"，此指邹县。

㊷勾绎：峄山也称勾绎山。墟：故城。

㊸陆梁：嚣张，猖獗。《后汉书·皇甫规传》："后先零诸种陆梁，覆没营坞。"

㊹奚翅："翅"通"啻"，岂但，何止。

㊺穿窬（yú）：指盗窃的行为。《论语·阳货》："譬诸小人，其犹穿窬之盗也与！"朱熹注："穿，穿壁；窬，逾墙。"

㊻殄（tiǎn）：灭绝。

㊼塈（xì）：涂屋顶。《尚书·梓材》："若作室家，既勤垣墉，惟其涂塈茨。"

㊽翚飞：形容宫室壮丽。《诗经·小雅·斯干》："如翚斯飞。"

朱熹集传:“其檐阿华采而轩翔,如翚之飞而矫其翼也。”

㊾矢棘:建筑物棱角整饬。《诗经·小雅·斯干》:“如矢斯棘,如鸟斯革。”朱熹集传:“棘,急也。矢行缓则枉,急则直也。”

㊿芋:《诗经·小雅·斯干》:“君子攸芋。”王引之《经义述闻》:“芋当读为宇。宇,居也。”

51渠渠:深广貌。《诗经·秦风·权舆》:“于我乎,夏屋渠渠。”朱熹集传:“渠渠,深广貌。”

读峄山碑

薛　瑄

六国[①]平来四海家，相君当代擅才华[②]。谁知颂德山头石，却与他人戒后车[③]。

【简介】

刻石在峄阳碑林，今已无存，载体形态不可知。兹据志书录出原文。

作者薛瑄（1389～1464），字德温，号敬轩，河津（今属山西）人。永乐辛丑进士，历官大理寺丞、礼部左侍郎兼文渊阁大学士，卒谥文清，从祀孔庙。著有《河汾诗集》《薛子道论》等。

【注释】

①六国：指战国时的韩、赵、魏、楚、燕、齐六国，自公元前230年至公元前221年的十年内，先后被秦国攻灭。

②相君：指撰书峄山碑的秦国丞相李斯。擅：专有。

③后车：比喻接受前代的教训。《荀子·成相》："前车已覆，后未知更何觉时！"《汉书·贾谊传》："前车覆，后车诫。"

重修高桥之记

高桥距县南十里许。年祀寝远，不知创始之由。或曰以其地势隆然独高，故桥以是得名，理或然也。夫天下之至险莫如水。一水中隔，则两岸不得相通，为患孔殷[1]。矧密迩行殿，为通衢要路，使轺驿骑蹄相劘，踵而相接者哉！高桥之修，所以不容缓也。且当峄山以北，诸峰壅遏之水，自东至西，湍悍甚盛。前政率多简略，临期驱编氓[2]促迫而成之。成之苟而坏亦速。坏而复修，修而复坏。左支右吾，徒惫人力而卒莫能厥功。迨乎滑台[3]房侯[4]，以世家之胄，来宰是邑。政通人和，百废具举。崇礼让以厚风俗，兴学校以化人心。复有余力以修桥为念。同寅协赞，百喙称善。于是捐俸粟，伐坚石，命胥吏许城董其事。富者助资，贫者效力。至于游人过客，亦皆乐助。工善匠勤，晨夜展力。经始于宣德甲寅正月，落成于是年三月也。上辅平石，旁夹边栏以防蹉跌。望之若虹蜺之跨涧。行者如履坦道，骑着如骤康庄[5]。工夫倍蓰而民不扰，规模壮观而功尤速，可谓难能也已。邑之士民交相庆忭，恐后人昧修兴之由而于我侯之德无所考，于是相与砻石求文以纪岁月。予惟为政在于知所先务而已。能知先务，则民不劳而事毕举。昔郑子产以乘舆济人于溱洧[6]，见讥于孟轲氏，谓之知务，可乎？今侯此举，不惟知先务，而尤有济众之仁。不徒为一时之计，而尤为悠久之惠。此邦之人士，又能以贤侯之心为心，乐事而劝功，是皆可书也。昔人有云："知善不言，与□喑同。"予目击斯事，理不容默，特书厥美，以励方来。宣德九年甲寅季春吉日。

教谕庐陵陈衡文撰。

【简介】

碑刻立于1434年，原石无存，碑文见明嘉靖间戴光修《邹县地理志》。按碑文记载，原碑当立于峄山西北脚下高皇村一带。

【注释】

①孔殷：众多、繁多。《尚书·禹贡》："江汉朝宗于海，九江孔殷。"曾运乾《尚书正读》："孔，甚也。殷，盛也。"

②编氓：编入户籍的平民。

③滑台：古地名。即今之河南省滑县。

④房侯：房岩，字鲁瞻，生卒年月不详，明洪熙元年(1425)"由人材进令邹县"，在任20多年，卒于任上，是邹县历史上任职最长的知县。《明史 循吏传》有载。

⑤康庄：四通八达的大道。唐白居易《和松树》诗："漠漠尘中槐，两两夹康庄。"

⑥溱洧(zhēn wěi)：河名。溱，古水名。源出河南省密县东北，东南流，会洧水为双洎河，东流贾鲁河。洧，古水名，源出河南登封阳城山。《孟子·离娄下》："子产听郑国之政，以其乘舆济人于溱洧。"

皇帝遣祭峄山祈晴文碑

薛希琏

惟神奠镇兹土，以庇民为职。比①闻连岁伏阴，雨雪过多，农事艰辛。人民乏食，困敝不胜，朕心悯恻。此因朕之不德所致，然念朕与神受育民之责于天，其任维均。而神②则又独司阴阳阖辟③之机，物理变化之道，忍令此沴④为民病乎？咎⑤固当归于朕，神亦焉得而辞？故敢以告，尚冀神休⑥。大布阳和之惠，溥成发育之功。专俟感通，以慰舆望⑦，敢告。

【简介】

原刻石有两处，一在白云宫，一在弥陀庵。现均已无存，其载体形态不详。据《峄山志》记载“景泰四年，遣刑部尚书薛致祭”，后录祭文原文。景泰四年为1453年。

薛希琏（？～1458），字廷器，丽水（在今浙江）人。宣德进士，由江西巡抚累升刑部尚书。

【注释】

①比：近来。《后汉书·光武纪下》：“比阴阳错谬，日月薄食。”

②“而神”以下两句：古人认为自然界是由阴阳二气一开一合来运行的。“物理”指事物的常理，与现代物理学的概念不同。《淮南子·览冥训》：“耳目之察，不足以分物理。”而阴阳的开合与物理的变化有其客观的规律性，是不以人的主观意志为转移的，所以古人认为应是由“神”来掌握的。

③阖辟：闭合与开启。唐杨炯《浑天赋》：“乾坤阖辟，天地成矣；动静有常，阴阳行矣。”

④沴（lì）：沴气是因气不和而生的灾害。《汉书·五行志》：“气相伤谓之沴。”病：害。

⑤咎：罪责。《诗经·小雅·北山》：“或惨惨畏咎。”

⑥冀：希望。《离骚》：“冀枝叶之峻茂兮。”休：吉庆、美善、福禄。《诗经·商颂·长发》：“何天之休。”

⑦舆望：众人的愿望。

重建太平兴国寺记

山东兖郡[①],名山多矣。求其胜境灵迹,则未有如邹邑之峄山焉。距城二十余里,即《书·禹贡》[②]所载"峄阳孤桐[③]"是也。控扼百里,作镇一方。观其危峰崒嵂[④],怪石巉岩[⑤],仙洞灵泉,奇花异卉,四时景物错见杂出,俨然若天开图画。往来缙绅[⑥],四方侠客,足迹至此,靡不登览。上有白云等宫,暨灵岩侯庙,迄今犹存。下有长生观、太平兴国寺,肇造于延祐间[⑦]。昔罹兵火,遗址尚存。寺废有年,无复重建。有僧诚庆、诚寿兄弟三人,同心戮力,发弘誓愿,务于鼎创。白诸邑宰,众皆欢若。尤虑工费浩繁,一力难就,遂持疏募缘,恳于贤达发心喜舍,同结良因[⑧]倡率。鸠金抡材[⑨],计料庀[⑩]工营建。始构大雄宝殿[⑪],装严世尊[⑫],丹雘[⑬]掩映,金碧交加。伽蓝[⑭]祠宇,僧寮禅榻[⑮],门垣庖湢[⑯],种种成就,焕然为之一新。观者莫不赞叹,以为昔之荆榛瓦砾之地,今成招提兰若[⑰]之区,迹其力行,观其用心,劳且大矣。经始于天顺庚辰[⑱]二月,落成于次岁辛巳。亚圣六十五代孙、世袭翰林院五经博士孟希文[⑲]诣余征记。

余惟释教阐行,劝人为善。诚庆亦善知识[⑳],坚持戒行,兴修佛果[㉑],俾[㉒]昔之废寺,一旦复其旧贯,晨钟暮鼓,竟日焚修,仰冀皇图之永固,上祝圣寿于无疆。登兹山而睹厥寺,讵不有感于斯乎?是为记。

【简介】

原碑已无存，载体形态已不可知。《峄山志》在《兴国寺》条下记载：“元延祐间创建。明天顺七年，僧诚庆、诚寿重建。邹县教谕顾钰记，训导云间郑元亨篆，凤阳谢春书。”此据《峄山志》收录原文。

此碑的撰文者、书写者、篆额者除上文说明的官衔、里籍外，没有查到其他身世资料。

【注释】

①兖郡：兖州府。“郡”本是春秋至隋唐时的地方行政区划名。明时已称府，古人作文常用旧名称述当时事物。兖州府：明洪武十八年(1385)置，治所在滋阳(今山东兖州)，1913 年废置。

②《书·禹贡》：《书》即《尚书》，儒家经典名。《禹贡》是其中篇名。

③峄阳孤桐：是峄山景点之一。《尚书·禹贡》：“海岱及淮惟徐州……峄阳孤桐。”

④崒嵂(zú lǜ)：山势高峻的样子。《史记·司马相如列传》：“其山则盘纡郁，隆崇崒嵂。”

⑤巉(chán)岩：高峻的山石。《文选·高唐赋》：“登巉岩而下望兮。”

⑥缙绅：旧时官吏的装束，也作官宦的代称。《汉书·郊祀志上》：“其语不经见，缙绅者弗道。”李奇注：“缙，插也。插笏于绅。绅，大带。”

⑦肇：开始。延祐：元仁宗年号，1314 年至 1319 年。

⑧良因：佛教语，好因缘。南朝齐王融《净行诗》之六：“令名且

云重，岂若树良因。”

⑨鸠金：聚集钱财。“鸠”作聚集解。《尚书·尧典》：“共工方鸠僝功。”抡：挑选。抡材：挑选木料。《周礼·地官·山虞》：“凡邦工入山林而抡材，不禁。”

⑩庀（pǐ）：准备，备具。

⑪大雄宝殿：大雄是梵文意译，音译为“摩诃毗罗”，古印度佛教徒对教主释迦牟尼的尊称。意思大勇士，一切无畏。所以佛教寺庙主殿叫大雄宝殿。

⑫世尊：梵文意译。音译为“路迦那他”或“婆伽婆”，佛教徒对释迦牟尼的尊称。佛经上说释迦具足众多功德，能利益世间，于世独尊，故名。

⑬丹雘（huò）：红色的涂漆。

⑭伽（qié）蓝：伽蓝是梵文译音僧伽蓝摩的略称，意译“众园”或“僧院”，佛教寺院的通称。

⑮僧寮：僧人的住房；禅榻：僧人们进行禅修的地方。

⑯庖：厨房。湢：浴室。

⑰招提：梵语“拓斗提奢”，义为四方，省称“拓提”又误为“招提”，成为寺院的别称。兰若：梵语阿兰若的略称，即寺庙。按以上文中堆砌了许多梵文音译名词，意思相同，实无必要。

⑱天顺庚辰：1460年。

⑲世袭翰林院五经博士：明代对颜子、曾子、孟子等圣贤嫡派后裔的封爵，八品，主持林庙祭祀及管理族人。孟希文（1433～1489）：字士焕，孟氏开始受封为翰林院五经博士的宗子。按当是五十六代，文中称六十五代，是错误的，当是《峄山志》误录。原石刻立在当时，不应出现这样的错误。

⑳善知识：佛教常用语，指了悟一切知识、高明出众的人。《释氏要览·称谓》：“能说空、无相、无作、无生、无灭法及一切种智，令

人心入欢喜信乐，是名善知识。"

㉑佛果：佛教认为成佛是持久修行所得之果，故名之为"佛果"。隋炀帝《设斋愿疏》："下度众生，上求佛果。"

㉒俾（bǐ）：使。

峄山封界告示碑

兖州府邹县为乞恩陈言、敬神庇民事：承奉本府帖文[1]，奉山东等处承宣布政使司[2]，付礼房[3]准勘，合科付承准礼部格字一千三百七十二号勘令，前事备仰本县着落当该官吏，照依勘合[4]札帖[5]内事理，将□□所奏事情即便查勘明白。如果所奏是实，即便出给告示，严加禁约。其封树株，不许被人砍伐，神庙不许人畜作践。备由回报，以凭查究施行，等因，奉此[6]。除委本县县丞张亲诣峄山[7]，查勘明白。自山根为始，埋立封界。取讫地方各社十年里长、地邻人等，供给到县回报外，拟合通行禁约，为此除外，合行出给告示，前去张挂晓谕，一应军民人等知会：今后不许似前樵采山柴、斫伐树株、纵放牛畜作践，亦不许封内官山土地开耕种田。如有违犯之人，仰巡山火甲[8]捉拿送县，照例治以重罪，不恕。须至告示者[9]。

弘治五年四月十五日立。

【简介】

碑在山之西麓，刻立于明孝宗弘治五年（1492），现已无存，故其载体形态不详。此处转抄自《峄山志》，原书中不载撰书人姓名。因为是公文，故不署撰书人姓名。

【注释】

①帖文:古时的一种公文。

②承宣布政使司:行政机关名,明洪武九年(1376)改行中书省置。官员称布政使,本为一省最高行政官员,后又设巡抚、总督等衙门,布政使权位渐轻,成为管理一省财赋和人事的机关。

③礼房:布政使司下属的科层机构。准勘:审核批准。

④勘合:一种公文的形式,从中间撕开,发文单位留有存根,撕下的一半交收文的单位或个人。这种文书的编号常称某字、某号。"字"是用来分类的。

⑤札帖:类似后来便笺的非正式文书。

⑥等因奉此:从前官方文书的习用语,用来承上启下的。"等因"是总结上文,"奉此"是引起下面的布置施行的内容。旧时连用,中间没有标点符号,按现时标点使用方法应当断开,但断开又不合当时语气。此处依旧例不断。

⑦委:派;县丞:官名,为县令的辅佐,正八品,管文书及仓、狱等事。

⑧火甲:"火"通"伙",古代兵制五人为列,二列为伙,甲指甲兵,此处即指巡山的兵丁。

⑨须至告示者:古代官方布告习用语。用于结束。

四至碑

邹县为乞恩陈言，敬神庇民事，奉礼部格字一千三百七十二号勘合，该僧人诚海奏奉圣旨：勘合封山。钦此①。除委官县丞张查勘明白官立四至封界外，合仰②峄山周围居住人民，自封山以后，不许似前纵放猪羊马驴牛畜到山作践，及不许樵采柴薪树木。违者仰巡山人役捉送赴县，究问如律，决不虚示！

【简介】

碑在山东北麓炉丹峪长生观北，刻立年月当与《峄山封界告示碑》同时。现已无存，故载体形态不详。此依《峄山志》所载录入原文，原书中未著撰文及书写人名字。

【注释】

①钦此：古代皇帝诏敕常用语，用于总结上文，作结束之用。

②仰：旧时公文中上级对下级的常用语词。含有切望的客气说法。

游峄山,尊用大司□罗先生韵

邵　贤

翠壁丹崖映晚霞,白云深护梵王[1]家。绕林声应频伽鸟[2],隔涧香闻薝卜[3]花。屋后甘泉穿石出,松间小径入岩斜。攀萝更上颠峰看,环海群山入望奢[4]。

【简介】

原刻石现嵌在孟庙致敬门外东侧北墙上,未著刻立时间。刻石末行署“邹县知县灵丘李天章勒石”。查康熙十一年《邹县志》“职官·知县”条下载:“李天章,弘治十四年任。”其下条载:“周盛……正德四年任。”据此可知李天章任期在明弘治十四年至正德四年之间,即1501年至1509年间。刻石当在此期间内。石高60厘米,宽66厘米。四周有宽8厘米的边栏,底边刻青莲花纹,其他三边牡丹纹。石心刻字部分高44厘米,宽50厘米。刻字11行,每行字数不等,字体行书兼草。

按:此篇题目“大司”下一字漫漶不清。凡类此的官职可以称“大”的有司徒、司空、司马,还有司隶校尉也可称“大司隶”。此外不称“大”。但细审此字,与“徒”“空”“马”“司”诸字皆不像。当

游峄山,尊用大司□罗先生韵

然类此者都是以古代的官职名来称呼当时(明代)的官职,我们又无从考证“罗先生”是否曾任过兵、工、户等部尚书或都御史等官职。因此,只能暂付阙疑。有的材料径录为“大司空”,似嫌武断。《峄山志》中记载此诗时把题目省略为《游峄山》。固然省事,但与原石刻不合,不可从。又,该材料将第三句诗中的“频伽鸟”录为“斯伽鸟”,也是错误,详见注释。

关于本诗的作者邵贤,刻石中自署“赐进士出身、中宪大夫、山东按察司副使、奉敕提督学政、前吏部文选司员外郎宜兴邵贤书”。除了他自署的履历外,还知道他是成化八年(1472)进士,致仕后在老家周孝侯祠崇丘建“东丘娱晚堂”，作为交友宴饮和欣赏诗文艺术的别墅。

【注释】

①梵王：大梵天王的简称。佛教称一切世界为欲界、色界、无色界三界。三界共有二十八天，即欲界六天，色界十八天，无色界四天。大梵天是第二色界诸天的第三天。其王称大梵天王。此处梵王家指佛教寺庙。

②频伽鸟：佛经中的鸟名。此鸟鸣声清脆悦耳。佛经谓常在极乐净土。《佛说阿弥陀经》：“舍利弗，彼国常有种种奇妙杂色之鸟，白鹤、孔雀、鹦鹉、舍利、迦陵、频伽。”

③薝卜（zhān bó）：梵语 Campaka 音译，又译作瞻卜伽、旃波迦、瞻波等。义译为郁金花。唐卢纶《送静居法师》诗：“薝卜名花飘不断，醍醐法味洒何浓。”

④奢：张大之义，此指甚远。

肇修大通岩帖文碑

兖州府,为考复[①]圣贤遗迹事:嘉靖九年[②]九月十八日,据本府滋阳[③]儒学生员张铁赍到钦差行人司[④]行人薛景来书一封,内称去岁游峄山,见其为鲁邹环秀之所,必吾夫子孟子时尝登游之处。及见山半有一岩,遂动追复之思,以告邑之尹丞[⑤],忻然[⑥]任之。不谓有成话说,然塑五小像,及刻一碑,砌一台,亦费无几。始而弗终,作而弗成,幸体念为一成之。既有此岩,有此像,不可无香火之人。既有其人,不可无朝夕之供。敝乡李主政[⑦]已认买田百亩矣。冀[⑧]十月终可就,迟则严凝[⑨]难为力矣。执事政见生员张铁颇仗义可托视成。何如?等因到府,拟合就行。为此合行帖,仰本县官吏照依帖文内事理,速将□□行人司行人薛原发银贰两,雇人穿石,打造孔、颜、曾、思、孟小石像五尊。孔子像居上,四小像配侍于其侧,敬奉安大通岩内。岩前□□□俱照本岩故体岩前用砖石砌成祠宇一区,以妥其灵。仍前砌一台,俾登游之人可以展拜。就将发去记文一道,砻[⑩]石刻完,竖立岩前。及相度[⑪]祠傍东西有可屋处,立小屋一间,□弛等庵道士一人以奉香火。□官前□银计尚不足工料之数,作□估计府支□□□□□,限一月以□工毕此□修复圣贤遗迹事理,该县毋得[⑫]因仍[⑬]怠缓,取究不便,须至帖者。右帖下邹县准此[14]。

嘉靖九年十月初五日。

【简介】

碑在春秋书院，刻立于明嘉靖九年(1530)阴历十月初五日。碑高205厘米，宽78厘米，圆头，无额。顶刻“肇修大通岩帖文碑”8字，楷书，两字成行，共4行。此八字以上又刻“碑阴题名”四字，也是楷书，笔画较细而草率，显系刻完正文以后刻下的。其下刻碑文12行，满行40字，楷书。文中“钦差行人司”提行抬头高出五字，可能是当时公文的格式。在正文以后，用略大于正文的字体刻“右帖下邹县准此”七字，位置在行款的中间，占面积约两行。其左再刻年月。于碑的左上角刻一大大的“帖”字。与碑顶题目同大。其下又刻一小“押”字，皆按当时公文格式。“押”字下刻施财的官吏题名。

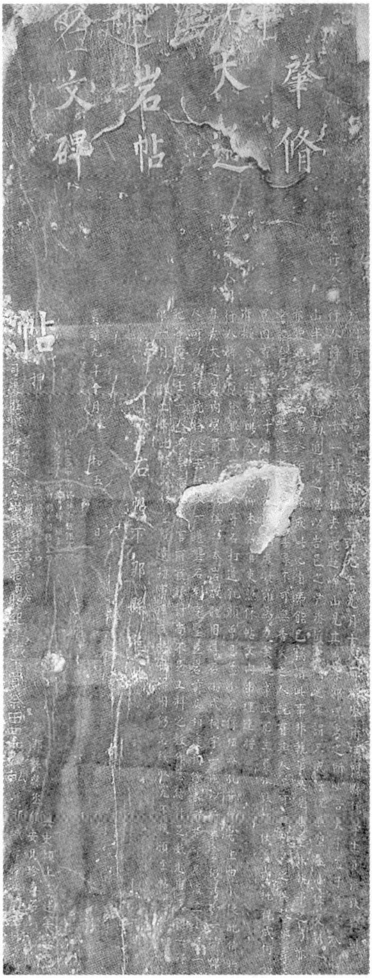

肇修大通岩帖文碑

《峄山志》所载碑文有与碑上文字不同处，除缺“右帖下邹县准此”“帖”“押”诸字外，首行“考复”擅改为“修复”，皆据碑石改正。因系公文，碑石上未著撰文书写者姓名。

【注释】

①考复:考究和修理恢复。

②嘉靖九年:1530年。

③滋阳:地名,今兖州旧称滋阳县,是兖州府的首县,即府级行政机关的所在地。生员:旧时科举制度,凡在府县考试中及格的称生员,也叫庠生,俗称秀才。

④行人司:行政机关名,官员称行人。《周礼》秋官有行人,掌朝觐、聘问之事。明代设行人司,负责传旨、册封等事。

⑤尹丞:知县和县丞。

⑥忻然:同欣然。

⑦主政:旧时各部主事的别称。主事是各部司官中最低的一级,七品。惯例进士分部,先任主事,以后循序升员外郎、郎中。

⑧冀:希望。

⑨严凝:严冬凝冰。

⑩砻:磨。《荀子·性恶》:"钝金必将待砻厉然后利。"曹植《宝刀铭》:"造兹宝刀,既砻既砺。"

⑪相度:察看、测量。

⑫毋得:不允许。

⑬因仍:犹因袭、沿袭,像从前一样。

⑭准此:旧时公文常用语,准照这样办理。

大通岩孔子石像记

扶舆[1]之秀，自昆仑[2]而东为岱山，自岱而南为绎山。二山之间，一钟为吾夫子，再钟[3]而颜曾[4]，再钟而思孟[5]，皆为万世师，故曰岱宗。绎为络绎，已兆名山之始矣。然则二山者，五圣贤根本之地也。

今岱祀有典，绎琳宫[6]梵宇所据，使登临之士追怀景止[7]，托心亦微矣。

余奉使至鲁邦，事竣来游。偶见斯岩，通明中正，其宽犹数楹之厦，乃命曰大通岩。谋诸太守[8]刘君子正，刻夫子石像于中，四子侍焉，若当时游衍[9]授受之意。游其山者，礼其容，思体其道，是亦世教之一助也。

谋既集，或疑而问曰："学无方，其以游欤?"曰："游者，学之方也。子不闻与点之意[10]乎?""然则游无方，其以山欤?"曰："山者，游之方也。子又弗闻仁智之语[11]乎?"或未达，则谂[12]之曰："天得一[13]以清，地得一以宁，人得一以灵，物得一以生。是故一者，其本体也。学问之道，复其本体而已矣。然山水无私，而人物有情。有情者变，无私者存。登其山，本体形焉。清者感之旷其情，污者感之涤其虑，郁者感之散其怀，蔽者感之豁其意，忙者感之息而怿[14]，闲者感之静而益幽。”或悟而起曰：“有是哉，游之益也。然则亦有损乎？”曰：“有。旷其情而无主，其失则忘；涤其虑而无主，其失则荡；散其怀而无主，其失则逐。豁其意而无主，其失则流；息以怿而无主，其失则隳[15]；静以幽而无主，其失则僻。忘焉、隳焉、僻焉，离物者也；荡焉、逐焉、流焉，着物者也。着物也者，俗之谓也；离物也者，禅之谓也。匪禅匪俗，其圣贤之游乎？其圣贤之学乎？《传》曰：‘上下与天地同流。’[16]又曰：‘克之便是尧舜气象。’此之谓也。”斯意洎斯岩，同湮没[17]而弗通亦久矣。兹其将大通于今日乎？是或其机也。故书以祷绎山之灵。

嘉靖九年十月既望，中离薛侃书。

【简介】

原石已无存，此据《邹县地理志》及《峄山志》所载原文录入。刻立于明嘉靖九年（1530），载体形态无考。作者刘梦诗（1490～1569）永新（在江西）人，进士出身，曾任泰安和兖州知府。书写者薛侃（1486～1545），字尚谦，号中离，明揭阳（在广东）人。正德进士，历官行人司司正。后主讲中离书院，传阳明学。黄宗羲《明儒学案》称其为“粤闽王学之首”。

【注释】

①扶舆：本意是盘旋而上，《楚辞·九怀·昭世》：“登羊角兮扶舆，浮云漠兮自娱。”细玩此文中之意，似乎用作疆土之意。这个用法是错误的。“舆”作土地解，源于《周易·说卦》：“坤为地……为大舆。”故有“舆地”“舆图”诸词语。但“扶舆”另有指意和用法，不作国土面积解。

②昆仑：昆仑山，西部山脉名，西起帕米尔高原，横贯新疆、西藏之间，入青海。东段分3支，东延至川西边境而止。

③钟:汇聚。《国语·周语下》:“泽,水之钟也。”《左传·昭公二十八年》:“子貉早死无后,而天钟美于是。”

④颜曾:颜渊和曾参,都是孔子弟子。

⑤思孟:子思和孟子,子思即孔伋,孔子之孙,孟子即孟轲。

⑥琳宫:神仙所居之处,也指道院。梵宇:佛教寺院。

⑦景止:仰慕。《诗经·小雅·车辖》:“高山仰止,景行行止。”

⑧太守:一郡的行政长官。唐以前官制如此。郡在明朝相当于府,府的行政长官称“知××府事”,简称知府。旧时好以古代官名称呼当时的官员。

⑨游衍:往来游行,游乐。《诗经·太雅·板》:“昊天日旦,及尔游衍。”

⑩与点之意:《论语·先进》:“吾与点也。”与是赞许,点是指孔子弟子曾点。

⑪仁智之语:《论语·雍也》:“知者乐水,仁者乐山。”古籍中“智”与“知”通。

⑫谂(shěn):此作规谏解。《左传·闵公二年》:“昔辛伯谂周桓公。”

⑬“天得一”以下四句:语出《老子》,原文是:“天得一以清,地得一以宁,神得一以灵,谷得一以盈,万物得一以生,侯王得一以为天下贞。”一为数之始,又为物之极,“得一”是纯正之意。

⑭怿:喜悦。

⑮隳(huī):毁坏。

⑯上下与天地同流:语出《孟子》:“夫君子所过者化,所存者神,上下与天地同流。”

⑰湮(yān)没:阻塞,埋没。

建开山孤桐寺南州诚海墓记

盖闻佛[①]之为道,大矣哉。慕斯道者谁欤?诚海,祖贯直隶[②]河间府沈阳卫官族人也。天资颖悟,生而有离俗之志。志契释教[③],从师北京郑村坝太灵应寺,有钦差提督三边都御史□公赠号曰南州。后负笈[④]之邹山之阳,见玲珑崎秀,诚古邾子之国也。结草为庵,日夜拜礼《华严经》[⑤]文,弗干人世。果有灵验,感鲁庄王[⑥]祭扫,登山接见,谓之曰:"此处可建殿宇。"僧跪答曰:"力微弗及也。"王曰:"吾助汝建之。"是岁创石平基,乡耆[⑦]乐善布施。不数年,殿宇建而塑像设,造佛器而立绳规,名曰孤桐寺。有学佛清孙法进,不忘开山之源,遂办碑建塔,俾后世睹河洛[⑧]而思大禹,瞻甘棠[⑨]而思召伯[⑩]。吾师有功于释教,万世之下岂忍忘哉!

【简介】

原碑已无存,载体形态已不可知。《峄山志》在"诚海墓"条下记:"只有《诚海墓记》,嘉靖十五年岁次丙申孟冬月立石在弥陀庵前。"今据文献收录原文。刻立时间为1536年。未著撰书人姓名。

【注释】

①佛:梵文"佛陀"音译的简称。意译为"觉者"。凡是能自觉、

觉他、觉行圆满者,皆名为“佛”。佛教徒用以作为对其创始人释迦牟尼的尊称。佛教便是他在公元前5至公元前6世纪创立的。

②直隶:旧省名。明朝把直属于京城的地区称为直隶。明成祖建都北京后,又把直属北京的地区为北直隶。直属于南京的地区称南直隶。单称直隶即指北直隶而言。河间府:府名,治所在今河北省河间。沈阳卫:明代军队编制,于要害地区设卫,每卫5600人,由都司率领,隶属于五军都督府。一般驻在某地即称为某卫。后相沿成为地名。沈阳卫即在今沈阳市。

③释教:即佛教,创始人释迦牟尼,是古印度迦毗罗卫国的王子,名乔达摩·悉达多。以无常和缘起学说为其基本思想,主张众生平等。以修持戒、定、慧三学,断除烦恼得到成佛为最终目的。东汉明帝永平十年(67)传入中国,对我国哲学和伦理道德产生重大影响。

④负笈:笈是书箱。所以外出求学叫负笈。佛教徒外出参学佛法,所以也称负笈。

⑤《华严经》:佛教经名。全称《大方广佛华严经》。为华严宗的主要经典。

⑥鲁庄王:明藩王名。封地在今兖州。

⑦乡耆:乡间年老有德的人。

⑧河洛:黄河与洛水的并称。

⑨甘棠:《诗·召南·甘棠》:“蔽芾甘棠,勿翦勿伐,召伯所茇。”此处用以比喻对诚海的纪念。

⑩召伯:姬姓,名奭,周武王、周公之同父异母弟,历文武成康四世。

峄山下瞻企孟夫子一首志感

邵　经

邹圣不可非，峄山犹自奇。雪封秦汉石，壁立帝王师。千仞翔威凤[①]，孤桐见羽仪[②]。孔庭尚琴瑟[③]，吾道有蓍龟[④]。

【简介】

石刻现嵌于孟庙致敬门外北墙上。石高46厘米，宽65厘米，四周有边框，刻云水纹。框内刻字部分高39厘米，宽56厘米，草书10行，末楷书题名一行。每行字数不等。刻石时间为“嘉靖丁酉”，嘉靖十六年(1537)。

作者邵经，江阴人，曾任潞州知州。

【注释】

①威凤：《论语·微子》：“凤兮凤兮，何德之衰。”邢昺疏：“知孔子有盛德，故比孔子于凤。”上句“壁立帝王师”，因峄山书院刻有孔子石像，故此句称“千仞翔威凤”。凤为雄鸟，凰为雌鸟，故称“威凤”。

②羽仪：比喻居高位而有才德，被人尊重或堪为楷模。《易·

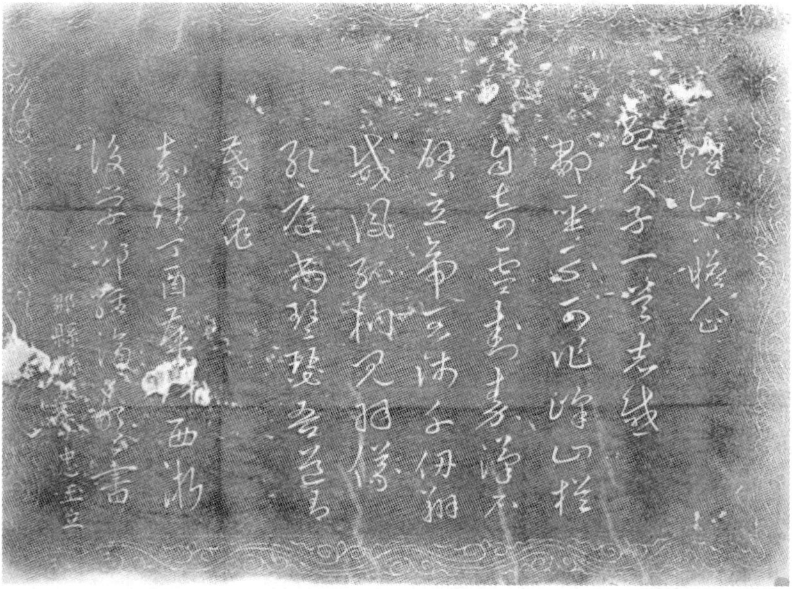

峄山下瞻企孟夫子

渐》:“鸿渐于陆,其羽可用为仪。”孔颖达疏:“处高而能不以位自累,则其羽可用为物之仪表,可贵可法也。”

③琴瑟:两种乐器名。《礼记·曲礼下》:“士无故不御琴瑟。”《周礼》“教以六艺”即包括礼、乐、射、御、书、数。所以说“孔庭尚琴瑟”。

④蓍(shī)龟:蓍草和龟甲,都是用来占卜的。《周易·系辞上》:“成天下之亹亹者,莫大乎蓍龟。”故称“吾道有蓍龟”。

重修弥陀庵记

东峄名山。山，于邾国之东南，有二十里之□焉。凡往来觐[①]君之名臣，蓦余[②]士庶之客旅，莫不由是而悠思，亦莫不由是而瞻眺者也。斯山也，实古今乐贤之地，历代隐哲之方。观其顶分五华，叠石复嶐，源泉混混，峰削径崎，巍峨万状，虽峄岱之佳境，而实天下之大观也。

粤稽[③]古昔盛时，周纪祖[④]创业垂统于前，殆必鸠工以致宴乐之处，亦莫不捐余以立建国之神。此历古开山以来，多祠坛壝[⑤]，名兼七十二图，莫不成就之者，盖有其神则有其诚也。兹今越岁停久，风化陋劣，人民颓谢，兴设者乏其人，捐余者失其绪。至岁久不资，摧之以暴风，加之以淫雨，存者不一二，缺者常七八。至乃嘉靖，岁在壬午[⑥]，春正月，钦差工部主事王倡、文林郎陈九皋诣京，过斯山，见弥陀寺颓，而有肇修之心。二公俄然召住持兴僧而与谋曰："式廓弗视，则庙貌弗严，非所以妥先君也。何不获缘而募之，以为美乎？"兴曰："僧虽有志，诚恐面浮缘薄。况邾四境，土瘠人稀，兴复之功，安敢以轻而肩重也？"部公复与谋曰："若此者，不营而废，不谋而不成者也。"召僧致获缘之簿，二公为倡首纠首外，施化于士庶焉。条而石逾日[⑦]，佛善神监感格。

兹而郏北三十里许，有庄曰北俗小邑。邑有惟孜善士高经，纯乎道化，大捐资财。仍兼公官士庶客旅之嘉助，不期年而庙成，不再期而像成。噫，庙像虽成，不有主政之德、大尹之力、高公之助⑧，安能致此之易乎？公命曰："建像竖碑，古今遗事，何可废也！"遂命设多仪，求文于石，传二公士庶千载之德，训后世万民相继之常，故勒之也。大哉！斯其善矣乎！谨序。

【简介】

原碑已无存，载体形态已不可知。《峄山志》在《弥陀庵》条下记载："明嘉靖癸亥，至圣六十世裔、庠生孔闻德记，滋阳庠生□来凤书。"今据文献收录原文。刻立时间"嘉靖癸亥"是明世宗嘉靖四十二年(1563)。撰文者孔闻德，曲阜庠生，身世无考。

【注释】

①觐(jìn)：诸侯秋季朝天子叫觐，后为会见国家元首的通称。

②蓦余：解释不通，疑传写有误。

③粤稽："粤"为发语词，无义。稽：考察。

④周纪祖：误传峄山前有纪王城，为周纪王之城。实为误传，史无其人。实为邾国都城。

⑤祠：本义为祖庙，也泛指神庙。坛：土筑的高台，用以祭祀或朝会之所。壝(wéi)：周围有矮墙的坛。

⑥嘉靖壬午：明嘉靖元年(1522)。

⑦"条而"句：解释不通，疑传写有误。

⑧主政：各部主事的俗称，此指工部主事王倡。大尹：知县。此指文林郎陈九皋。因"文林郎"多为知县的虚衔，陈氏当是知县衔，晋见前未实授，所以未注明实职。高公：即北俗小邑之高经。

游峄山记

邹峄，东方名山也。成祖南征时，特赐玲岩侯爵。载在祭典，万世不穷，非秦皇汉武荒淫之祀也。考之诗书传记，见于《鲁颂》“保有凫绎”，在春秋时为邾子国。于《尔雅》“纯石相积，连属而成山”，侧迭倾亚[1]，窍穴[2]透邃[3]，大概似累爪之势。其余岩洞怪石，类物之形众矣。万历元年癸酉三月，予与蘧庐生自兖适邹，谒孟子庙，遵西南山麓而入。历小冈，沿曲涧，循无城，迤东转北，有读书洞，出泉清冽，盈坎而不流。于此更衣膳饔，复东行。披荆蓁，步草莽，萦回纡曲而上。有石横枕崖畔，状如覆屋，前轩后杀，即燕子岩。岩下有小洞，刻石绘孔子像。有记，时哲[4]薛君中离为之也。岩之右，孤桐在焉，根盘石隙，高五寻余，围数尺许，不知生于上古何代。自禹分九州，迨今三千余年。相传以为旧物，意大椿之类乎。与蘧庐生引觞[5]满酌，抚摩盘桓其下良久。由此而之东北，升于山腹之间。至片石梁，约有半射，块巇突怒，若颓若圮，睥睨绝涧，其深不测，目眩股栗，欲退而不能。及下逾百步石，群峰相环，原隰[6]沃衍[7]，草木郁茂，若有庐舍人境。泉流石上，可以漱濯。北望，石壁立，似无路可通。至则侧身而入，陟岭砠，据石磴，由清宫至仙人洞。洞深数十丈，下有一穴，通山后而出。洞上盘石，可容数千人。道士屋宇，居洞之左。苍藤古木，佳卉秀石，曲有幽趣，可以游息。于是采山蔬，烹云茗，扫石焚香，考钟击磬，歌硕人[8]在涧之章。日暮山紫，清晖娱人。霞巘[9]烟峦，灿列画幛。景与神会，心与物冥。山水清音，比于丝竹。蘧庐生欲结茅读书，矢予有终老之志焉。其次凌晨，游至废宫，基址俱存，可宜卜居于此。向西北以渐而高，跻嵚崟[10]，履碕礒[11]，鱼贯猨引[12]，乃能行至。此虽猎夫樵牧，地担释负，攀缘胁息[13]，犹惧不免。其前道狭，益险阻绝。转自山口而上，两石相抱如门。过此，则见白云宫。坐石上，掬泉而饮。有古松七株，断碑残碣数处，访寻勒铭旧時，四望苍然，汶济洙泗经其右，龟蒙徂徕峙其左；滕薛徐荒面其前，岱宗梁甫[14]耸其后，四方形胜数千里，如在尺寸之间。夫子小鲁，愈亦信然。又北上五华顶。此最高处也，中有石窦，仅如瓮盎[15]。匍伏蛇行，方出窦外。周若一亩之宫，两面峭壁，下临无地[16]。前视盈尺之路，超距[17]而过，有石枰可奕，在朝天泉之傍。传者曰广成子[18]修道处也，又指纪侯墓在崭岩[19]之上。此处虽猨狖巧捷，亦不能到，何得而穴之？墓之有无不可考，此询方人之言也。如此异迹甚众，自不暇信。其梵宇琳宫，书房丹室[20]，最盛于金元。兴替无常，弗可纪录。至于幽泉秘洞，亦不胜数。山之去地至巅，上下四十余里，纵横倍之。好奇之士，虽穷年游之而不能遍。繄[21]予游天下名山多矣，未有若是奇而异者。内虚外通，钟灵毓秀，实圣贤发迹之所。藏蛟龙，生云雨，利民人，奠社稷，邹峄之功大矣。丰其禄，崇其秩，不亦宜乎！予与蘧庐生每游必问，于是因识其处，归来常隐起于胸中。今年二月上祀日记成，蘧庐生伐石，命工刻于峄阳书院。

【简介】

原碑已无存，载体形态已不可知。据《宋布衣集》收录原文。宋登春（约1517～1584），字应元，号海翁、鹅池，晚年居江陵天鹅池时号称鹅池生，又称宋布衣，明代诗人、画家，真定府冀州新河县六户村(今河北省新河县新河镇六户村)人。他以书画为资，行程5万余里，北出居庸，南涉扬子，西越关陕，东泊沧海，广泛结交诗画文人。

【注释】

①倾亚：倾斜。《隶释·汉樊毅修华岳碑》："庙舍旧久，墙屋倾亚。"唐柳宗元《柳州东亭记》："有崖谷倾亚缺圮，豕得以为囿，蛇得以为薮，人莫能为居。"

②窍穴：洞穴、窟窿。《庄子·齐物论》："大木百围之窍穴，似鼻，似口，似耳，似枅，似圈，似臼，似洼者，似污者。"

③逶邃：迂曲深奥。唐柳宗元《永州韦使君新堂记》："窍穴逶邃，堆阜突怒。"

④时哲：当代的贤达。南朝宋颜延之《赠王太常》诗："历听岂多士，岿然觏时哲。"

⑤引觞：持杯。晋陶潜《归去来兮辞》："引壶觞以自酌，眄庭柯以怡颜。"

⑥原隰：广平与低湿之地。《尚书·禹贡》："原隰厎绩，至于猪野。"

⑦沃衍：土地肥美平坦。《隋书·地理志下》："然数郡川泽沃衍，有海陆之饶，珍异所聚，故商贾并凑。"

⑧硕人：皆《诗经·卫风》篇章。

⑨霞巘：红色的山岩。唐李贺《昌谷诗》："霞巘殷嵯峨，危溜声争次。"

⑩嵚崟(qīn yín)：高大、险峻。《文选·思玄赋》(张衡作)："嘉曾氏之《归耕》兮，慕历阪之嵚崟。"张铣注："嵚崟，高貌。"

⑪碕礒：山石不平貌。《楚辞·招隐士》："嵚岑碕礒兮硱磳

魂硊。”

⑫猿引：如猿攀缘。明徐弘祖《徐霞客游记·粤西游日记四》：“峡壁间有藤树虬络，乃猱升猿引以登。”

⑬胁息：屏住呼吸。李白《蜀道难》：“扪参历井仰胁息，以手抚膺坐长叹。”

⑭梁甫：山名。泰山下的一座小山，在今山东省新泰市西。古代皇帝常在此山辟基祭奠山川。《吕氏春秋·尊师》：“颜涿聚，梁父之大盗也，学于孔子。”

⑮瓮盎：陶制容器。唐韩愈《岳阳楼别窦司直》：“余澜怒不已，喧聒鸣瓮盎。”

⑯无地：犹言看不见地面。形容位置高渺或范围广袤。《楚辞·远游》：“下峥嵘而无地兮，上寥廓而无天。”

⑰超距：跳跃。古代练习武功的一种活动。《管子·轻重丁》：“男女当壮，扶辇推舆，相睹树下，戏笑超距，终日不归。”

⑱广成子：是古代的一位神仙，住在汝州西南崆峒山的一个石洞里。黄帝听说后曾专程去拜访他，向他请教修炼道术的要诀。《庄子·在宥》：“黄帝立为天子十九年，令行天下，闻广成子在于空同之山，故往见之。”

⑲崭岩：亦作“嶄岩”，高峻的山崖。汉班固《西都赋》：“超洞壑，越峻崖，蹶崭岩，巨石隤。”

⑳丹室：炼丹的丹房。指寺庙。唐陆龟蒙《和寒日书斋即事》诗之二：“静对真图呼绿齿，偶开丹室问黄芽。”

㉑繄（yī）：文言助词，惟。《左传》：“尔有母遗，繄我独无。”

同孟翰林登峄山

黄克缵

云作衣裳石作台，扶人一杖上崔嵬①。孤桐名为青山重，菡萏②花纵绝巘开。大地烟霞三观接，长淮风雨二陵来。清芬幸挹孟夫子，信有岩岩气象哉。

【简介】

清人马星翼《东泉诗话》记载此诗。碑已断裂无存。

作者黄克缵(1543～1628)，字绍夫，号钟梅，明朝大臣，民间称其为"黄五部"。福建晋江梅林(今石狮市永宁镇梅林村)人。自小聪明机智，胆识过人。万历八年进士，曾任刑部尚书、工部尚书，两度出任兵部尚书，晚年授吏部尚书，不就。多次上疏力陈弊政。天启年间与东林党人不和，被魏忠贤看成同党，但后来与魏也不和，辞职回家。崇祯七年(1634)于家中去世，谥襄惠。著有《数马集》《杞忧疏稿》《性理集解》《百氏绳愆》《春秋辑要》《古今疏治黄河全书》等。

【注释】

①崔嵬:本指有石的土山。后泛指高山。《诗经·周南·卷耳》:“陟彼崔嵬,我马虺隤。”毛传:“崔嵬,土山之戴石者。”

②菡萏:即荷花。《诗经·陈风·泽陂》:“彼泽之陂,有蒲菡萏。”

登峄山有怀御史大夫李公

黄克缵

石磴崎岖石室清，上方遥闻羽人笙。洞深往往披云入，径仄时时绕壁行。洙泗鲁郊原接壤，峄阳禹贡旧知名。好邀谢傅[①]同游眺，岩谷如闻有屐声。

【简介】

清人马星翼《东泉诗话》记载此诗。碑已断裂无存。

作者黄克缵，见前篇《同孟翰林登峄山》简介。

【注释】

①谢傅：指晋代谢安。安卒，赠太傅，故称。唐杜甫《奉观严郑公厅事岷山沱江图十韵》："从来谢太傅，丘壑道难忘。"

重修长生观记

粤自混沌[1]既判，洪荒[2]始分，阳之轻清者，以气而上浮为天；阴之重浊者，以形而下凝为地。天□然而位乎上，地隤[3]然而位乎下。阳之精者为日，东升而西坠；阴之精者为月，夜见而昼隐。两仪[4]立矣，二曜[5]行焉。阳变阴合，而生水火金木土，五气顺布，四时行焉。其体则谓之易，其用在人则谓之道。冲漠无朕[6]，而动静阴阳之理已具。推之于前，而不见其始之合；引之于后，而不见其终之离。于是天地位、万物育[7]，而神化攸当，各得其所。若此者，盖由太上[8]以无相之中，而施有相之为；因无形之化，而赋有形之体。是尊也，乃非常之尊，含上清、玉清之体[9]，化中皇[10]昊天之尊。细绎《道德》[11]著书五千余言，故于日月不忒[12]其序，风雨晦旸[13]，不失其常。山川草木以宁，鸟兽鱼鳖咸若[14]。大矣哉，太清之尊也！斯尊也，《易》称"乾始[15]"，道称"太清"。此所以尽其太而不渎于尊矣。

于是元门[16]会首罗金礼、任金化等，观太极之道，而始知极其大；观福善祸淫，而始知其神之极其精。于是会众积财，以建祀仪。迨[17]于万历春完满，遂诣峄山长生观太上金容圣祠位前，众发虔诚、以尽斯心。修醮[18]以祀之者，虽山之东、河之南、山之西、海之北，莫不悦且怿[19]焉。谒余为文，因是以为祀。

【简介】

原碑已无存,载体形态已不可知。《峄山志》在“长生观”条下记载:“万历丁丑,肇修太清祀仪,记,勒石于卷棚东壁。峄右隐士张惟一撰。”此据文献收录原文。刻立时间为“万历丁丑”,是明神宗万历五年,即1577年。

撰文者张惟一身世无考。

【注释】

①混沌:古人想象中天地开辟前的状态。《白虎通·天地》:“混沌相连,视之不见,听之不闻。”《易·乾凿度上》:“太易者,未见气也。太初者,气之始也。太始者,形之似也。太素者,质之始也。气似质具而未相离,谓之混沌。”

②洪荒:指远古时代的蒙昧状态。

③隤(tuí):降下貌。

④两仪:《易·系辞上》:“是故易有太极,是生两仪。”孔颖达疏:“不言天地而言两仪者,指其物体,下与四象相对,故曰两仪,谓两体容仪也。”故称天地或阴阳为两仪。

⑤二曜:指日月。《南齐书·王融传》:“偶化两仪,均明二曜。”

⑥冲漠:冲是空虚。《老子》:“大盈若冲。”漠是无声。朕:征兆。

⑦“于是”句:语出《中庸》:“致中和,天地位焉,万物育焉。”

⑧太上:最上。此指太上老君,是道教徒对老子的尊称。

⑨“含上清”句:道家所称的三清境,玉清为元始天尊所居,上清为灵宝道君所居,太清为太上老君所居。又有“一气化三清”之说,所以此处言“太上”所居之太清包含上清、玉清之体。

⑩中皇:中华古代神话中五位天帝之一,《周礼·天官冢宰》:

"祀五帝。"唐贾公彦疏:"五帝者,东方青帝灵威仰,南方亦帝赤熛怒,中央黄帝含枢纽,西方白帝白招拒,北方黑帝汁光纪。"

⑪《道德》:道教称《老子》为《道德经》。

⑫忒(tè):差误。

⑬晦:昏暗。旸:出太阳。

⑭咸若:称颂帝王之教化。谓万物皆能顺其性,应其时,得其宜。《尚书·皋陶谟》:"皋陶曰:'都!在知人,在安民。'禹曰:'吁!咸若时,惟帝其难之。'"

⑮乾始:谓天为万物之本。《周易·乾·文言》:"大哉乾元,万物资始,乃统天。"《周易·乾·文言》:"乾始能以美利利天下,不言所利,大矣哉。"

⑯元门:即玄门,道教。

⑰迨:与"逮"通,作"等到"解。

⑱修醮:醮是一种祷神的祭礼。宋玉《高唐赋》:"醮诸神,礼太一。"后来指僧道为禳除灾祸而设的道场。

⑲怿:欢喜。《尚书·梓材》:"肆王惟德用,和怿先后迷民。"

创建自然庵记

夫乾坤之秀毓于山，峄山之秀在于灵，形若垒卵，势如屏围，千壑万洞，岩崖峻岭，不可胜纪。山西南隅，有名曰自然庵，石屋，不土不木。内自然泉一，不浚不凿，弗涌弗竭；自然楼一，无恃榱题[①]，天巧凌苍，空中楼阁自在。噫！斯地也，斯景也，可居也，亦可乐也。

予自童游时，知此幽雅宜居。适庚午岁[②]，有一道士王真鸾自会仙山来此。薄其食，庐其居，不下山有年矣。予甚奇之，奇其识此地而居之也。遂束草运椽，傍石为庐，时与童冠[③]藏修[④]。且与合志者建吕公祠堂[⑤]一座，为晨昏焚修处。由是感动众心，兴起善念，捐资输来，辐辏鳞集，勇趋赴工者益众。危石上复建玉帝神祠[⑥]一座，又金匾朱槛一围。不月余而工就绪，见者莫不神之。庙貌山藏，宛若画图，诚天下之奇观，古今之胜概也。兹功成也，上重国威，下增快睹，起万代山盟之念[⑦]，亿兆仰止之忱，岂小补也哉！余因道士索文勒石，遂撮俚语，以纪无疆云。

【简介】

碑在西山空中楼阁玉清宫，刻立于明万历六年（1578）戊寅。

创建自然庵记

碑高104厘米，宽55厘米，圆头，无额。顶横刻楷书“玉清宫”3字。边框刻缠枝纹。碑体刻楷体碑文14行(包括题占一行)，满行26字。碑文后刻年月“大明万历六年戊寅岁小春之吉”，又一行刻“至圣六十一代孙、恩赐寿宫南周孔弘立捐赀、子太学生孔闻诗谨□(按，疑是‘撰’字)”，次行刻“凫绎散人东峄王石佩书丹”，末行刻“本宫住持道士□真率徒黄□□同立”。碑阴顶端横刻“施财功德”四大字，其下题名大多漫漶不清。

施财者孔弘立、其子孔闻诗(当是撰文者)，书丹者王石佩，身世、履历均无考。

【注释】

①榱(cuī)题：屋椽、屋桷的总称。《孟子・尽心下》：“堂高数仞，榱题数尺。”赵岐注：“榱题，屋溜也。”焦循《孟子正义》：“榱之

抵檐处为榱题。”“无恃榱题”就是不用梁柱等木结构的意思。

②庚午岁:按此庚午岁当是明穆宗隆庆四年(1570)。

③童冠:童子与冠者。《论语》:“冠者五六人,童子六七人。”古时男子二十而冠,行加冠礼。故未冠时称童子,已冠称冠者。

④藏修:指专心学习。《礼记·学记》:“君子之于学也,藏焉,修焉,息焉,游焉。”郑玄注:“藏谓怀抱之;修,习也。”

⑤吕公祠堂:奉祀吕洞宾的祠庙。吕洞宾(约798~?),名岩,号纯阳子,相传为唐代京兆人,另一说河中府(今山西永济)人。举进士不第,从钟离权修道。民间流传很多他的传说故事。元朝封其为纯阳演政警化孚佑帝君,道教全真道尊为北五祖之一。

⑥玉帝神祠:即玉皇庙。供奉玉皇大帝的神庙。玉皇大帝是道教中地位最高、职权最大的神,全称为“昊天金阙至尊玉皇大帝”,总管三界十方四生六道的一切祸福,见《高上上玉皇本行集经》。

⑦“起万代”句:《诗经·小雅·南山有台》:“南山有桑,北山有杨。乐只君子,邦家之光。乐只君子,万寿无疆。”此诗为乡饮酒礼及燕礼中宾主相应答之辞,祝长寿之意。

峄山歌

贾三近

五华[①]晴峰青插天，北来岱脉[②]相绵连。海上神仙直咫尺[③]，羽翰[④]旧驻蓬莱仙。仙人楼观[⑤]七十二，濯缨[⑥]尚有当时泉。千寻碧藕手所种[⑦]，不数华山玉井莲[⑧]。瑶宫贝阙[⑨]半隐见，松萝密挂层峦巅[⑩]。累累怪石呈万品[⑪]，物象犹是鸿蒙[⑫]前。始皇羊车[⑬]去不返，书门[⑭]题石今茫然。郗公大峄[⑮]久阵迹，满山啼鸟空云烟。深岩[⑯]古木傲秋色，潺潺流水鸣长川。孤桐琴瑟犹遗响，谁裁为我弹青弦？山下邹城[⑰]尽禾黍，绕城黄犊耕山田。王母祠前几风雨，白鹤时下龙池边[⑱]。峄邑[⑲]距山二百里，望中[⑳]云雾常回旋。予将结庐[㉑]此山下，日探仙诀学长年[㉒]。

【简介】

原石刻在峄阳书院碑林中，现已无存，载体形态不详。兹据志书记载录出原文。

作者贾三近（1534～1592），字德修，号石葵，又号石屋主人、兰陵散客、如如道人等，峄县（今属枣庄市）人。嘉靖三十七年（1558）举山东乡试第一，隆庆二年（1568）中进士，以博学鸿词选翰林庶吉士，擢太常少卿，再迁大理少卿，后被宰相张居正排挤去官。张居正死后，复官光禄寺卿，升都察院右佥都御史，巡抚保定等府。后以父母疾病请告还乡，不再出。有一种说法认为他是《金瓶梅》的作者，“兰陵笑笑生”是其化名。

【注释】

①五华：五华峰，是峄山的主峰，峰顶有石刻“插天”二字。

②岱脉：泰山山脉。绵连：绵延连接不断。

③咫尺：比喻距离很近。“咫”是周制长度单位八寸，合今市制六寸二分二厘。

④羽翰：以鸟羽为饰，驾白马的车子。蓬莱：古代传说中东海三神山之一，为神仙所居。

⑤楼观：道家修行和供奉神灵的场所。据《终南山说经台历代真仙碑记》引《楼观本起传》说：“楼观者，昔周康王大夫关令尹之故宅也。以结草为楼，观星望气，因以名楼观。此宫观所自始也。”

⑥濯：洗涤。缨：系冠的丝带。《楚辞·渔父》：“沧浪之水清兮，可以濯吾缨。”后遂用濯缨表示避世隐居或清高自守的意思。

⑦“千寻”句：峄山上有莲池，传说莲花是仙人从西湖移来。这一句指此。寻：古时长度单位，八尺为一寻。

⑧不数：数不上。华山：在陕西省东部，主峰在华阴市南，古称西岳，其西峰名莲花峰。玉井：本星官名，四星，在参星左足下。

⑨瑶宫贝阙：美玉做的宫殿和珠贝做的宫门。

⑩松萝：地衣门松萝科植物，呈树枝状，生于高山针叶林枝干间，或悬垂石上。峦：小而尖的山；巅：山顶。

⑪累累：连贯成串的样子。呈：显露。万品：言品类繁多。

⑫鸿蒙：旧指宇宙形成以前的混沌状态。

⑬羊车：古代一种装饰精美的车子。《周礼·考工记》曰：“羊

车二柯有参分柯之一。”注：“郑司农云：羊车谓车羊门也。玄谓：羊，善也。若今定张车。”《释名·释车》：“羊车。羊，祥也；祥，善也。善饰之车。”《晋书·舆服志》《齐书·舆服志》《隋书·礼仪志》以及唐志、宋志中所载的“羊车”，都是这种装饰华美或以人牵，或驾大如羊的小马而不驾羊的车。俞正燮《癸巳类稿》卷三《羊车说》考定羊车是“以人步挽”的小车，并非羊驾之车，他认为“古以羊为吉祥，故宫中小车谓之羊车，亦曰定张车也”。《隋书·礼仪志五》：“（羊车）其制如轺车，金宝饰，紫锦幰，朱丝网。驭童二十人，皆两鬟髻，服青衣，取年十四五者为，谓之羊车小史。驾以果下马，其大如羊。”至今峄山景点有“羊车故道”。

⑭书门：峄山景点，即秦朝李斯勒石颂德处。茫然：模糊不清。

⑮郗公大峄：峄山景点，晋郗鉴聚邑自保处。《水经注》：“永嘉中，太尉郗鉴将乡曲逃此山，贼攻，守不能得。今山南有大峄，名曰郗公峄”。其处有明人石刻“大峄”二字。

⑯深岩：崖边水洼曲处。《文选·司马相如〈上林赋〉》：“振鳞奋翼，潜处乎深岩。”

⑰山下邹城：邾国故城。禾黍：本是谷子和黍子两种农作物名。《诗经·王风》有《黍离》篇。诗序说：“闵宗周也。周大夫行役至于宗周，过故宗庙宫室，尽为禾黍。闵周室之颠覆，彷徨不忍去而作是诗。”后遂以“禾黍”或“黍离”表示对故国的怀念。

⑱“王母祠”下两句：王母祠、来鹤庵、龙池，都是峄山景点。

⑲峄邑：山东峄县，今属枣庄市峄城区，诗作者的家乡。

⑳望中：一眼所看到的范围以内。此句言诗人平时对峄山的向往。

㉑结庐：构室居住。陶潜《杂诗》：“结庐在人境，而无车马喧。”故后常以结庐表示隐居。

㉒仙诀：仙人的口诀。长年：道家修炼所追求的“长生久视”之术。

登峄山绝顶有怀贾大卿石葵

兹山抑[1]何高？岱宗青未极[2]。峻峭翠芙蓉，去天不盈尺。我来啸良偶，策杖探奇迹。窈窕[3]寻涧壑，岖嵚[4]扪绝壁。俯首瞰虹霓，四望寥天一[5]。重阳万里生，游目忽不怿。睇[6]彼东南陬，山川含奥邑[7]。沧浪[8]如衣带，半挂青岩色。中有素心人[9]，寤歌方宴息。欲往一相觏[10]，其如返路亟。取彼孤桐枝，弹此万仞石。愿因天风吹，达我心相忆。曲终弦欲绝，援琴长太息。

【简介】

《峄山志》辑录此诗之后附注："庚辰五月，邹县知县王自谨刻石立于弥陀庵左。"现仅存残石一截，乃据文献辑录原诗。万历庚辰岁在万历八年(1580)。

作者于慎行(1545～1607)，明文学家，字可远、无垢。东阿(今属山东)人，明隆庆年间进士，官至东阁大学士。能诗文，著有《读史漫录》《谷城山馆诗集》等。

于慎行与贾石葵交往甚深，据《于慎行年谱》称："同僚中交往深密者有沈鲤、朱可大、冯琦、贾石葵……"隆庆二年戊辰(1568)正月，于慎行与贾三近同赴京参加会试；三月，二人得中二甲进士；五月，二人同为翰林院庶吉士。万历九年辛巳（1581）四月，于慎行登峄山作《登峄山绝顶有怀贾大卿石葵》；十二月，于慎行写下了律诗《岁暮抒寄怀贾石葵年丈》。万历二十年壬辰（1592），作《哭德修司马二首》。万历五年丁丑（1577），贾三近为《于氏家藏诗略》作序。万历十年壬午（1582）六月，为于慎行编纂《东阿县志》作序。

登峄山绝顶有怀

【注释】

①抑：发语词，无义。

②"岱宗"句：此仿杜甫"岱宗青未了"句。

③窈窕：此作深远的样子。陶潜《归去来兮辞》："既窈窕以寻壑，亦崎岖而经丘。"

④岖嵚：山高峻的样子。

⑤寥天一：清静无为的人入于寂寥，和无形的天合而为一。

⑥睇：斜视，流盼。陬：山脚。

⑦奥邑：通懊邑，烦恼不平之气。

⑧沧浪：青苍色。陆机《塘上行》："垂影沧浪泉。"李善注："沧浪，水色也。"

⑨素心人：心地纯朴的人。陶潜《移居》："闻多素心人，乐与数晨夕。"此素心人指作者所怀的人，即贾石葵。

⑩觌（dí）：相见。

春日登峄山

赵参鲁

奏绩朝天道古邹①,停骖②向峄续清游。云宫仙窟悬崖巧,松盖花丛掩径幽。磊砢③危岑④森列宿⑤,婆娑孤干傲千秋。攀跻⑥不倦穷奇绝,海岱春光望里⑦收。

【简介】

在峄阳书院发现的此碑残石高33厘米,宽58厘米,为一幢碑的中段,上下皆缺。草书,有“海岱春光望里”“参鲁”等字迹可辨。知为赵参鲁《春日登峄山》诗。

作者赵参鲁,字宗传,明朝浙江宁波鄞县人。隆庆五年(1571)进士,万历年间任福建巡抚,后官至端明殿学士。

【注释】

①奏绩:官员回京向皇帝述职。朝天:朝见皇帝。道:作动用,取道、经过之意。

②停骖:停车。骖:指一车驾三马。《诗经·小雅·采菽》:“载骖载驷。”又特指旁边的马。《诗经·郑风·大叔于田》:“两骖

春日登峄山

如舞。"

③磊砢:众多的样子。赵与时《宾退录》卷五:"百川萃南州,水族何磊砢。"又壮大的样子。王延寿《鲁灵光殿赋》:"万楹丛倚,磊砢相扶。"

④危岑:高山。

⑤列宿:众星。

⑥跻:升,登。《诗经·豳风·七月》:"跻彼公堂。"郑玄笺:"跻,升也。"

⑦望里:一望所及的范围以内。

峄山社记

鲁有峄山，天造之奇也。山之巅有石洞，苍苍乎其色也，玄巉峻邃，绝肖[1]宫宇。有时白云出没，名以白云宫焉。上有玉帝圣像。侍乎其侧者，金童玉女也。厥像天成，不假[2]锤琢。温润其无瑕也[3]，庄严其朴古也，巍巍乎其至尊无上也，荡荡乎其英□充塞也。天地万物赖以位育，人民社稷[4]赖以奠安，亢旱、水灾、瘟疫、兵火，祷之者，捷如[5]影响[6]。或曰：远尘子修仙此洞中，尝游海上，见此玉尊，意有所动。一朝而乘鸾走雾，居是山焉。山之西二十余里，邹之落凌乡也。亦是山钟英毓秀所及之地，风土淳厚。近有许公，泾阳望族，登名进士，来牧兹土[7]，陶镕[8]士类，表正风俗。是乡之文人善类，济济乎尤盛于昔也。峄泉王君，乃庠望[9]秋亭乃尊，盖优于齿德[10]者也。祖父好善，逮峄泉尤乐施舍。尝南游武当[11]，北朝泰岳。又于是纠本乡亲友，约正雷君等三四十人，会玉帝神社[12]，每于新正[13]各负香纸，登山斋戒[14]设醮，越宿[15]而还，三四年于兹矣。镌姓于石，以记请予。予曰："《易》云：'积善之家，必有余庆。'[16]若君等敦善不怠，可谓积善之家矣。厥后之子孙，其寿命必与此山同其真静，其福德必与此山同其悠久，其名位必与此山同其峻极。余庆所及，必然之理也。虽然天地无私，不为享祭而降福，不为不祭而降祸，幽明一理。然非诚敬足以事人，则必不能事神。《语》曰：‘敬鬼神而远之，可谓智矣。’[17]峄泉君等其亦知此意否也?”秋亭曰：“先生之言确，镌之石，树之山，相传以为旧物焉。”

本县儒学生员秋亭王文质篆额。

寓落陵[18]济南卫官籍军生恒所周一贞顿首书撰。

石工：杨仲臣、任□□。

大明万历十年岁次壬午正月吉旦。

（以下题名不录）

【简介】

碑在南天门，刻立于明万历十年(1582)。碑高136厘米，宽67厘米，方头无额，碑顶竖刻双线勾楷书“大明”两字。字周围及以下边框皆刻云龙纹。碑心高93厘米，宽53厘米。刻楷书碑文17行，满行35字。篆额人名刻在末行下空白处，撰文人名刻在年月行下空白处。其下刻题名6行，每行8人，上有“仪宾”“社长”等名目。

峄山社记

撰文书写者周一贞及篆额者王文质，身世履历均无考。

【注释】

①肖：像。“绝肖宫宇”就是很像宫殿的样子。

②假：借。

③温润：触摸玉石的一种特殊感觉，瑕：瑕疵，玉中的瘢点。

④社稷：社是土地之神，稷是五谷之神。旧时以社稷代指国家。

⑤捷如：此处指峄山许愿灵验。张岱《又与毅孺八弟》：“吾弟手眼仍此手眼，而乃转若飞蓬，捷如影响，何胸无定识、目无定见、口无定评，乃至斯极耶？”

⑥影响：如影随形，如响应声。

⑦“近有”以下四句：指许守恩，陕西泾阳（今陕西泾阳县）人，万历八年（1580）以进士来邹知县事，有善政。任满召拜陕西道御史，邑民为之立祠纪念。牧：古时把官吏治民比喻为牧人牧养牲畜。《管子·牧民》：“凡有地牧民者，务在四时，守在仓廪。”兹土：这片地方。

⑧陶镕：烧制瓦器和镕铸金属，比喻造就人才。

⑨庠望：有名的秀才。乃尊：其父。

⑩齿德：《孟子·公孙丑下》：“天下有达尊三：爵一、齿一、德

一。朝廷莫如爵,乡党莫如齿,辅世长民莫如德。”

⑪武当:山名,在湖北省西北部,汉江南岸,为道教名山。

⑫神社:民间祀神的组织。

⑬新正:正月初一。

⑭斋戒:古人于祭祀之前,沐浴更衣,不饮酒,不吃荤,以示诚敬,称为斋戒。

⑮越宿:过一夜。

⑯“易云”句:语出《周易·坤·文言》:“积善之家,必有余庆;积不善之家,必有余殃。”《汉书·董仲舒传》:“积善在身,犹长日加益,而人不知也。”

⑰“语曰”句:语出《论语·雍也》:“樊迟问知,子曰:‘务民之义,敬鬼神而远之,可谓知矣。’”

⑱“寓落凌”行:落凌,邹县村名。寓:此为外籍人寄住之意。“济南卫官籍”,“卫”前已有注,凡卫所驻军皆为军户,有军籍,称“卫官籍”。

醮社题名

鲁之名山有四：曰龟、蒙、凫、峄。求其丽境天成、仙迹灵秀，无有出于峄山之右者[①]。是以玉皇大帝居之。但见威灵显著，遐迩[②]修心，举设醮祭而焚烧之者，比比然也。

今次岗周子谒余而进之曰："邹邑薄梁社善士阎得义、袁朝佑约会同志者二十人，义□为一社，各发虔诚，每岁仲春既望[③]，恭设清醮一□，敬赴玉帝座前上献。讫今三载，善果圆成，各获福佑。是以社友精白乃心，极其诚敬，弗敢怠荒克襄[④]盛事者也。敢乞文以勒诸石，以昭帝鉴，以厉[⑤]人心，以为同社光。未谂以为何如？"余应之曰："可。"吾亦心切崇奉，意望登临而未遂景瞻[⑥]之愿者也。何敢以无文辞！于是按图志而究其原，述来情而竟其言，以复次岗之请。是为记。

沂水黄建中撰文。

静庵黄慎行书。

石工张邦珍刻。

杜首阎得义（以下题名五行，略）。

万历十四年岁舍丙戌仲春十九日立石。

醮社题名

【简介】

碑在东宫，刻立于明万历十四年（1586）二月十九日。碑高94厘米，高51厘米。方头无额。顶刻楷书“醮社题名”两行4字。以下碑文楷书12行，满行24字。左侧题名及年月8行。

撰文及书写人身世无考。

【注释】

①“无有”句：古人尚右，右为上，左为次。

②遐迩：遐是远，迩是近。

③仲春既望：二月十六日。

④襄：助。

⑤厉：通“励”，劝勉。

⑥景瞻：景仰和瞻望。

鲁府重修兴国寺记

邹峄山，名山也。距邹县治[①]二十五里许，方在治之东南焉。山麓有峄山神祠，每岁十月十五日，县正官率僚属一祀之。祠右有兴国寺，祀官更衣于斯。乃其佛殿久圮。僧慧悟者，募财重修。正殿三间，高一丈三尺，阔八尺，旁建伽蓝殿一座。既成，请余记。余尹县[②]，自万历庚辰[③]冬，及今，盖五载余。修祀事，于斯凡五焉。此心惓惓[④]，惟祈土静民安。邹峄山神，以奠镇[⑤]为事，佛氏以慈悲[⑥]为教。奠镇此地也，将必使此土安静辑宁[⑦]，不骞不崩[⑧]，遂我守土者之心；慈悲此民也，将必使此民康和雍睦，不惊不扰，遂我牧民者之心。四五载间，果土静民安，神功大矣。寺功成，可喜。为我民者，戴神奠镇慈悲之恩，勤生睦众，畏法循理，使神必常忻忻焉，官不劳而地安民和，顾不美哉！用是为记，以告万人。

【简介】

原碑已无存，载体形态无考。《峄山志》“兴国寺”条下记载：“万历丙戌，鲁府重修，知县许守恩记。”此据《峄山志》所载碑文录入。万历丙戌当万历十四年，即1586年。未著书写人姓名。

撰文人许守恩，陕西泾阳人，进士出身，明万历八年至十四年

(1580～1586)任邹县知县。

【注释】

①县治:县级行政衙门所在地,即县城。

②尹县:知县旧称县尹,此处"尹"作动用,担任知县的意思。

③万历庚辰:即万历八年(1580)。

④惓惓(quán):诚恳深切之意。

⑤奠镇:镇服使安定。

⑥慈悲:佛教名词。佛经谓以爱护心给予众生以安乐名慈;以怜悯心拔除众生的痛苦为悲。《大智度论》二十七:"大慈予一切众生乐,大悲拔一切众生苦。"

⑦辑宁:和睦平安。

⑧不骞不崩:语出《诗经·小雅·天保》:"如南山之寿,不骞不崩。"骞是惊动,亏损;崩是崩裂。

峄山仙人宫建醮碑记

此山之巅，尝有云覆于上，高故也。是以名其匾焉。内有玉帝像，凡祈祷，感应如响。□□坚丽异常，好□未观□□□□□善念益兴，且曰："如是而岂徒哉！□礼之□□道，只为□□□□，岂如建立之本意何？"于是祖传而□贡于兹。□不□邹□□□□兖济徐沛，莫不各伸□敬焉。迄今岁以为常，斋仪视泰山亦□□也。峄之以西去三十余里，有南亢集村，社首张守勤，社副夏思现等，随约本集三十余家，量捐资财，□□□□。今经八载，□□姓氏□所载也，共砻一石，丐予为□。予曰："秉彝好德[1]，□所固有，仁□□□□丧厥善者多也。然本体之明，初未尝□。惟无

仙人宫建醮碑记

□感，斯□□一有所感火然泉达[2]，机不可遏。诚扩而充之，善不可胜用□□观守勤辈，固因所感而约。不有终焉，犹无善也。”余意嗣□为父者感是而慈，为子者感是而孝，兄感是而友，弟感是而□。□家□平康，子孙逢吉，所谓“永言配命，自求多福”[3]，□□□□□□□□之，为有是事者告。

时万历十五年岁次丁亥新正朔旦。

亚圣六十二代孙□生□（以下剥落）。

孙□□篆。

弟吴□知。

【简介】

碑在仙人宫，刻立于明万历十五年（1587）正月初一。碑高122厘米，宽69厘米，圆头，无额。顶双线刻楷书“大明”二字。碑顶及边框俱云龙纹，碑文楷书15行，满行25字。碑断裂剥落处甚多，不能连读。

碑阴顶横刻“碑阴题名”四字，碑心首行有“兖州府邹县第二乡安候社南北二亢阜……”字样，以下题名14行，均不录。

撰书人姓字、身世均无考。

【注释】

①秉彝好德:语出《诗经·大雅·烝民》:“民之秉彝,好是懿德。”秉彝是遵循常理的意思。

②火然泉达:“然”通“燃”,如火燃烧,如泉流通达。《孟子·公孙丑上》:“凡有四端于我者,知皆扩而充之矣,若火之始然,泉之始达。苟能充之,足以保四海;苟不充之,不足以事父母。”

③“所谓”句:语出《诗经·大雅·文王》:“永言配命,自求多福。”郑玄笺:“常言当配天命而行。”朱熹集传:“使其所行,无不合于天理。”

钟石刻石

象天盾我甬，乐虚以匹永。鼎何诵不鸣，哺尔无圣风。

洛人　李士登

钟石刻石

【简介】

石刻在盘龙洞内钟石之上。万历庚寅(1590)夏四月十三日,于慎行《游峄山记》有"钟有篆文,不敢读也"的记载,知钟石文当刻立于1590年之前。

钟石文为大篆,长期无人能识。1949年后,有关人员寄拓片请教郭沫若先生,惜无回音。直到1986年,当代金石书画大家朱复戡先生,到峄山参加笔会,期间对钟石刻石和凤翔石刻石进行了首次公开释读。《峄山诗文选》记载为:"象天盾我钟,实虚以匹永。鼎何识不鸣,哺尔无圣风。"《峄山奇观》《孟子故里——邹城》记载为:"象刀居我甬,乐虚以巨永。鼎各訟不鸣,哺尔无圣风。"亦有人对后两句识读为:"介石扣不鸣,寂尔山暗响。"惜没有钟石文的拓片,照片也模糊不清。编者查阅有关资料,依自己的理解进行了录入。因不知释文正确与否,故不注。

作者李士登,字联之,洛阳人,万历八年(1580)进士,擅文工书,名重一时,事见《明史》。李于万历二十七年(1599)前后,曾先后在今聊城任东昌府知府,兖东道兵备副使、分守参政,有治名。

万历三十三年(1605),李离开山东,升任广西参政。洛阳市西郊的三山村,发现了《明显考大中大夫广西布政使司参政兼按察使司佥事分巡苍梧道李公配显妣诰封恭人王氏暨庶母孙氏合葬墓志》,撰书者为李士登的儿子李人珍、李人琦。志文反映了明末城市居民反税监斗争——万历二十七年"临清民变"的史实。墓主李士登时为山东东昌知府,临清是其辖区,事变后他勇敢地为民请命。

凤翔石刻石

远山却是磊，多石形留驻。舞峄石大拳，叱此基山去。

洛人　李士登

凤翔石刻石

【简介】

石刻在凤翔石之上，刻立年月当与钟石刻石相近。《峄山诗文选》记载为："远山却是区，多石形留志。舞峄石大拳，叱此基山去。"

明代中后期，受复古思想影响，文化界兴起使用古体字的热潮，"作者专尚古文，书必篆隶"（王锜《寓圃杂记》），其中不乏使用大篆者。由于大篆已停用千余年，明代的籀文已成无源之水，再加上书者"不明六书”，写起来难免“自我作古，纰缪百出”（刘毓庆《“前后七子”的诗文复古与明代文化复古思潮》）。峄山钟石刻石与凤翔石刻石，在相当一段时间内，无人敢于识读；即使到了后来，博闻强识如朱复戡先生者，释之亦颇费周折，原因当在于此。编者查阅有关资料，依自己的理解进行了录入。因不知释文正确与否，故不注。

作者李士登，见前篇《钟石刻石》简介。

游峄山记

于慎行

余既与杜氏诸昆游泗上，其明日，敬谢主人，往登峄。主人请从。以四月十一日出泗水，南二十里至卢城之山。山有巧石，色莹如硝，角上下出而中圆，如榆荚，匪雕匪琢，如成一手，夫造物者直为此殊巧也。

又南数十里，过峄山之东。望山如青莲秀出，上插天倪[1]。其后六山鱼贯[2]从之，如追、如走、如恐或后。盖泰山之西南支至是而尽，以峄为华表[3]。又如武士当关，分而群立。此东南第一奇观也。暮不能上，宿于下趾[4]。

厥明，仆人请登。从山东南折而西南，累旋而上。山皆叠石相压，谽谺阖辟，错崿抵牾[5]。如闺闼[6]相穿，转侧出入。或有窍通天，微射日影，如在中溜[7]。人行石中，窈窕岖嵚[8]，十步九折，忽灭忽明，或失足不能出，大叫惊艳。

至东华宫，出糗[9]糒啖之，抱膝而瞑[10]。

稍折向西，又上三里，至仙人洞。洞以一石为宫，广二十丈，状如覆釜[11]，可坐千人。有堂、有室，其室左右有罅，为漏，天穿出洞上。洞之后，一峰临之，状如丹鼎。丹鼎之上，有丸峰焉。峰顶一石，状如弹丸，八分垂在外，观之神栗，忧其且坠。丸峰之左，有冠峰焉。峰顶一石，正方，五分垂在外。诸峰奇绝万状，大都若此矣。

由仙人洞而上，道益峻狭。石如檐牙[12]，或为圭窦[13]。人穿其窦中行，背已伸则足擎跪，足已伸则背伛偻。疲则休于石岩。石岩者，往往三四大石，为壁、为室，可蔽风雨。其相连缀处，不能以寸。

又上三里，曰白云宫。宫前为石坛。坛上之石，有炉、有屏拱而向宫。宫负一洞，洞中雕玉为帝及群神之像。其傍有泉，仰出不竭，可饮千人，谓之圣水。立坛上望，丸峰乃在足下。而使往视，丸则大二丈。悬而瞰千岩，如见之初，愈益忧其坠也。羽人具胡麻煮石花以进，为之果然[14]。客皆倦极，布席帝前，相枕而卧。余独不能下睫，出步坛前，观群石之胜，立者、坐者、倚者、仆者、揖者、伏且拜者、撑者、拒者，龙者、马者、群鸟飞者，狮象踞者、虎豹怒相噬者，杯者、盂者，鼓者、弹棋者，刀者、鞭者，橐卧[15]者、累丸者，众窍相通，万形毕肖，如张乐[16]洞庭，鱼龙百戏；又如琼林武库，万宝具陈。急与接，惟恐其失也。石色黝黑，苔藓附之，咸如粉绘。而罅中又多绯桃、兰草，杂花成绣，斐亹[17]可爱。因叹造物者之奇，胡为乎雕刻若是。羽士为言：往游者至东华而止，稍上至于仙人。其至此者，不一二耳。又上则五华峰，峰之绝顶，人迹不至。

孟君雅闻五华之奇绝，欲登之。振衣上，不返顾。杜君素疲，亦赞其决。予则摄袂[18]以从。道险绝，不容足，踸踔[19]石罅，一人猿其臂，下引一人，肩[20]客足而上之。足去肩寸许，而得猿臂。如是者数所。至一石窍，仅高尺许。羽士曰："上五华道也。"余等相视而笑。一从者，岸帻[21]、单衫、犊鼻[22]，委蛇蒲伏[23]，以腹履地，手如泅水，蛇行而过。二客慕而从之。孟君者素癯[24]，见其状奇，愈欲得五华而甘心焉，一跃从容而入。余与杜君，坐石上待之，遥闻其声，如在星汉。出而以五华之胜傲余矣。五华者，以五大石为峰。其状玲珑嵌空，如盆中所贮羊肚。余闻而疲痒。羽士为言："右折而至西峰，与五华等。”余辄从容往登西峰。至则平立而揖五华，盖皆峄之绝顶也。

五华之下有悬崖，如砥石覆其上，不尽数尺，以一丸石承之，如铃中舌，岌岌欲转，又一奇也。立西峰之上，返而北望。山后，壁立万仞，下临无地。六峰从之者，皆如岣嵝㉕难观。而山之前后，泉流数十道，微茫衣带，入于天杪㉖。东望连青诸山，放于琅琊㉗。黛色万重，闪烁出没。时日且西，冉冉欲坠，暮色苍然，长风袭袂，为之四顾敞恍㉘，曼声而歌，忽如羽化㉙。

已乃由南天门下。南天门者，垒石为永巷㉚，如出左掖㉛。道旁所见，石盖奇绝不可状，而天门之下，一石中辟，谓之试剑峰。孟君取剑倚之。

又下数里，从者忽喧而入钟室。予悬绠从之。上不见明，下闻水声若析㉜。数十步，訇㉝然中开，有石悬焉。石之状，丰上锐下，如

游峄山记

钟而无鐻[34]。下垂至地，所不接者尺。三石夹而悬之，所不接者寸。钟有篆文，不敢读也。而视所入窍，荧荧[35]天光，或见或灭。

出而东可里许，至弥陀庵，向月而卧石上。僧进豆饭，露坐啜之。无床第[36]，枕大士足而寝。

厥明，下山。至邹，肃谒孟庙。杜君昆季由邹东返。孟君闻任城[37]有奇石，欲往购之，亦舍余而西。余从一客道郡城北，行二日抵舍。又二日，孟君取奇石以归。

谷城山人[38]曰：秦皇帝辙迹遍天下，然其刻石记功德，则泰山、邹峄、琅琊，至于会稽数处而止，故峄于域内[39]称奇胜也。余登西峰，问秦皇帝所立石，羽人不能对。或谓宋元祐中，邹令张文仲移置学宫，盖既焚于野火，而摹写之云。山下有故城墟，方数十里，土人谓之纪城。考之《春秋》，邾迁于峄。《水经》谓城在邹山之阳，兹其地矣。

万历庚寅[40]夏四月十三日记。

【简介】

《峄山志》载入此文，但未注明有石刻。孟府缘绿堂廊下有石刻《后跋》一块，内称“此明季于公慎行《峄山记》也。向在县署《峄山图碑》下，零落横陈，欲即其地而安置之……且年湮日久，兵燹迭遭，中间断去片石，嘱张君□□考原文而补书之。移此而镶之于壁……”云云，下署“知邹县事金陵郑庆萱谨识”。此跋未著年月。查《续修邹县志稿》(民国二十四年陈寿卿修)所载，郑庆萱于民国初年知邹县事，据此知于慎行《峄山记》有石刻，但一直嵌在县署中。此按《峄山志》所载文本补录。今在峄阳书院发现残石，与原嵌在县署中的当不是一块。

此文写作时间为“万历庚寅夏四月十三日”。“万历庚寅”即万历十八年，1590年。刻石年月当在此时或稍后。

作者于慎行，见前篇《登峄山绝顶有怀贾大卿石葵》简介。

【注释】

①天倪：天之至高至微处。《庄子·齐物论》：“和之以天倪？”郭象注：“天倪者，自然之分也。”

②鱼贯：像鱼游一样前后相继。

③华表：古代设在桥梁、宫殿、城垣或陵墓等前面作为标志和装饰用的大石柱，上雕蟠龙等纹饰。

④下趾：山下的住处。

⑤错崿抵牾：山崖交错抵触。

⑥闺闼(tà)：小门。

⑦中溜：指窗。

⑧岖嵚:山高峻的样子。

⑨糗(qiǔ):炒熟的米、麦等谷物。糒(bèi):干粮。

⑩暝:小睡。

⑪覆釜:倒扣的锅。

⑫檐牙:檐际翘出如牙的部分。唐杜牧《阿房宫赋》:“廊腰缦回,檐牙高啄。”

⑬圭窦:门旁的小口,上尖下方,其形如圭,故称圭窦。又作圭窗。

⑭果然:腹饱足的样子。

⑮橐卧:像横放的袋子一样躺着。

⑯张乐:置乐、奏乐。《庄子·至乐》载:“咸池九韶之乐,张之洞庭之野。”宋张君房《云笈七签·轩辕本纪》:“帝以容成子为乐师,帝作《云门》《大卷》《咸池》之乐。乃张乐于洞庭之野。”

⑰斐亹:有文采的样子。

⑱摄袂:牵着袖子。

⑲踸踔:形容跛者的走态。

⑳肩:作动用,用肩扛着。

㉑岸帻(zé):高帽子。

㉒犊鼻:犊鼻裈,即围裙,形如犊鼻,故名。《史记》:“相如身自着犊鼻裈,与保庸杂作。”

㉓蛇(yí):委蛇,曲折前进。蒲伏:也作匍匐,伏地而行。

㉔癯:瘦。

㉕岣嵝:衡山的主峰。山上有碑,字形难辨,相传此碑为颂扬夏禹遗迹,亦被称为“禹碑”“禹王碑”。关于岣嵝碑的记载,最早见于东汉罗含的《湘中记》、赵晔的《吴越春秋》。

㉖天杪(miǎo):天的最高处。

㉗放:远出。琅琊:山名,在山东东部胶南市境。

㉘敞怳:迷迷糊糊,不清楚。

㉙羽化:中国古代道家称成仙为羽化,即变化飞升之意。后世称道教徒死亡叫作羽化。

㉚永巷:深巷。

㉛左掖:皇宫正门左边的小门。

㉜柝:旧时巡夜者击以报更的木梆。

㉝訇:形容大声。

㉞蠡:钟钮。

㉟荧荧:微光闪烁的样子。

㊱笫(zǐ):床上竹编的垫子,因此也作为床的代称。床笫即床铺。

㊲任城:古任国,风姓,传为太昊后裔。其地在济宁,故济宁也称为任城。

㊳谷城山人:于慎行的别号、因其故里在东阿,东阿古名谷城,故称。

㊴域内:国境以内。

㊵万历庚寅:万历庚寅在十八年,1590 年。

峄山歌

于慎行

岱宗海上来，西塞中条[1]路。东南数峰青未了[2]，凌波且涉长河去。欲断不断走势回，结作芙蓉掌上开。青冥[3]浩荡何年制？平地涌出金银台。名山固多奇，此山奇欲绝。累累万古石，谽谺[4]成窦穴。落星[5]不到地，累丸不到天。元圃[6]亦已碎，群玉[7]亦已颠。金华牧儿[8]何婉娈[9]，一入紫烟无日返。世人谁复叱群羊，坐看蹄角生苔藓。人行石中何蹒跚？十步九折穿嵌岩[10]。顾见杂花开绮绣，又闻淙淙流水响鸣环。千峰冥密[11]万壑逼。日光时向天窗[12]滴。深林已静鸟不鸣，攀援犹访白云迹。白云在天何时还？洞门石扇开天关[13]。玉华峰头一骋目，飘如乘虹驾鹤飞出天地间。但闻长风飒飒万里至，使我回顾开心颜。君不见沧海桑田[14]年岁改，秦皇片石今安在。万乘[15]千骑化作灰，河声依旧东流海。沉吟此事思欲飞，击节[16]高歌自振衣[17]。空怜世上浮沉子[18]，白首红颜何所知。

【简介】

刻石在峄山馆，今已不存。载体形态及刻立时间不详。兹据志书录出原文。

作者于慎行，见前篇《登峄山绝顶有怀贾大卿石葵》简介。

【注释】

①中条：中条山，在山西省西南部。

②青未了：青色没有尽头。此仿杜甫诗《望岳》语意："岱宗夫如何，齐鲁青未了。"

③青冥：青空。此取李白《梦游天姥吟留别》语意："青冥浩荡不见底，日月照耀金银台。"

④谽谺：山谷空旷的样子。

⑤"落星"以下两句：落星石和丹丸石都是峄山奇石之一。

⑥元圃：见前篇《望峄山》注释。

⑦群玉：群玉山，传说中西王母的居处。李白《清平调》："若非群玉山头见，会向瑶台月下逢。"

⑧"金华牧儿"以下四句：金华牧儿即黄初平。古代神话传说："黄初平牧羊，遇道士引至金华山石室中。其兄初起寻之，见初平。问羊安在，曰：'在山东。'往视之，但见白石磊磊。初平叱之，石皆成羊。"

⑨婉娈：年少而美好的样子。

⑩嵌岩：山洞。唐卢照邻《五悲·悲昔游》："因嵌岩以为室，就芬芳以列筵。"

⑪冥密：高而多。

⑫天窗：指山崖、洞窟顶部透光的缝隙。汉应劭《汉官仪》卷下："太山盘道，屈曲而上，凡五十余盘，经小天门、大天门，如从穴中视天窗矣。"

⑬天关：天门。

⑭沧海桑田：《神仙传·麻姑》："麻姑自说云，接待以来，已见东海三为桑田。"后遂以沧海桑田比喻世事变迁很大。

⑮乘(shèng):古代兵车一辆叫一乘,含一车四马。万乘即一万辆兵车。按周制,方千里国土面积,能出兵车万辆。所以后来又以"万乘"指帝位。骑(jì):一人一马称为一骑。

⑯击节:节本是一种木制乐器,击节以调节乐曲的速度、节拍。击节就是点拍。

⑰振衣:抖擞衣服。《楚辞·渔父》:"新沐者必弹冠,新浴者必振衣。"

⑱浮沉子:与世人、世事随波逐流的人。

弥陀庵禅林建醮碑记

夫峄山，在古邾之南，近城二十五里，雄峙霄汉，跨齐鲁而连海岱，控济汶而襟淮徐，层峦叠翠，飞瀑流香，阴晴万状，变态多端。登临游玩之客，伛偻攀缘，前呼后应，络绎纷纷。天下言景之最者，莫有过于此也。

绝峰玉皇大帝所临之处，远近香火，参谒甚盛。上以祝国家太平之福，下以济万民安康之庆。未谒白云之金阙[①]，先睹十王[②]之玉容。拟太岳圣母[③]之有拜参也，合邹邑在城居民人等，各捐己赀，结社于弥陀庵，修设十王胜会，尘忏[④]血盆[⑤]，迄今数载。尤恐姓讳无所存焉，结社众友，共议立石。不惟获庆于今生，而冀受福于来世。各将姓讳勒诸岩石，以垂不朽。

万历二十年三月立。

【简介】

原碑已无存，载体形态已不可知。《峄山志》在“弥陀庵”条下记载：“庵前石，有建醮小碑。”今据《峄山志》收录原文。未著撰书人姓名。刻立时间在万历二十年(1592)三月。

【注释】

①金阙:道家谓天上有黄金阙,为仙人或天帝所居。唐杨炯《盂兰盆赋》:“晃兮瑶台之帝室,艳兮金阙之仙家。”

②十王:十殿阎王的省称。“阎王”一词源于梵语“焰摩罗王”的汉译。本是印度古神之一,意为“幽冥界之王”。十殿阎王的名称是一、秦广王,二、初江王,三、宋帝王,四、伍官王,五、阎罗王,六、变成王,七、泰山府君(也称泰山王),八、平等王,九、都市王,十、五道转轮王。分居地府十殿。谓能掌管人间生死赏罚之事。

③太岳圣母:泰山有斗母宫,供奉斗母,是道教信奉的女神。传说是北斗众星之母。被尊为“先天斗母大圣元君”。

④尘忏:佛教专以脱罪祈福为目的的一种宗教仪式。

⑤血盆:佛教经名,全名《目连正教血盆经》,举行拜忏仪式时常诵此经。

同门人蒋任重登峄山

邵以仁

巨灵委神异，能为山川奇。寰宇渺无垠[1]，东土如有私。浩浩泰岳观，迥[2]极沧海涯。大绎复嶙峋[3]，顽石索累累。源泉流绝颠，白云栖其湄[4]。天门俨若凿，悬锤谁与垂？削壁立万仞，潺湲响千陂[5]。秦碑埋野烧，孤桐生何时？洞幽杳难测，仙人封紫泥[6]。丹台出霄汉，蹑蹬却颓危。乘骢[7]聊假道，邂逅[8]遇故知。携手共登临，游目欲决眦[9]。泛觞[10]活水曲，观鱼嘉莲池。轻风自窍穴，众籁相鸣悲。揽衣上五华，俯视狭全齐。吴越一弹丸，宁独鲁小之。远尘子[11]安适，升举滋后欺。仲尼曾燕处[12]，教援留遗思。三迁亦密迩，仁义我所师。焉能解尘鞅[13]，徜徉[14]日在兹。

【简介】

原石已无存，故不知其载体形态。《峄山志》在记录该诗后附注“万历壬辰七月既望刻于弥陀庵大峄碑阴”，故知原有石刻。乃据《峄山志》录出原诗。“万历壬辰”当万历二十年(1592)。

诗作者邵以仁，字子任，贵州普安人，明万历八年(1580)进士。其门人蒋任重无考。

【注释】

①无垠：边际。

②迥：远。涯：边际，极限。

③嶙峋：山崖突兀的样子，司空图《诗品》："海之波澜，山之嶙峋。"

④湄：岸边，水与草交接的地方。

⑤陂（bēi）：山坡。

⑥紫泥：古人书简用泥封，泥上盖印，皇帝封诏书则用紫泥。李白《玉壶吟》："凤凰初下紫泥诏。"此处借以形容山洞口被泥土所封埋。

⑦骢：青白色的马。

⑧邂逅：不期而遇。

⑨眦：眼眶。杜甫《望岳》："决眦入归鸟。"

⑩泛觞：古代风俗每年三月上巳日集会于环曲的水边，在上游放置酒杯，任其顺流而下，停在谁的面前，谁就取饮，叫作"流觞"，此称"泛觞"同。

⑪远尘子：见前篇《白云五华宫记》。

⑫燕处：闲居。

⑬鞅：世俗事务的束缚。鞅，套在马颈上的皮带。唐牟融《寄羽士》诗："使我浮生尘鞅脱，相从应得一盘桓。"

⑭徜徉：自由自在地往来，徘徊，盘旋。

登峄读友人颜范卿李淑元诗感怀有赋

戴　爆

昔皇[①]已乘羊车去，终古名封列胜图。晓日诸天千嶂出，寒涛万壑一桐孤[②]。诗看吾友东南美[③]，碑觅秦人篆刻余。见说坛场多望瘗[④]，遗编犹诵鲁诸儒。

【简介】

原石已无存。《峄山志》在记载此诗之后附注："万历乙未四月十九日。石刻在弥陀庵左。"故知原有石刻，乃据《峄山志》录入原诗。"万历乙未"是万历二十三年（1595）。

作者戴爆（1561～1622），字亨融，彰信里人。明万历十四年（1586）进士，历任监察御史、按察使等职。工诗文，为漳州七才子之一，书画、文章为世所重。诗中提及的颜范卿，字廷渠，永春（县名，在福建）人。明隆庆年间任九江郡（在今江西）郡丞。李淑元身世无考。

【注释】

①昔皇：指秦始皇。

②“寒涛”句:《尚书·禹贡》载,峄阳产孤桐。

③东南美:王羲之《兰亭集序》:“宾主尽东南之美。”

④望瘗(yì):望是古代祭祀山川的专名。《尚书·舜典》:“望于山川。”瘗是埋葬。此句的意思是一个个大土堆据说大多是望祭的坛场和大土坟。

明皇帝敕谕碑

敕谕[①]峄山白云宫住持[②]张演祥及道众人等：朕发诚心，印造《道大藏经》[③]颁施在京及天下名山宫观供奉。经首获敕，已谕其由。尔住持及道众人等，务要处洁供安，朝夕礼诵，保安藐躬[④]康泰，宫壶[⑤]肃清，忏已往过愆[⑥]，祈无疆福寿，民安国泰，天下泰平。俾四海八方，同归清净善教，朕成恭己无为之治道焉。今特差道经厂侍香、御马监、左少监王企，赍[⑦]谕前去彼处供安，各宜仰体知悉。钦哉！故谕。

明皇帝敕谕碑

万历三十一年四月立。

【简介】

碑在白云宫，刻立于明

万历三十一年（1603）碑高194厘米，宽60厘米，圆头，无额。碑顶中央有长32厘米宽12厘米的长方框，框内竖刻“皇帝敕谕”4字，楷书。框周围刻二龙戏珠纹。碑身左右边框刻云龙纹，底框刻云水纹。碑心高138厘米，宽44厘米，刻楷书碑文6行，满行29字。文左刻题名两行，字体略小。第一行“赐进士、知邹县事梁州彦”，第二行“赐进士、知邹县事蜀中胡继先”。末行刻立碑年月，字体与碑文同大。（按：《峄山志》）所载无二知县题名，碑文中略去住持的名字“张演祥”三字，均按碑增改。

据《邹县志》，梁州彦于万历二十九年任邹县知县，胡继先万历三十五年任职。按志书所载，此碑刻立时间当在梁州彦任内，不知何以有胡继先的名字。而且字体一贯，并非以后增刻。胡继先的任职时间是他本人主持编修的县志中记载的，不会有错，因此，皇帝发敕谕在前而立碑在后，碑后年月是敕谕时间，而非刻立时间。此碑应是在胡继先任内刻立的。

【注释】

①敕谕:自上命下之词,特指皇帝的诏书。

②住持:原为佛教名词,寺院内主持寺院者的职称,意为久住护持。后来道教也采用此制。

③《道大藏经》:简称《道藏》,道教经典汇集的总名。宋初有《大宋天宫宝藏》和《崇宁重校道藏》均未刊刻。最早刊本为《万寿道藏》刻于宋徽宗政和年间。后来都以此为蓝本。明代刻《正统道藏》5305 卷,分装 480 函,《万历续道藏》180 卷,分装 30 函,共包括 1476 种书,为现今的通行本。

④藐躬:皇帝自指。

⑤宫壸(kǔn):古时宫内巷道,引申为内宫的代称。

⑥愆:过失、失误。

⑦赍(jī):怀抱。

郑文公祠记

予己亥[2]岁寓于绎，时陟[3]五华诸峰，下视阜堆[4]，绵亘方数十里，其中断处隐隐若门阙状。以询土人，曰："故邹城也。"余喟然叹曰："是殆郑文公之故墟乎？彼能以养民为命，决计迁都。对史数语[5]，上薄[6]盘诰。今犹是土也，利其利者，忍无尸而祝之乎？即岩嵎[7]之间，元都梵宇[8]，又何郁相望也？"

今岁辛亥[9]，复偕周君昆季[10]游绎，遥见宫墙巍然独出，问所祠，曰："郑文公也。"余欣然趋登展谒，因憩其庑下。周君谓余曰："初，胡侯[11]谋于希孔曰：'文公所抚，即蕞尔[12]国。然创业垂统，以为可继。抑所称法施于民者乎？茅成子[13]，当主益见执时，能以束帛[14]乘韦[15]请救于吴，而不泯其社稷，非以劳定国者耶？可并祀也。孔力赞之，侯遂经营于不日，斯庶几有其举之，莫可废者欤？'"余曰："懿哉！胡侯，能制典矣。陆终[16]之系，原本颛顼[17]。挟受周封，传迄累世。即见于《春秋》[18]者，若仪父、貜且、牼、华、穿、革[19]，概有人焉。专祠文公者，崇德也。茅彝鸿，存国之勋，等于包胥[20]，即与文后先异时，亦犹是郑之臣也。以配享，广德类也。祠不建于异地，斯于绎，因其志也。设主[21]焉，去象教[22]之陋也。懿哉胡侯，能制典矣。以予观于兹，世所力崇者，释老之宫耳。居上者，疑于福利之说，足以怵民，若有弼[23]于政教之不及。或署栋题额，用新厥帜。俾蚩蚩[24]者莫可反经。将无近其小利，忘其大害乎？有如是祠，无论取前哲令德之人以为明质，抑使数千年来有功兹土者得食其报，以示百姓，没世不忘，乃所以归之厚也。其于化民成俗之方，得其微矣。鲁展氏[25]之言曰：'祀，国之大节也；而节，政之所成也。'执是以按侯之所为邹者，不既识其大乎？"

【简介】

原碑已无存，载体形态已不可知。《峄山志》在"邾文公祠"条下记载："明万历五十八年岁庚戌，知县胡继先创建。赐进士出身、常州府推官、邻治生汶人王命新记，济人文星高书。明季灾于兵火。"此据《峄山志》录入原文。刻立时间为1610年。

撰文者王命新，字又新，号坦山，汶上人，官至尚宝寺卿。书写者文星高身世无考。

【注释】

①己亥：此己亥当在明神宗万历二十七年(1599)

②陟(zhì)：升，登。

③阜堆：大土堆。

④邾文公：邾是古国名。古史传为颛顼玄孙陆终第五子安之苗裔，曹姓。始封君为曹侠。邾文公为其第十四代国君。鲁文公十三年(前614)卜迁于绎，即在今峄山前之邾国故城。

⑤对史数语：《左传·文公十三年》："邾文公卜迁于绎。史曰：'利于民而不利于君。'邾子曰：'苟利于民，孤之利也。天生民而树之君，以利之也。民既利矣，孤必与焉。'左右曰：'命可长也，君何弗为？'邾子曰：'命在养民。死之短长，时也。民苟利矣，迁也，吉莫如之。'遂迁于绎。""对史数语"即指以上的话。

⑥薄：迫近。“盘诰”指《尚书》中的《盘庚》《大诰》《康诏》等篇。

⑦岩嵁：深谷，峭壁。《庄子·在宥》：“故贤者伏处大山嵁岩之下。”

⑧元：即“玄”，玄都梵宇：指道庙和佛寺。

⑨今岁辛亥：当是明神宗三十九年(1611)。

⑩昆季：兄弟。周君昆季是周希孔、周愿孔兄弟，兄为癸卯科(1603)举人，弟为丙午科(1606)举人。

⑪胡侯：指邹县知县胡继先，汉州(今四川广汉)人。万历三十五年至四十年(1607～1612)任邹县知县。旧时习惯以古代官职名称呼当时官吏。知县管辖的区域相当古时一个侯国(方百里)，所以称某知县为某侯。

⑫蕞(zuì)尔：小的样子。《三国志·魏志·陈留王奂传》：“蜀蕞尔小国，土狭民寡。”

⑬茅成子：郲国大夫。下文请救于吴之事，见《左传·哀公七年》：“秋，伐郲，及范门，犹闻钟声。大夫谏，不听，茅成子请告于吴，不许，曰：‘鲁击柝闻于郲，吴二千里，不三月不至，何及于我？且国内岂不足？’成子以茅叛，师遂入郲，处其公宫，众师昼掠，郲众保于绎。师宵掠，以郲子益来，献于亳社，囚诸负瑕。负瑕故有绎。郲茅夷鸿以束帛乘韦，自请救于吴，曰：‘鲁弱晋而远吴，冯恃其众，而背君之盟，辟君之执事，以陵我小国。郲非敢自爱也，惧君威之不立。君威之不立，小国之忧也。若夏盟于鄫衍，秋而背之，成求而不违，四方诸侯，其何以事君？且鲁赋八百乘，君之贰也。郲赋六百乘，君之私也。以私奉贰，唯君图之。’吴子从之。”

⑭束帛：捆为一束的五匹帛。古代用为聘问、馈赠的礼物。

⑮乘韦：四张熟牛皮。《左传·僖公三十三年》：“(秦师)及滑，郑商人弦高将市于周，遇之，以乘韦先，牛十二，犒师。”

⑯陆终：上古人名。应劭《风俗通》："楚之先出自帝颛顼，其裔孙曰陆终。"

⑰颛顼：传说中古代部族领袖，号高阳氏。

⑱《春秋》：鲁国编年体史书，相传为孔子作。

⑲仪父、貜(jué)且、牼(kēng)、华、穿、革：皆邾国历代国君名。

⑳包胥：申包胥，春秋时楚国贵族，与伍子胥为知交。楚昭王十年(前506)吴国用伍子胥之计攻破楚国，申包胥到秦国求救，在秦宫廷痛哭七日夜，终使秦出兵救楚。

㉑主：木制的牌位。

㉒象教：释迦牟尼离世，诸大弟子想慕不已，刻木为佛，以形象教人，故称佛教为象教。

㉓弼：辅佐。

㉔蚩蚩：本意是敦厚的样子。《诗经·卫风·氓》："氓之蚩蚩，抱布贸丝。"朱熹解作无知无识的样子。此取后义。

㉕鲁展氏：展禽，字季，谥惠，封于柳下，故称柳下惠。下文引语见《左传·文公二年》。

峄 山 歌

李化龙

大石轮囷[1]如象卧，小石怒张如虎坐[2]。百千万亿叠成山，遍体玲珑皆可过。忆昔女娲[3]补天时，炼石为丸手弄之。神功已毕弃之去，风吹雨洗到今兹。不然共工触不周[4]，天柱一折石乱流。帝遣六丁[5]移置此，时共泰山为博筹[6]。其阳有孤桐，其阴有浮磬[7]。静夜击清色，依稀[8]犹可听。披薜[9]寻古碑，迷茫竟谁是？李斯小篆[10]已无踪，秦王颂德徒为耳。白云之宫白云连，五华之高高造[11]天。侧身踞石望东海[12]，仿佛玉楼[13]金阙[14]吐苍烟。回身入窔[15]奥，途远不可到。万转千回路忽迷，盘蛇一径谁能造？此中耐可绝人群，何须更问商山[16]云。但恐尘缘[17]割不断，空对苍崖揖紫氛。夕阳欲下山，欲往无留处。兴来聊取数石归，袖中袖得峄山去。

【简介】

石刻原在峄阳碑林，现已无存，载体形态不可知。今据志书录出原文。

作者李化龙(1554～1611)，字于田，长垣(在河南省)人。万历二年(1574)进士，擢右佥都御史，巡抚辽东，又总督湖广川桂军务，讨平杨应龙之乱。曾以工部右侍郎总理河工，开河泶二百六十里。累加柱国、少傅，卒谥襄毅。著有《场居策》2卷，《田居稿》《河上稿》各1卷，及《平播全书》《治河奏疏》等。

【注释】

①轮囷（qūn）：硕大貌。《礼记·檀弓下》："美哉轮焉。"郑玄注："轮，轮囷，言高大。"宋范成大《吴船录》卷上："尤多荔枝，皆大本，轮囷数围。"

②虎坐：峄山有二十名石，呈虎、马、鱼、鸟、海豹诸形。

③女娲：神话中人类的始祖，传说人类是由她和伏羲兄妹相婚而产生。又传说她曾用黄土造人，炼五色石补天，折断鳌足以支撑四极，治平洪水，杀死猛兽，使人民得以安居。

④共工：古代神话人物，传为人面蛇身赤发，身乘二龙。《淮南子·天文训》："昔者共工与颛项争为帝，怒而触不周之山。天柱折，地维绝，天倾西北，故日月星辰移焉；地不满东南，故水潦尘埃归焉。"不周：古代传说中的山名。《离骚》："路不周以左转兮，指西海以为期。"注谓不周山在昆仑西北。

⑤六丁：六十甲子中，丁有六个，即丁卯、丁巳、丁未、丁酉、丁亥、丁丑。附会为道教神仙名。元甲属阳，为男神；六丁属阴，为女神。为天帝所役使，能行风雷、制鬼神。《道藏》中有《灵宝六丁秘法》。

⑥博筹：博是古代一种局戏，用六筹十二棋为戏。筹是古代记数和计算的用具。博戏以得筹多者为胜。

⑦浮磬：《尚书·禹贡》："海岱及淮惟徐州……厥贡……峄阳孤桐，泗滨浮磬。"浮磬是石在水边，半淹半露，好像浮起的样子。此石可作石磬，故称浮磬，按浮磬产泗滨。此处言"其阴有浮磬"，可能指钟石而言。峄山背面有钟石，志书上说其石"丰上锐下，状

如钟而无蠡。三石夹而悬之，去地三尺”。

⑧依稀：仿佛。

⑨披藓：劈开苔藓。古碑：指秦始皇峄山刻石。

⑩李斯：（？～前208），秦代政治家，楚国上蔡（今河南上蔡西南）人。入秦为客卿，佐秦王统一六国，为丞相。废分封，立郡县，焚《诗》《书》，禁私学，创小篆，峄山、泰山、琅琊等刻石，传说均为他所手书。秦二世时被赵高谗害，腰斩于咸阳。小篆：秦代通行的文字，故又称“秦篆”，是在籀文的基础上发展而成的。字体较籀文简化，小篆的推行，对汉字的规范化起了很大作用。

⑪造：到达。

⑫“侧身”句：峄山主峰五华峰左前有探海石，天气晴朗时可望见东海。这句指此。

⑬玉楼：神仙的住处。相传唐诗人李贺将死，昼见绯衣人传玉帝诏旨，谓白玉楼成，召使作记，随死。

⑭金阙：道家谓天上有黄金阙、白玉京，为天帝所居。白居易《长恨歌》：“金阙西厢叩玉扃。”

⑮窔（yào）：幽深。窔奥：室的东南角叫窔，西南角叫奥。

⑯商山：山名，在陕西商县东南。秦末汉初，有东园公等四老人隐居于此，称“商山四皓”。

⑰尘缘：本佛教常用语，佛经把色、声、香、味、触、法称作“六尘”。以心攀缘六尘，遂被六尘牵累。所以尘缘指世间的一切牵挂。

峄　山

李化龙

地形原自岱宗①分，禹贡②名山果不群。紫气③一天常带雨，青霞万片半穿云。阴森自识孤桐影，剥落难寻小篆文。到处称奇今始得，兴阑归路已斜曛④。

【简介】

石刻已无存，载体形态不详。《峄山志》记载此诗之后附注："石刻在峄山馆"。故知原有石刻，乃依《峄山志》录出。亦不著年月。

作者李化龙、万历年间人，卒于万历三十九年（1611）辛亥，刻立时间当在此以前。

【注释】

①岱宗：泰山。

②《禹贡》：《尚书》篇名。

③紫气：传说老子出函谷关，关令尹喜见有紫气从东而来。这里指山上缭绕的云气。

④兴阑：兴致已尽。曛（xūn）：落日的余光。

仙人洞

李化龙

石围深洞挂山巅，飞舄①凌空何代仙？我欲拂衣从此去，乘云游雾不知还。

【简介】

原刻石已无存，载体形态已不可知。《峄山志》载此诗时，在诗后注“石刻在峄山馆”，故知原有石刻，乃据《峄山志》收录。亦不详刻立时间，考作者李化龙为万历年间人，故当刻立于此时或稍晚。

【注释】

①舄（xì）：鞋。飞舄凌空是古代神话故事。传说东汉明帝时，王子乔为叶县县令，距京师甚远，但每逢朔望却能亲自来朝。明帝怪之，令人候望。言乔每至，必有双凫自东南飞来。于是候凫至，设网捕得其一，乃是一只木鞋。

咏峄阳孤桐

李化龙

初分天地尔从生，曾遘伶伦①太始②声。烟雾迷茫风雨夜，依稀犹自凤凰鸣。

【简介】

原刻石已无存，载体形态无考，亦不著刻立年月，据作者身世，当刻立于万历年间。《峄山志》载此诗之后注“石刻在峄山馆”，故知原有石刻，乃依《峄山志》录入原诗。

【注释】

①伶伦：传说黄帝时的乐官，《吕氏春秋·古乐》：“昔黄帝令伶伦作为律。”

②太始：《礼记·乐记》：“乐著大始，而礼居成物。”疏谓：“言乐象于天，为万物之始。”“大”同“太”，所以太始比喻为天，即自然界。

至圣先师①祠帖文碑

兖州府为追复圣贤遗迹事，据四氏学②庠生③孔贞璠④、孔尚则⑤等呈前事。内称：不法道人，妄塞三教，埋没圣迹，具总河部院⑥、兖州府道二事，蒙批本府审明，合行帖仰邹县官吏，掣去佛、老二像，照圣庙修立。告成回报。须至帖文者。

万历二十八年⑦七月十二日回报。

【简介】

原碑已无存，载体形态已不可知。《峄山志》在“至圣先师祠”条下记载：“明时初建三教堂。至万历三十八年，孔贞璠等呈控，掣去佛老二像，改修孔子庙。帖文碑，勒于东壁。”此据文献收录原文。刻立时间为1600年。撰书人姓名均未著明。

【注释】

①至圣先师：孔子的谥号。自汉朝以后，历代封建统治者皆崇祀孔子：唐开元二十七年(739)追谥为文宣王。宋大中祥符五年(1012)改谥为至圣文宣王。明嘉靖九年(1530)在孔庙的牌位上题“至圣先师孔子神位”。清顺治二年(1645)定谥号为“大成至圣文

宣先师孔子”。顺治十四年(1657)改称“至圣先师孔子”。

②四氏学:旧在孔氏嫡系后裔的衍圣公府内设立的学校,教授孔、孟、颜、曾四姓后裔的子弟。

③庠生:秀才。

④孔贞璠:字用璞,号琢如,山东曲阜人,明崇祯癸酉科举人。为著名的《桃花扇》作者孔尚任之父。

⑤孔尚则:山东曲阜人,孔尚任之族兄。崇祯十三年(1640)进士,曾任洛阳县令,南明弘光时官至刑部江西司郎中。

⑥总河部院:明清两代在济宁设河道总督。负责治河,兼管驻地地方事务,所有公文要呈给河道总督衙门。

⑦万历二十八年:1600年。按:《峄山志》在“至圣先师祠”条下记:“至万历三十八年,孔贞璠呈控……”但所录帖文却称“万历二十八年”。未知孰对孰错,无从考证。

重修西华宫记

原夫丹室紫馆[①],列真[②]所宁;玉扃金题[③],群仙攸止。玄□肇于元始[④],金陵创自允文,由来旧矣。然而近市则俗,居山斯雅。是以清壑翠壁,偏驻羽人;白石碧流,兼宜仁智。人地交替,古今不殊。

西华宫者,峄山之胜地也。青山当户,白水过庭。前对五华,俯看众壑。柏生岩畔,桐柯石根。竹疏泉边,壁鲜玉涧。烟没殿隐,望迷游子之迹;径绝云通,香绕仙人之座。鹤呼庭下,杳无人音,犬吠篱边,始知客到。山阴留雪,冷侵孙氏之书[⑤],草际绕萤,光映卓公之案[⑥]。鸟啼蝉噪,幽趣倍增;经响梵鸣,尘心顿息。崖满七绝之果,红耐霜涧;堤横九岩之杨,绿映春月。抚琴动操,响切阳桐;击石鼓钟,声感东磬。清池白丹,山色可餐;紫蓼绿葵,野蔬堪啖。泗水西注,夜闻瀑布之声;岱势北拥,晓看云霞之气。境空地僻,雅宜高士之居;地远嚣离,宁有俗客之至。

有道士任和德者,赋性贞白,秉志清明。素抱胜情,长怀山癖。爰因旧迹,肇此新基。谓山势高隆,气想通于帝座;丹麓窈邃,神岂参以淫昏。乃立昊天上帝之宫,到□□帝君之像。无声无臭,荡荡难名;降福降殃,昭昭若揭。梓童[⑦]在列,睹若缌之又书;藜火[⑧]夜明，孰博学子之照。兹虽神像已定，庙貌未新。以故广走四国，皆成盛举；凡我士庶，咸共发心。山峰孔际，长开碧落之宫；坚石贞珉，永着无穷之颂。谨白。

【简介】

原碑已无存，载体形态已不可知。《峄山志》在“西华宫”条下记载：“创建无考，万历四十年二月，道士任和德重修，有记。”但未著明撰书人姓名。此据文献收录原文。刻立时间为1612年。

【注释】

①紫馆：指道家炼丹房。

②列真：名列真人的高道。

③玉扃（jiōng）金题：从外面关门的闩、钩等（玉饰的门户）。题：榱题的省称，即建筑物的出檐，屋椽的前端。《孟子·尽心下》：“堂高数仞，榱题数尺。”按：《峄山志》“扃”作“局”，不通。此据文义订正。

④元始：道教所尊奉的元始天尊的省称。

⑤“山阴”句：孙康的故事。孙氏为晋京兆人，家贫，于冬月映雪读书。

⑥“草际”句：车胤的故事。《世说新语》：“家贫，不常得油，夏月，则练囊盛数十萤火以照书。”按：《峄山志》录原文作卓公，系形近而讹，应作“车”公。

⑦梓童：应作“梓潼”，梓潼帝君的省称，道教神名，即文昌帝君。

⑧“藜火”句：道教神话故事。《三辅黄图》载刘向于成帝之末，校书天禄阁，有老人植青藜杖，叩阁进见。刘向暗中独坐诵书，老人吹杖端点燃，照向读书，因而见向，授五行洪范之文。

登邹峄(二首)

周士显

不道封禅[1]七十家,孤峰如削点青霞。石驱[2]海上成千垒,星陨空中散五花[3]。仙洞云天低杖履[4],书门[5]风雨妒龙蛇。携来谢朓[6]惊人句,搔首狂歌兴转赊[7]。

箭门嵌窦石间盘,顶上云从路上沿。剖得岱宗山若砺[8],练来[9]圣女手成丸。钧天[10]不尽孤桐响,掌露[11]偏分玉井[12]寒。极目蓬莱凝气色,买山[13]欲问紫金丹[14]。

【简介】

原石已无存,故载体形态不详。《峄山志》记载此诗时,于题下注“共刻一石,在弥陀庵左,”于其第一首下又注“荀虞龙立石”,未著年月。查《邹县志》,荀虞龙在明万历四十年(1612)开始任邹县知县,故知刻石时间当在此稍后的几年内。

诗作者周士显身世无考。

【注释】

①封禅:帝王祭天地的典礼。在泰山上筑土为坛祭天,称封;

在泰山下梁父山上筑坛祭地,称禅。《大戴礼记·保傅》:“封泰山而禅梁父。”七十家:《史记·封禅书》:“管仲曰:‘古者封泰山禅梁父者七十二家。’”又同书又称:“(秦始皇)东巡郡县,祠邹峄山,颂秦功业。于是征从齐鲁之儒生博士七十人。”此处所言“七十家”兼有此二义。

②“石驱”句:传说秦始皇做石桥,欲渡海看日出处。时有神人,驱石下海。石去不速,神辄鞭之,皆流血,至今石皆赤色。(见《太平寰宇记》)

③五花:即“五华”,峄山主峰名五华峰。

④杖履:本作“杖屦”。指老人出游。源出《礼记·曲礼上》:“侍坐于君子。君子欠伸,撰仗屦。”撰,持,古人席地而坐,老人出行必持杖着履。

⑤书门:峄山上景点,即秦始皇刻石处。

⑥谢朓(464~499):南朝齐诗人,字玄晖,陈郡阳夏(今河南太康)人。曾任宣城太守、尚书吏部郎等职,诗风清俊,时出警句。按“朓”字《峄山志》作“眺”,非。

⑦赊:长,远。

⑧砺:磨刀石。

⑨“练来”句:古代神话传说女娲炼五色石补天。“练”字当作“炼”。

⑩钧天:钧天广乐的简称,神话中天上的音乐。孤桐:传说峄阳产孤桐,是造琴的好材料。

⑪掌露:汉武帝好神仙,做承露盘以承甘露,以为和玉屑服之可以延年。盘作仙人掌形《三辅故事》:“建章宫承露盘,高二十丈,大七围,以铜为之,上有仙人掌承露。”

⑫玉井:星官名。参宿下方四颗星,形如井,故名。峄山有“玉井分香”景点。

⑬买山:《世说新语·排调》:“支道林因人就深公买印山,深公答曰:‘未闻巢由买山而隐。’”后以“买山”作为隐退的代称。亦用以形容人的才德之高。

⑭紫金丹:即紫金散,是道家合制的一种刀伤药,伤口愈合后无瘢疤,见《本草纲目·木部·降真香》。

咏净石岩

毕懋康

驱石[1]自何年？玲珑复巀嶪[2]。下有流云奔，上有罡气[3]接。

【简介】

原刻石已无存，载体形态已不可知，亦不著刻立时间。《峄山志》在载此诗时，在题下注“石刻，在弥陀庵左”，故知当时有石刻。此据文献收录此诗。考作者是明万历年间人，此石刻当刻于万历年间或稍后。

作者毕懋康，字孟侯，歙（今安徽歙县）人，万历二十六年（1598）进士，以中书舍人授御史，后官至兵部侍郎。著《军器图说》，善山水画。

【注释】

①驱石：见前篇《登邹绎》注释。

②巀嶪（jié yè）：山势高耸貌。宋范成大《吴船录》卷上：“入寺侧，出石磴半余里，有三石峰，平正如高楼巍阙，巀嶪奇伟，不可名状。”

③罡气：道家语，即罡风、高空的风。《抱朴子·杂应》：“上升四十里，名为太清，太清之中，其气甚罡，能胜人也。”

咏仙人洞

毕懋康

攒石俯山椒①，崩腾表灵诡。循磴上绿萝，崎崟试徙倚②。临风一披襟，聆泉屡倾耳。薄③言憩岩阿，邈若烟霞□。恋景顿忘疲，西照俄④移晷⑤。返策拟重攀，倘逢羡门子⑥。

【简介】

原石已无存，载体形态已不可知。《峄山志》收录此诗时在诗后注："石刻，在弥陀庵。"故知原有石刻。乃依文献收录原诗。不详刻立时间。考作者毕懋康为明万历年间人，故当刻立于此时或稍晚。

【注释】

①山椒：山顶。谢庄《月赋》："菊散芳于山椒。"

②徙倚：徘徊、流连不去的意思。陶潜《闲情赋》："步徙倚以忘趋。"

③薄：发语词，无义。

④俄：不久。

⑤晷:日影,引申为时光。韩愈《进学解》:“焚膏油以继晷。”

⑥羡门子:传说中古仙人。宋玉《高唐赋》:“有方之士,羡门、高溪。”《史记·秦始皇本纪》:“始皇之碣石,使燕人卢生求羡门、高誓。”《集解》:“韦昭曰:‘(羡门、高誓)古仙人。’”

咏栖桐榭

毕懋康

罡气接鸿蒙①，谽谺列星坠。横空千丈余，飞霞散彩翠。迸石喷明流，岿②崖表灵异。巑岏③非一状，林峦尽幽邃。穷壑飘凉风，孤桐落寒吹。居然入蓬莱，山悠远尘累。何必慕五岳，拳石足吾意。

【简介】

原石刻已无存，载体形态无考。《峄山志》在载入此诗之后注：“石刻在弥陀庵左。”故知原有石刻，乃据文献所载录入。不详刻立年月。考作者系明万历年间人，当刻立于明万历年间或稍后。

【注释】

①鸿蒙：旧指宇宙形成以前的混沌状态。

②岿：高峻独立貌。

③巑岏(cuán wán)：山高锐貌。南朝宋鲍照《登庐山望石门》诗：“崭绝类虎牙，巑岏象熊耳。”

秋日望峄

傅新德

壬寅[1]八月秋，畏途[2]若霆沴[3]。傅子[4]方北征，苍黄[5]意不慊。阴霭忽朝褰[6]，青天落翠巘。山灵巧献奇，远望已不厌。秀色难为名，霁华[7]若可搴[8]。层层摩碧穹，步步豁[9]幽涧。怪石嵌玲珑[10]，崆峒[11]走广衍。或如剑戟森[12]，或如旌旗展。或如兽拏空，或如人戴冕。仙羊叱可兴[13]，秦桥[14]鞭未转。万壑响松涛，飞流挂岩隒[15]。鸟道[16]愁猿猱[17]，欲前走已蹇[18]。草树乱霞蔚[19]，曲径时迊[20]誸[21]。红退火龙甲[22]，绿明翠羽剪[23]。攀登陟崔嵬[24]，适意忘巇险[25]。仙梵[26]出林端，云中[27]自鸡犬。赏心犹未惬，浩怀不可遣。乾坤只旦夕，今古几超奄[28]。孤桐凤不至，杏坛[29]人已远。草蔓纪王城[30]，烟迷秦帝辇[31]。欲觅三迁[32]居，榛莽[33]相闭掩。云雨自西来，凄凄复有渰[34]。挥手谢山灵，深衷犹绻缱[35]。

【简介】

刻石在峄阳书院，有残石两块，不相连接。一石存35字，中有“秦桥鞭未转”“飞流桂岩隒”“欲前步已蹇”等完整句子。一石存24字，有“凄复有渰”及末句“犹绻缱”字样及诗后“傅新德”三字署

秋日望峄

名。以上均为楷书，字径5厘米。《峄山志》中载有此诗，但未说明有石刻。由此残石知有石刻，乃从志书中录出全诗。至于原石尺寸大小及其形态皆不可知。

作者傅新德（1569～1611），字元明，定襄（今属山西）人。万历十七年（1589）进士，官至国子祭酒，赠礼部右侍郎，卒谥文恪。此诗刻立当在万历年间。

【注释】

①壬寅:依据诗作者生活的年代,此壬寅当为明万历三十年(1602)。

②畏途:艰险的道路。

③霪沴:久雨成灾。

④子:古代男子的美称或尊称。傅子:作者自谓。

⑤苍黄:犹仓皇,慌张、匆忙的意思。慊:憾,恨,不满。

⑥褰(qiān):揭开。

⑦霁华:晴朗的天色。

⑧搴(qiān):用手拔取。

⑨豁:当拓开讲。这句是说每一步都踏开幽深的山涧。

⑩“怪石”句:奇形怪状的石头填镶得玲珑别致。

⑪崆峒:山高峻的样子。广衍:低而平坦的地方。这句形容峄山的山势,奇峰突起,如像奔走在原野上。

⑫森:丛生繁密的样子。

⑬叱:呼喝。兴:起。这句典出《神仙传》,说是黄初平牧羊,遇道士引至金华山石室中。其兄初起寻之,见初平。问羊安在,曰:“在山东。”往视之,但见白石磊磊。初平叱之,石皆成羊。

⑭“秦桥”句:见前篇《登邹峄》注释。

⑮隒(yǎn):层叠的山崖。

⑯鸟道:形容险峻狭窄的山路,只有飞鸟可度。

⑰猱(náo):猿类,身体便捷。

⑱蹇(jiǎn):跛足。

⑲“草树”句:在文彩焕然的霞光中,草木杂乱地生长着。

⑳迊(zā):同“匝”,环绕反复。

㉑詃(jiǎn):诱。这句说弯曲的小路不时地诱引着行人。

㉒“红退”句：形容花红。

㉓“绿明”句：形容叶茂。

㉔崔嵬：本指有石的土山。《诗经·周南》：“陟彼崔嵬。”此处作高峻解。

㉕巇（xī）险：艰险难行的样子。

㉖梵：佛教沿用婆罗门教语，用来称呼与佛教有关的事物。仙梵：诵经声或梵呗（佛教歌赞）的声音。

㉗“云中”句：传说淮南王刘安修炼成仙，临去时，留有余药的药器放在院子里，鸡犬吃了，尽得升天，见《神仙传》。

㉘超奄：犹超忽，遥远的样子。

㉙杏坛：相传为孔子讲学处。杏坛人指儒家的古圣先贤。

㉚纪王城：在峄山南，俗呼纪王城，据考实为邾国故城。

㉛辇：本是人力推挽的车，秦汉以后特指帝后所乘的车。

㉜三迁：孟轲幼年，因住处靠近墓地，嬉游时“为墓间之事”。孟母遂迁至街市附近，又学“为贾人炫卖之事”。再迁至学宫旁，“乃设俎豆，揖让进退”。孟母曰：“真可以居吾子矣。遂居之。”见《列女传·母仪》。

㉝榛莽：芜杂丛生的草木。

㉞渰（yǎn）：通“淹”，云起的样子。晋张协《杂诗》：“凄风起东谷，有渰兴南岑。”

㉟绻缱：即缱绻，固结不解的意思。

咏　峄(二首)

谢肇淛

宿雨[1]初收曙色开,风吹双屐[2]上蓬莱。路行抵石常疑尽,峰势欺人直欲来。洞口药苗多似草,山头土茗绿于苔。白云宫[3]里朝元罢,一曲瑶笙百尺台。

仄径危梯信短筇[4],寒泉界破绿芙蓉[5]。空山尽日无啼鸟,涸涧千年有卧松。绝顶石崩时断路,半岩云起忽成峰。凭虚[6]便欲凌霄汉,咫尺天阍[7]不可从。

【简介】

原石刻已无存,载体形态及刻立年月无考。《峄山志》记载此诗之后附注:"石刻在峄山馆。"故知原有石刻。查作者谢肇淛是万历年间人,故知刻立时间当在此时或以后。

作者谢肇淛,字在杭,福建长乐人,万历二十年(1592)进士,历官粤西布政使。工诗文,善草书,著有《五杂俎》《小草斋诗文》等。

【注释】

①宿雨:隔宿的雨。周邦彦《苏幕遮》:"叶上初阳干宿雨。"

②屐:一种木底践泥的鞋子。此句按字面解也可,但也暗含两个典故,一为神话故事,东汉王乔为叶县令,有神术,常自县至京师,而不见车骑,临至,必有双凫飞来。人举网得之,则为王乔的一双鞋子。见《后汉书·王乔传》。一为诗人谢灵运的故事。南朝宋诗人谢灵运好游历,寻山登岭常穿木屐,屐底上有二齿,上山时去其前齿,下山去其后齿,叫作登山屐,见《宋书·谢灵运传》。

③白云宫:峄山上道观名。朝元:礼拜道教尊神。元指元始天尊。

④筇(qióng):一种竹子,名筇竹。可以作杖,所以又称杖为筇。

⑤"寒泉"句:峄山峰顶名五华峰,形似绿芙蓉。山泉从峰中流出,故说"界破绿芙蓉"。

⑥凭虚:亦作冯虚,倚托虚空。苏轼《前赤壁赋》:"浩浩乎如冯虚御风,而不知其所止。"凌:逾越。霄汉:高空。

⑦阍(hūn):门。

登峄山二首

魏应嘉

孤桐聊复[①]问山前，指点幽亭最上巅。岱岳东连云欲雨，徐方[②]南望柳含烟。羊车尚篆秦碑字，鹫岭[③]惟余火宅[④]莲[⑤]。一亩[⑥]清泉如令尹，惠鲜今喜见尧天[⑦]。

其　二

来游曾似卧游[⑧]前，感慨停车仰绝巅。焚劫灰余仍贼垒，流亡壁立少炊烟。农功几处落青草，妖教谁传满白莲[⑨]？一正[⑩]人心邪说息，七篇[⑪]仁义本中天。

【简介】

石刻现嵌孟庙致敬门内东墙上，高 64 厘米，宽 96 厘米。四周有框线，框线内刻字部分 53 厘米，宽 88 厘米。楷书，满行 12 字。刻立时间在“天启岁次癸亥”，当明熹宗天启三年(1623)。

作者魏应嘉，字宾吾，江苏兴化人。万历三十年(1602)进士，历官河南府推官，兵、刑、吏科给事中，主内计，升太常卿，曾代祭孟庙。后又任大理、太仆卿，天启年间官至兵部左侍郎。

按：有的资料把本诗作者录作“魏应嘉、毛芬”二人，似不确，理

登峄山二首

由如次:署名部分称“天启岁次癸亥仲夏望日,兴化魏应嘉同邹令毛便登大峄步韵”。全是魏应嘉一人语气。于“邹令毛”下空一格讳其名,表示客气和尊重;“步韵”并未说明步何人韵,因此容易误以为每人一首。但细绎内容第一句“一畝清泉如令尹”,县令不应如此自我吹捧,第二首“来游曾似卧游前”也不是东道主语气,据此,此处认为此二诗作者为魏应嘉一人。

【注释】

①聊复:暂且。

②徐方:本是古族名,也称徐夷或徐戎,属东夷之一。夏至周分布在淮河中下游。周初建立徐国。周敬王八年(前512)为吴国所并。此处泛指淮河中下游那片地方。

③鹫岭:即灵鹫山,在中印度,为佛陀说法之地。所以即以鹫岭借称佛地。

④火宅：佛家比喻烦恼的俗界。人有情爱纠缠、如居火坑之中。《法华经·臂喻品》："三界无安，犹如火宅。"

⑤莲：莲花是佛教的象征物。《佛说阿弥陀经》："池中莲华，大如车轮，青色青光……"所以以"九品莲台"喻指西方极乐世界。此处以几个佛教典故描述峄山莲池。

⑥歃：用嘴吸取。

⑦尧天：比喻理想中的太平盛世。

⑧卧游：以欣赏山水画代替游览。

⑨"妖教"句：指白莲教，一种秘密宗教组织，起源于宋代。元明清三代常作为组织农民斗争的工具。明代闻香教即其支派，作者作此诗的前一年，教军曾劫掠邹县。此句即指白莲教祸邹之事。

⑩"一正"句：《孟子·滕文公下》："我亦欲正人心，息邪说……"此句本此意。

⑪七篇：指《孟子》一书。中天：天之正中喻极盛。

道经峄山歌

钱达道

吾家近姑苏[①]，虎丘[②]岝崿[③]足游娱。吾官向东剡[④]，天姥[⑤]石城常在眼。一从移宦入曹南[⑥]，曹多平土无嵁岩。等闲不得豁吟眸[⑦]，怅怅令人忆旧游。今朝忽走兖东道，遥见峄山插天表。层层突出绿芙蓉，暖翠晴岚正缥缈。千岩万壑斗玲珑，鬼斧削成何太巧。对峙休夸岱岳尊，回瞻乍觉龟蒙小。舆人且放舆行迟，好遣双眸得暂饱。却恨名山隔咫尺，欲到绝巅犹未得。山灵应解笑人忙，征衣常带风尘色。何年不受簿书[⑧]羁，忽忽云中荐双舄。万仞峰头一振衣，狂歌叫破秋天碧。南望吴山与越山，胜游随地无今昔。峄阳自古产孤桐，斫为绿绮[⑨]谐商宫。峄山仙吏王乔子，鸣琴与我气味同。倘得良材须把赠，共期舜殿歌熏风[⑩]。

【简介】

峄阳书院有残石一块，呈三角形，一边为原石的上边，长52厘米，其余两边分别为59厘米和49厘米，存全字56个，有“千岩万壑斗玲……”“回瞻乍觉龟蒙小”“……且放舆行迟，好遣双眸得暂饱，却恨名山隔咫……”等完整或不完整的句子，知是本诗。按：《峄山

道经峄山歌

志》载有此诗，但未说明有石刻。有此残石为证，知有石刻，乃据《峄山志》录出全诗。

残石中“且放”至“双眸得”是完整的一行，可看出石高45厘米，每行10字。按此计算，全诗234字，加上题目、署名当有字26行，刻石应宽130厘米以上，当是横长的嵌壁诗。

作者钱达道，字培垣，吴(今苏州)人。明万历年间曾任曹县知县、沂州知府。著有《虞山图记》。

【注释】

①姑苏：山名，在苏州市西南，故又为苏州市的别称。

②虎丘：山名，在苏州市西北。

③岝㟧(zuò è)：山深险貌。嵇康《琴赋》：“互岭巉岩，岞㟧岖崯。”

④东剡:浙江剡溪为曹娥江上游,在嵊州市境内。东剡泛指剡溪、曹娥江游域一带。

⑤天姥:天姥山,在浙江嵊州市、新昌县之间。石城:疑是“赤城”之误。李白《梦游天姥吟留别》有句“势拔五岳掩赤城”,赤城也是山名,在浙江天台县北。如是“石城”,作形容词用是坚固的城,作地名用有三处,一在安徽,一在江西,一在广东。又南京别名石头城也可简称石城,诸解皆与本诗此处用法无关。

⑥曹南:今菏泽一带。

⑦吟眸:指诗人的视野。元范康《竹叶舟》第一折:“暇日相携登眺,凭高处共豁吟眸。”

⑧簿书:公文。

⑨绿绮:古琴名。傅玄《琴赋序》:“中世司马相如有绿绮,蔡邕有焦尾,皆名器也。”后用为琴的代称。商宫:音阶名。中国的五声音阶是宫、商、角、徵、羽。后遂以宫商作为音律的代称。

⑩熏风:初夏时的东南风。又舜帝时歌名,相传舜作五弦琴,歌《南风》。

赋得玉井分香，次左丞钱玉卿韵

玉井①移来十丈莲②，嫣然③独托碧山巅。灵根远地茎氛少。芳蕊接天雨露偏。沥沥鸣泉云外落，郁郁清馥谷中悬。年来空有登临约，何日携尊一醉眠。

鲁郡朱颐墉

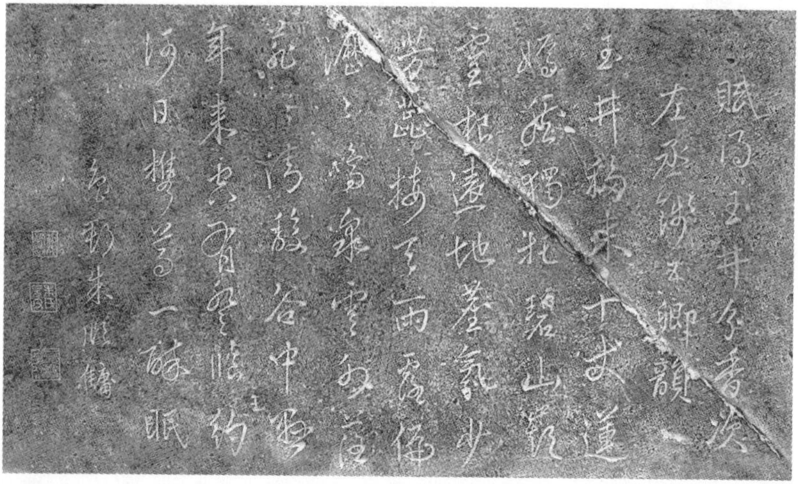

赋得玉井分香，次左丞钱玉卿韵

【简介】

刻石在玉井分香处，高39厘米，宽70厘米，应是嵌壁诗刻石。按作者生活年代推算，当刻立于万历年间。行草书，题占两行，诗句每句一行，共8行，末行署名。石右上斜着断裂又嵌合揭拓。裂痕由首行题目的最下一字把“香”与“次”二字分开，斜上至第五句诗文的第一字。

诗作者朱颐壗，字冕甫，明宗室，鲁王朱檀八世孙，封安丘镇国将军，著有《市隐堂集》6卷。诗题中提到的“钱玉卿”不知是何人。

【注释】

①玉井：古代传说中华山峰顶玉井产莲。

②十丈莲：佛教常以莲花为象征物。《佛说阿弥陀经》：“极乐国土，有七宝池……池中莲华大如车轮，青色青光……”所以佛座叫“莲台，”佛寺称“莲宇”，净土宗也叫“莲宗”，有佛经名《妙法莲华经》。此取其义。

③嫣然：笑容美好，此指花美。

玉井分香

朱颐埰

万仞峰头十丈莲，峄山疑是华山巅。香通曲窦凌风远，色借朝霞映日偏。种种灵根①石上出，田田②清影镜中悬。吾生最爱寻山隐，安得诛茅此地眠。

【简介】

此石刻原在“玉井分香”处，与前题并列。但此石现已不存，故其载体形态已不可知。此诗作者的生平未查到，考此诗与前题所咏的题材相同，韵脚相同，显系步音韵和之作。作者与前题作者行辈相同，名字用字都是“土”旁，与明代宗人府为宗室取名按五行偏旁的规定符合（其上一代“观”字辈，名字取“火”旁，取“火生土”之义），故知二作者当是兄弟，二诗当作于同时。

【注释】

①灵根：本指佛教修行的慧根，因莲花是佛教的象征物，故称其根为“灵根”。

②田田：荷叶相连的样子。古乐府《江南曲》：“江南可采莲，莲叶何田田。”

登峄(外二首)

陈伯友

石势参差[1]乱若棼,何年层累接重云。笙箫响入诸天[2]落,日月光从万窍分。风雨曾回秦帝辇,楸松不改纪王坟[3]。仙人遗址今何在？荒草空余麋鹿群。

宿弥陀庵夜雨

半夜吼风鸣万壑,一天细雨洒千村。闭门拥榻禅关[4]后,不耐孤灯浊酒尊。

耽往事

忆昔登临已十秋,曾因风雨半山留。重来风雨如前度,应是山灵妒我游。

甲寅十月之四日游峄山,感而赋此。

济上陈伯友。

【简介】

据《峄山志》录入,原刻石年代及载体形态不详。总题下括号内之“外二首”是注释者加的。

作诗者陈伯友,字仲怡,济宁人。明万历二十九年进士,历任太常寺卿等职。天启四年,因弹劾权阉魏忠贤而被褫职。崇祯初卒。

【注释】

①参差:长短高低不齐,不一致。棼:纷乱,形容词可以动用。如《左传·隐公四年》:“犹治丝而棼之也。”

②诸天:佛教认为宇宙是三界二十八天,即欲界六天,色界十八天,无色界四天。所以称“诸天”。

③纪王坟:原来峄山上有纪王坟,后经考证,应是郳子墓。郳国为邾所灭,郳子入邾,死葬此山。所以嘉靖四年《邹县地理志》称纪子墓在“峄山之巅”,万历三十五年《邹志》便改称“殆郳子也”。

④禅关:禅门。唐李白《化城寺大钟铭》:“方入于禅关,睹天宫峥嵘,闻钟声琐屑。”

重修金线庵记

工竣，征文于余，以垂永久。余因瞻仰遥观之下，但见奇峰列穹，垂岩夕秀。唐口、牙山，联络北映；坐下重岭层溪，夹照拱翠。深洞鸣泉，或如重门幽室，或如玉振金声[①]。瀑布声聒，或如龙吟虎啸，或如钟鼓雷霆。允[②]为神明之府也。徘徊不忍去，遂挥笔以为碑载。

【简介】

碑在金线庵。高168厘米，宽69厘米，无额，顶端20厘米以上缩窄成菱形。顶端方框中竖行刻“大明”二字，篆书，字径7厘米。碑顶方框周围及碑四周边框刻云水纹、几何图形纹等，纹饰凌乱。碑体右题目两行，楷书碑文14行，末行题“崇祯三年岁次庚午孟春望日，曲阜后学刘谦谨沐手焚香叩撰”。

碑文字迹模糊不可辨认，《峄山志》仅录结尾一段，此处只得照录。崇祯三年为1630年。不著书写人姓名。撰文者刘谦，身世不详。

【注释】

①玉振金声：《孟子·万章下》：“孔子之谓集大成。集大成也者，金声而玉振之也。”金指钟，玉指磬，此用以形容鸣泉声。

②允：诚然，实在是。

重塑黑石棚三元行宫碑记

抱朴子[①]曰：凡□道□药避乱隐居，莫不入山。山无大小，皆有神灵。山大则神大，□□斯□不爽[②]。邾之南有峄，其脉发自昆仑，而钟灵防龙[③]者也。灵岩互峙之北，足启伏□盟，而有牙山者连接纪河岳。谷中风□□，涧底水潺潺，千崖万壑，有一石棚，尘埃滚滚，人难□□□□□□神惊。山之左、之右，老者少者。览胜寻芳，异景动游人之魂。贤豪隐迹，落英□□，遂建三元神相□□兹棚，其来远矣。而今复兴斯役，焕然一新，但见南近灵岩[④]，北临岱岳，东通海峤[⑤]，西接□□。山之顶，似有楼观峥嵘。山凹里，有涧泉之□涌。嵯峨怪石，檠秀乔木，百般果品。□□之□□□，往来如蚁如阵□□，香烟□碧汉。众虔告诚，□记岁时云尔。时崇祯九年三月吉日立。（以下题名不录）

【简介】

碑在牙山。高158厘米，宽69厘米，方头无额。顶竖刻篆书“大明”二字，字径8厘米，边框2厘米刻连枝纹。碑左刻碑文（包括题目）8行。9行中一个“时”字，提行刻年月。其左题名11横列，每列18~20人。首列名上有“社首”“乡者”等名目。文题中的

“黑石棚”当是牙山上地名。

崇祯九年为1636年。

【注释】

①抱朴子:道书名。东晋葛洪著,分内外篇。内篇二十卷,论“神仙方药、鬼怪变化、养生延年,禳邪却祸之事”。外篇五十卷,论“人间得失,世事臧否”。反映了作者外神仙而内儒术的根本立场。亦可作人名解,《抱朴子·登涉》:“或问登山之道。抱朴子曰:‘凡为道合药及避乱隐居者,莫不入山。’”

②爽:差,失。

③防、龙:皆山名。防山在北,属曲阜市;龙山在南,属滕州市。

④灵岩:指峄山,因峄山神封灵岩侯。故称。

⑤海峤:海中的高山。

登峄遂咏(十二韵)

李长春

苍然平楚①眺,忽漫拥崔嵬。拔地孤根出,摩空峭壁开。悬岩虬②磴折,幽壑鸟声回。山势双莲叶,河流一酒杯。石疑星错落,桐与世摧颓。白觉秋云过,青连岱岳来。玲珑窥玉洞,突兀依丹台。浩气浮烟外,凉飔③落水堆。携壶④穷岛屿,题句遍莓苔。已拟层巅陟。那禁夕照催。褰帷⑤临峄路,掉臂⑥隔天台。明发登三观⑦,迢迢首重回。

【简介】

刻石已无存。《峄山志》记载此诗之后附注:“石刻在弥陀庵左。”故知原有石刻,乃就文献录出原诗。但《峄山志》中只著“前明”,未著刻立年月,亦不详作者身世,无法确定其刻立年月,故次序姑且附于明代之末。

李长春,四川富顺人。万历年间曾任国史馆修撰。

【注释】

①平楚:楚是丛木。登高远望,见树梢齐平,故称“平楚”。谢

朓《郡内登望》:"寒城一以眺,平楚正苍然。"这句依稀从谢诗中化出。

②虬:古代传说一种无角的龙。虬磴:形容石磴像虬龙一样蜿蜒曲折。

③飔(sī):凉风。

④携壶:传说东汉费长房见一老翁挂着一把壶在卖药,卖好药后就跳进壶里。第二天,费去拜访他,和他一起入壶,但见房屋华丽,酒菜丰盛。费于是向他学道。事见《后汉书·方术传下·费长房》。后以"携壶"指行医。

⑤帷:帐幔,此指车窗上的帷幔。

⑥掉臂:甩臂膊,形容不顾而去。《史记·孟尝君列传》:"日暮之后,过市朝者,掉臂而不顾。"

⑦"明发"句:明天早晨从三观出发。三观指山中道教宫观,具体不知是哪三观。

重建三元宫记

鲁境内之山，峄亘古称最。其景象之盛衰，每随沧桑为变换，所从来久矣。迩来刹宇尘埋、泉林荆榛者，岂无故哉！正时势使然，夫何足异？所恃以整旧为新、饬败为成者，实存乎其人。今胡君元玉重建三元宫，此不可不记也。

宫在源头活水[1]之阳，久成败址。胡君纠集同人季起邢君、乾之宁君、住持邵清安而同建之。不惟重建，且上尊圣父、圣母，隅列三藏禅师[2]，俾父子兄弟，雍熙[3]一堂，创中外所仅见，厥[4]功懋哉！所谓存乎其人者，非君其谁与归！其工开于甲寅[5]之孟秋，告竣于丙辰之仲冬，顿使轮奂[6]聿新，圣容庄严，复当年胜概。是非其人之多觏者欤？尤有望焉。

宫之上不数武[7]，又有峄阳孤桐及宣尼读书处，久成败址。兹举既竣，倘有再为倡率者，赞襄胡君等，咸重理之，庶几峄阳一片地，不更完美且都[8]乎！是所望于后之信善者。

【简介】

原碑已无存，载体形态亦无考。《峄山志》“三元宫”条下记载：“康熙十五年岁次丙辰，胡元玉重建，后学宁邃儒记，刻石勒壁。”未记书写人姓名。康熙十五年为1676年。此据《峄山志》所载之文录入。

撰文人任邃儒身世无考。

【注释】

①源头活水：峄山上景点名。

②三藏禅师：三藏是佛教经典的总称，佛经分经藏、律藏、论藏三大类。由此对通晓三藏的僧人称为“三藏法师”，但不称“三藏禅师”。因禅宗讲顿悟，不立文字。不知重建的三元宫大殿的角落里供奉的是哪位“三藏禅师”，按说民间误把“三藏”当作了玄奘的专名，于是，所供奉的玄奘则更属荒谬，玄奘创法相宗，与禅宗没有关系，更不能称“禅师”。道教庙宇供奉佛教人物已属荒谬，尚不仅如此，连上句“上尊圣父圣母”也是荒谬的，按“三元”单从道教角度说有二义：①《云笈七签》卷五十六：“夫混沌分后，有天地水三元之气，生成人伦，长养万物。”是称天、地、水为三元；②《云笈七签》卷十一：“上睹三元如连珠。”注：“三元，谓三光之元，日、月、星也。”是称日、月、星为三元。此“三元”不论是哪个三元，都没有圣父，圣母、即便编造个神话的圣父、圣母，也不应是“三元”共同的圣父、圣母。明清以降，道教衰落，沦为民间愚夫愚妇的迷信，由于文化的缺失，基本教义都分辨不清了。

③雍熙：和乐升平。汉张衡《东京赋》：“百姓同于饶衍，上下共其雍熙。”

④厥：其，他的。

⑤甲寅：推算当在康熙十三年(1674)。

⑥轮奂：形容房屋高大众多。《礼记·檀弓下》：“美哉轮焉，美哉奂焉。”郑玄注：“轮，轮囷，言高大；奂，言众多。”

⑦武：步。

⑧都：美盛，漂亮。《诗经·郑风·有女同车》：“洵美且都。”

重修弥陀、地藏、十王大殿碑记

闲尝传观天下，流览斯世，人品贵贱者不可胜数，求一让善不伐善[①]者，有之乎？曰："无有。"求一忘功不夸功者有之乎？曰："无有。"求一听福自至不邀福于鬼神，每存正大心，行光明事，积阴骘[②]与子孙者，又有之乎？曰："无有。"适于东峄之南，见有诗书礼义人家，号乐轩、讳刘耀者，质性朴略，忠厚极矣，虽年至耳顺[③]，犹保先天孺慕[④]真心弗失焉。惟其真心弗失，所以于神不敢或欺之。闻之此山显灵庵观寺院七十有二，遇春秋，则往来官长、士、农、工商行善者咸集，如云而生涯者。烟火万家，其壮峄之观也何如！且也遐迩香客，或善或恶，至此地，毫不可掩，而是非自道真情矣，其神感之灵也何如！至如最灵者，莫如弥陀[⑤]、地藏[⑥]、十王[⑦]。居中答南，庇佑四境，灵如影响，赏善罚恶，秉公端方。甘雨细风，均调阴阳，解厄消难，拔苦除殃，此弥陀、地藏、十王之□灵昭昭也。时因古迹残坏，而心慨然，发愿两次重修之。凡人革旧从新，一修且难，况修之再乎？殷富且吝，况贫而驽力独勉乎？非邀福也，观其贵子贤孙，振振绳绳[⑧]，麟凤[⑨]者半，□□者半，何莫非鬼神默佑之所感也耶？何莫非阴骘善行之所致也耶？今重修工告成矣，群相归其劳曰："非耀之力不及此也。"耀辞而弗受。众恐泯耀之善，无以兴后世好善者之心，不得不勒志于碑，愿垂万古不朽云。

兖郡滋庠后学弟子马允恒沐手涤心顿首谨撰书写。（以下题名不录）

康熙十六年岁在丁巳四月初夏吉旦立。

重修弥陀、地藏、十王大殿碑记

【简介】

碑在峄阳书院。刻立于清康熙十六年（1677）四月。碑高187厘米，宽66厘米。无碑额。碑顶作菱形，楷书“大清”两字。其下刻二龙戏珠花纹，宽6厘米。再下方是碑文，楷书，10行，满行56字。其左撰书者，题名一行，年月一行。撰书者题名及年月中间上截刻重修者刘氏一家三代题名，下截刻僧人及善信募赀立碑者题名，行数及字数不一。左右及下边框刻青莲花纹。

此碑与其他重修碑不同之处，是刘氏一家独自出资两次修复了以上的建筑。又有善信人等出赀刻碑以表彰刘氏重修的功德，所以文中称颂刘氏不夸功、不伐善、不邀福的品性。

撰书者马允恒身世无考。

【注释】

①伐善：夸耀自己的长处。《论语·公冶长》："愿无伐善，无施劳。"

②阴骘：本意是暗中安定之意。《尚书·洪范》："唯天阴骘下民。"意谓上天默默地安定下民。后渐转为"阴德"之意，即暗中有德于人的行为。

③耳顺：六十岁。《论语·为政》："六十而耳顺。"

④孺慕：《礼记·檀弓下》："有子与子游立，见孺子慕者。"此指幼童对亲人的思慕。后引申为仰望敬爱之意。

⑤弥陀：阿弥陀佛的省称。"阿"，梵文音译"阿弥陀婆佛陀"的略称，意译为"无量光""无量寿"。大乘佛教的佛名。他是西方"极乐世界"的教主，为净土宗主要信仰的对象。佛经说此佛于过去世为菩萨时，名为法藏，曾发四十八愿，长期修行，成为佛陀。在寺院的佛像中，常与释迦、药师二佛并坐，成为三尊。有《佛说阿弥陀经》，为净土宗重要经典。

⑥地藏：梵文"乞叉底蘖婆"

的意译。佛教大乘菩萨之一。佛经说，他是释迦灭后至弥勒出现之间，现身六道，救度天上以及地狱一切众生的菩萨。认为他像大地一样，含藏无量善的种子，故名“地藏”。有《地藏菩萨本愿经》介绍地藏菩萨，并集中表达了佛教的地狱观。于是地藏成为冥世的总教主。

⑦十王：即十殿阎王。“阎王”一语来源于梵语“焰摩罗王”的汉译。本是印度大神之一。本意是幽冥界之王，谓能判人生前功罪，施以赏罚。中国佛教典籍有《释门正统·利生志》记载十殿阎王之名为：一、秦广王；二、初江王；三、宋帝王；四、伍官王；五、阎罗王；六、变成王；七、泰山府君（也称泰山王）；八、平等王；九、都市王；十、五道转轮王。十王分居地府十殿，故名十殿阎王。

⑧振振绳绳：《诗经·周南·螽斯》首章：“宜尔子孙振振兮。”次章“宜尔子孙绳绳兮。”集注：“振振，盛貌。”“绳绳，不绝貌。”

⑨麟凤：麟和凤都是传说中的珍异动物，因此用以比喻品格高尚的人。杜甫《幽人》诗：“麟凤在赤霄，何当一来仪。”

创建观音三圣堂记

余尝读史，见夫混沌初分之后，其风朴略，民自耕田凿井而外，不识不知，忘帝力[①]于何有，不知所为善也，何有于恶？是故神圣之君，继天立极，无为而天下治。猗欤休哉[②]！何风之隆与！嗣是而风不古若，奸淫渐起。虽有告谕之文，不能以格[③]其心；刑罚之设，莫能以惕[④]其志。先王于此设神道以教[⑤]，天下靡然向化。由是上自国中，下至闾巷，莫不建祠以警心目。

我邾为礼义之邦，孔孟之外，非儒者所乐道。然邑治之阳，有山曰绎，玲珑耸翠，而涧水细流，诚一方之巨观也。旧有七十二庵观，因兵火圮坏，所存无几。有王门邵氏，善念油然，于二郎宫之左，名曰对仙楼，不惟因石棚而功成易，亦且孔固而耐久，于是创建文殊普提堂而肖像焉，金像森严，焕然可观。工竣，属予为记。

予因固陋不文，尝观之《观音经》[⑥]，有曰观音者，观世之声音，而救苦解难者也。夫人之建祠与设醮，不过为祈福而然。不知人当危急之际，而望救之念较之望福之念而倍切。兼且慈航[⑦]普度，济群生于道岸[⑧]；现身说法，觉痴速于梦初。揆[⑨]之先王神道设教之念，可谓无负矣。是岂无益于世，而以淫祠[⑩]论者，可同日语哉？是为记。

【简介】

原碑已无存,载体形态已不可知。《峄山志》在“观音洞”条下记载:“康熙二十一年创建,有记,古邾庠生潘金撰并书。”此据文献收录原文。刻立时间为1682年。

撰书者潘金,邹县唐村镇人,其他身世无考。

【注释】

①忘帝力:相传帝尧时,一老者边击壤,边唱道:“日出而作,日入而息,凿井而饮,耕田而食,帝力于我何有哉?”后用为歌颂太平的典故。

②猗欤:叹美之词。休:喜庆。

③格:纠正。《孟子·离娄上》:“惟大人为能格君心之非。”

④惕:敬畏,戒惧。

⑤神道设教:《周易·观卦》:“观天之神道,而四时不忒,圣人以神道设教,而天下服矣。”后指假托鬼神之道以治人。

⑥观音经:佛藏中无此经名。记述观音寻声救苦功德法力的经典是《妙法莲华经·观世音菩萨普门品》。下文“观音者”云云也不是佛典中原文。

⑦慈航:佛教语。谓佛、菩萨以慈悲之心度人,如航船之济众,使脱离生死苦海。南朝梁萧统《开善寺法会》诗:“法轮明暗室,慧海度慈航。”

⑧道岸:佛教语。菩提岸:彻悟的境界。明沈鲸《双珠记·元宵灯宴》:“道岸先登,天街思陟。”

⑨揆:揣测。

⑩淫祠:不在祀典的祠庙。

登峄二首

高其任

路入峄源花满山，遥瞻殿阁在云烟。层层洞底皆通径，个个山头都有泉。闻道五华方是顶，谁知一线又逢天。登临已尽犹余兴，好趁清秋月下还。

峭壁连云探海峤[1]，如堆如砌叠层霄。须从地穴翻身出，便是天空绝顶饶。步到[2]源头寻活水，行来片石憩仙桥。当年小鲁[3]应难尽，一望苍茫万里遥。

【简介】

原石刻已无存。《峄山志》记载此诗后附注："康熙甲子初秋，石刻在灵岩阁东壁。"故知原有石刻。乃依文献录出原诗。载体形态无考，刻立年月当康熙二十三年(1684)。

作者高其任，清初辽东人，镶白旗例监。康熙年间曾任滋阳知县，康熙二十九年人湖南衡阳知县。

【注释】

①峤(qiáo)：高山。峄山上有"探海石"景点。

②“步到”以下两句:“源头活水”“憩仙桥”都是峄山景点。

③小鲁:峄山上有景点“小鲁台”,取《孟子》“孔子登东山而小鲁”之意。

陈三公驾鹤碑记

往余尝为峄山游，披览上下，磊磊落落，意必有隐君子者，生于斯，终老于斯，乃见地灵人杰，相得益彰云。访诸故老，不少概见，未尝不叹高人伟士，盖其难也。

越一年，适有客来，谒余而请曰："吾社陈君，逝于峄山之阳。同人异其事而立石焉。愿有记。"余曰："嘻！往余所谓地灵人杰，相得益彰，其在斯乎？其在斯乎？"客曰："唯唯否否[①]。君之先，河南陈州[②]人也，一迁于青齐[③]，再迁于东原[④]。及君之身，尚义气，重然诺，乃吾乡慷慨君子耳。于峄山乎何有？"余曰："嘻，如所云云，陈君诚高人伟士矣。即不必生于斯，长于斯，而一旦凭临，飘然长逝，吾知君之名将与山并高，君之神将与山俱永，徜徉烟霞，俯视一切，宁非地灵人杰、相得益彰者哉！"客喜而笑曰："是可以志不朽矣。"因为余备道其详，遂濡毫书之曰：

陈君者，名力，字抒荩。补弟子员。家州治西四十五里戴家庙风子里。春秋七十八祀，遐年于康熙二十九年庚午三月初九日。丕承厥绪者[⑤]，州庠生其开，乃其承嗣[⑥]曾孙也。

【简介】

原碑已无存，载体形态已不可知。《峄山志》在“陈三公驾鹤碑”条下记载：“……碑阴刻‘东原陈三公驾鹤处’八字。黄山郭峤锐瞻撰记。”此据文献收录原文。未著书写人姓名，亦未著刻立时间。文中称其人死于“康熙二十九年庚午三月初九日”，康熙二十九年为1690年。此碑刻立当在此时以后不久。

撰文者郭峤，字锐瞻，身世无考。

【注释】

①唯唯否否：形容虚与委蛇，一味顺从。多用于应对。《史记·太史公自序》：“‘夫子所论，欲以何明？’太史公曰：‘唯唯，否否，不然。’”

②陈州：在今河南淮阳。

③青齐：青州在今山东益都，齐州在今济南，自宋时已升为济南府。山东古代属于青州。

④东原：古地区名。《尚书·禹贡》：“东原底平。”郑玄注：“即今东平郡地。”相当于今山东东平、汶上、宁阳一带。后文“家州治西四十五里……”算是古东原地。

⑤丕：语助，无义。承：继承。厥：其，他的。绪：前人未竟的功业。《诗经·鲁颂·閟宫》：“缵禹之绪。”

⑥承嗣：过继。

重修长生观记

幼读孟氏书，至“孔子登山小鲁”之句，未尝不掩卷兴叹曰：“甚哉！道之大也；甚哉！山之高也。”虽然，特心知其高，而未亲见其高也。闲尝携一二金兰[1]，握手登之。缓步徐行，层叠而上，遥望怪石岩岩，古松苍苍，恍若身入画图也。信步升高，攀崖而进，履巉岩，跨危壁，至孔子小鲁处，飘飘乎如际天半。仰视日近，俯视云低，益信登山小鲁之说为不诬。未几，风声鹤唳，虎啸猿啼，予亦悄然而悲，肃然而恐，凛乎其不可久留也。既而转盼山阴，见夫巨石嵬峨，峭然壁立，峦出层层，险然如坠，矗不知其几千万状。

予穿林而下，满目荆棘掣我衣裳。幸得徐步缓解之法，亦无甚碍。行不数武，有祠翼然立于岩谷者。远而望之，渺乎其小也；近而即之，颓乎其坏也。复闻犬吠山应，鸡唱谷答。见一道士自洞中来，羽衣翩跹，曳杖逍遥，欢迎道左，揖予而言曰：“此老君炼丹处也。遗像犹存，曷往观乎？”于是历土阶，启石门，登堂拜谒。第见皓然以白者，须发也；温然以和者，童颜也。乾坤在身[2]，如意[3]在手，端然以临，恭然以持者，仙服与仙珍也。因念五行生克[4]，功业媲美东鲁；修真养性，道德堪比西天。徘徊久之，不忍遽去。第[5]殿宇不光，法像弗新，不禁目击而心怆矣。

归而谋诸戴庄里人曰:“峄,天下奇观也。老君炼丹峪,尤峄之胜境也。迄今庙貌无色,云胡不修?”闻者欣然,佥曰:“唯唯。”[⑥]遂结社积赀,纠工庀材。庚午[⑦]春,大兴土木,易颓垣断壁,而为峻宇雕墙;去旧像陈迹,而为璀璨陆离[⑧]。且仍其故址,不敢有狭小前人之意;增其丹雘[⑨],适足媒启后为善之心。功成告竣,里人造予馆而求文。予自揣固陋,何能文之与有?无以,因述所见,以供有识者之一笑云。

【简介】

原石已无存,载体形态已不可知。《峄山志》在“长生观”条下记载:“国朝康熙二十九年重修,立石于殿内西侧。峄山散人刘禹声记。”今据文献收录原文。刻立时间为1690年。

作者刘禹声身世无考。

【注释】

①金兰:好朋友。《周易·系辞上》:“二人同心,其利断金;同心之言,其臭如兰。”

②乾坤在身:此处“乾坤”指绣着八卦图的道袍,故云“在身”。

③如意:本是器物名,梵语阿那律的意译。原是古印度人用以搔痒之物,随佛教传入中国,演变为一种玩赏之物。曲柄长二三尺,顶端作芝形,可镶金玉。按道人手中所拿乃是如意珠,即念珠,此处作者把如意与如意珠混淆了。

④五行生克:五行指金、木、水、火、土。古代思想家以日常生活中常见的这五种物质来说明万物的起源和多样性的统一。用这五种物质的相生相克说明万物的变化。五行相生指木生火、火生土,土生金,金生水,水又生木;五行相克指木克土,土克水,水克火,火克金,金克木。

⑤第:但是。

⑥唯唯:恭敬的应答声。楚宋玉《高唐赋序》:“王曰:‘试为寡人赋之。’王曰:‘唯唯。’”

⑦庚午:此庚午当清康熙二十九年(1690)。

⑧璀璨:光辉灿烂。陆离:此指美玉。

⑨丹雘:红色的涂漆。

创修灵官殿记

尝考《邹志》云：古邾依峄为屏。是峄山者，吾邑之大观[①]也。其上有玉皇殿，丹楹刻角，金碧辉煌。此固万姓之所皈依[②]，四方之所永赖者矣。然而察奸邪，护善良，搜山巡逻，为神之最显者，则莫如王灵官[③]，则灵官之庙，又何可不立乎？

有善人杨姓者，幼年出家，法名元丹，开山之始，即立志苦修，牵铁锁，焚顶踵[④]。山顶大工十余处，皆有碑纪其功。又思山下盘路口为四方萃聚处、进香必由之径，发愿修一灵宫殿，自出赀财，不事募化，将兖州府祖产活典[⑤]于人，雇工修造。台基已成，不幸而元丹死矣。其妻任氏，素性好善，与其养老婿戴太兴计曰："夫既死，其工未成，不可令吾夫有为善不终之恨。吾与若[⑥]当继其志焉。"遂将活典于人之田园而竟卖之，鸠工庀材，匝月[⑦]告竣。此康熙十一年[⑧]事也。彼时即欲勒碑记事，不幸而太兴又死。止有任氏与其外孙戴清海，茕茕[⑨]孤立，势不能办，因而中止。今其外孙戴清海已成立，任氏年逾八旬，日侍灵官香火，竭力制碑以纪其事。非曰彰己功也，庶使天下后世，至斯地而登斯殿者，知此殿创始于何日，不得无端觊觎[⑩]云。

【简介】

原碑已无存,载体形态已不可考。《峄山志》在"下灵官殿"条下记载:"康熙十三年创建。康熙三十一年壬午孟春立石。生员王雷记,任尚礼书。"此处据文献收录原文。刻立时间为1692年。

撰书人身世皆已无考。

【注释】

①大观:壮观,丰富多彩的景象。范仲淹《岳阳楼记》:"此则岳阳楼之大观也。"

②皈依:与"归"同义。皈依本是佛教名词,是佛教信仰者的入教仪式,因对佛、法、僧三宝表示归顺依附,故亦称三皈依。道教亦搬用,只是归顺依附的意思,已不包含仪式的内容。

③灵官:道教神仙名。初见于班固《汉武帝内传》:"昔以(元都阿母)出配北烛仙人,近又召还,使领命禄,真灵官也。"后来民间信仰附会为巡防守护之神,姓王。

④牵铁锁、焚顶踵:修苦行的一些方式,牵铁锁是披枷戴锁,自我囚禁,焚顶踵是在头顶上用香烧和燃指等。

⑤活典:从前一种转让使用权的典卖方式。将土地、房产以一定代价转与买主在一定期限内耕种、使用,满期以后可由卖方取赎。无力赎回的可由买方加价转成"死契",即把全部产权卖与买方。

⑥若:你。

⑦匝月:满一月。

⑧康熙十一年:1672年。

⑨茕茕:孤单无依。

⑩觊觎:非分的希望或企图。

野店村进香三年圆满碑记修醮三年

邹邑城东南二十里，古有牙山一座。上有混元洞[①]，洞内□混元正尊、侍御二刻真人。屡遭荒歉频仍，更罹兵火，规模□□，金身□□，像貌无光。野店邵起旺向山访道，方至此洞，目睹不忍，志约心□身居伴本村，复约善社一道，积聚钱粮。先进旗幡仪仗，□□挂招示众。目今重修，金壁辉煌，大牙增色。连岁醮祭，□□□□□瞻仰。遥观□□□□，奇峰列空，千岩多秀。南联大□□□□□，重岗层峦，峡□□翠，□动泉鸣，或如重门幽室，或如玉□金□，或如龙吟虎啸，或如钟鼓雷霆，允为□盟之□也。或仍旗□□高以□，仙家之洞天，迥出寰宇。□□不忍□□，挥笔以为碑载也。大清康熙四十二年岁次癸未中浣之……

【简介】

碑在牙山东部半山腰。碑高105厘米，宽50厘米，圆头无额，顶端竖行楷书“大清”二字，字径10厘米，周围刻云龙纹。边框宽5厘米，刻云水纹。碑体刻楷书碑文10行，其左为男女善信题名，大多不可辨识。末行刻年月。文笔及字迹均俗拙，纯民间所为。此碑人为破坏较重。

野店村进香三年圆满碑记

清康熙四十二年为 1703 年。

【注释】

①混元洞:牙山上洞穴名。混元是道教认为天地初生时的状态,所以下文“混元正尊”或称“混元老祖”,是比三清更古老的尊神。

登峄山记

朱彝尊

峄山上下皆积石，间不容趾。小若拳，大若堂房，若良工巧运，而惊涛骇兽之突于前也。山远近草木不殖，然峄阳孤桐载于《禹贡》。岂以其生之不易，故贵之与？[①]石质粗恶，游者镵姓名于壁，未及百年，辄漫漶磨泐[②]，不可辨识。李斯篆其不存今，宜也。按《诗》言"保有凫绎"，释者谓"绎"与"峄"同。凫山在今峄县[③]，县虽以峄名，山去县二百里，在邹县之南。杜预[④]以为在邹邑北，盖邹治之徙久矣。

山径块圠[⑤]，无燕憩[⑥]之所，以是游者特少。然升高望远，风樯烟浦[⑦]，出没百里之外，以览神禹之迹，笑亡秦之愚，足以增怀慷慨。岂必林木郁葱、台馆高下，然后为名山也耶？同予登是山者四人：巡抚[⑧]山东工部侍郎[⑨]、右副都御史[⑩]宛平[⑪]刘公芳躅增美，公弟永芳大年，河间府[⑫]推官大兴牛裕式之，歙[⑬]人汪之鲂于鳞[⑭]。登其颠者，公与之鲂暨余也。

【简介】

刻石在峄阳书院阎王殿前，现已无存，载体形态已不可知。兹就志书录出原文。

作者朱彝尊(1629～1709),字锡鬯,号竹垞,浙江秀水(今嘉兴)人。清文学家。康熙时举博学鸿词科,授检讨。曾参与纂修《明史》。通经史,能诗词古文,为浙西词派的创始人。著《曝书亭集》《日下旧闻》《经义考》等,并编纂《词综》《明诗综》等。

【注释】

①与:通“欤”,表疑问的语气词。

②漫漶:模糊不可辨识。磨:消耗,泐:不依其纹理开裂。

③“凫山”句:按凫山在邹县南境,此句言在峄县,原刻本如此,不知何故。查峄境(今枣庄市境内)亦无音义相同或相近的山名。今依原本照录,存疑。

④杜预(222～284),字符凯。京兆杜陵(今陕西西安东南)人。西晋将领、学者。撰有《春秋左氏经传集解》《春秋释例》《春秋长历》等。其中《集解》是《左传》注解流传到今的最早的一种,被收入《十三经注疏》中。

⑤坱圠(yǎng zhá):地势高低不平貌。《文选·左思〈吴都赋〉》:“尔乃地势坱圠,卉木駈蔓,遭薮为圃,值林为苑。”李善注:“坱圠,莽沕也。高下不平貌也。”

⑥燕憩:休息。

⑦风樯:乘风扬帆的船。烟浦:风烟弥漫的水滨。

⑧巡抚:官名,古代不常设。清代正式以巡抚为省级地方政府的长官,总揽一省的军事、吏治、刑狱等。

⑨侍郎:官名,清代侍郎为各部尚书之副职,与尚书同为各部的堂官。

⑩右副都御史:官名,本是都察院的副职。清代以左都御史和左副都御史为主官,右都御史和右副都御史专作总督、巡抚的加

衔。本文此处巡抚山东是实职,工部侍郎、右副都御史是虚衔。

⑪宛平:县名,在河北。宛平刘公芳躅增美:宛平人姓刘名芳躅,字增美。古人记姓名往往按籍贯、姓、名、字的顺序连写。下文“公弟永芳大年”“大兴牛裕式之”“歙人汪之鲂于鳞”并仿此。

⑫河间府:府名,在河北。推官:掌勘问刑狱的官。

⑬歙:地名,在安徽。

⑭汪之鲂于鳞:汪于鳞,字之鲂,康熙年间知名棋手,棋谱《弈墨》校阅者之一。

元洁子祠记

元洁子者，济宁隐君子也。邓姓，讳文献，字徽禹，元洁子其道号也。体丰厚，美须眉，翩翩然有世外风标[1]。长于丹青[2]，不乐纷华[3]。宇内名山大川，几遍历焉。庭前桂兰森森，日以接待高人为乐。性耿介端方，好善喜施。解衣衣人[4]，推食食人[5]。助婚姻，施棺木。遇人有遭困厄，而父母妻子离散者，必多方为之周全，使得完聚。诸如此类，不可胜纪。

一日，有道人相之曰："看尔有仙风道骨，何不从我游乎？"元洁子曰："固所愿也。但双亲在堂，其如奉养何？"道人曰："善哉！尔有孝心，上苍应加尔寿百龄。今且与尔约，日后当在峄山舍身崖相晤。"固问道人姓氏里居，道人曰："我乃不冠宫主人也。"言毕，道人不复见。久之，方爽然悟曰："宫而不冠，吕也。其殆为纯阳祖师云！"遂归依老祖门下，赐名元洁子。后果寿百有二春，一笑而终。其令器[6]讳蕃，字子蕃者，因为立祠于兹，问言于予。予因略述其概，以志不朽，是为记。

【简介】

原石已无存，载体形态已不可知。《峄山志》在"元洁子祠"条下记载："康熙五十四年建，福建学政张为经记。"题下署名又注系济宁州人。此据文献收录原文。刻立时间为1715年。

撰碑人身世无考。

【注释】

①风标：犹风度、品格。《魏书·彭城王传》："风标才器，实足师范。"

②丹青：本是两种颜色，代称绘画。

③纷华：繁华富丽，荣耀。《史记·商君列传》："有功者显荣，无功者虽富无所芬华。"

④衣人："衣"字动用，给人穿的意思。

⑤食人："食"音去声，作动用，给人以食的意思。

⑥令器：敬称他的儿子，犹言美材。《晋书·石苞传》："少有名誉，议者称为令器。"

娄公颂(并序)

公讳一均,字秉轩,浙江会稽[1]人。岁贡生[2],初授叶县[3]令,丁父忧[4]。服阕[5],补邹县,康熙三十八年[6]八月任。治邹仁惠清廉,士民感其恩,立碑以志不朽。其政绩,载《邹志》,未及悉录。

惟我邑侯[7],汇灵越州[8]。岐嶷[9]性成,才猷[10]夙构[11]。初任叶县,政绩优稠。吾民有庆,再简[12]于邹。下车以来,惠泽旁流[13]。化洽[14]烹鲜[15],苏兹黎首[16]。建学明伦,造士薪槱[17]。苞苴[18]不行,蒲罚[19]示羞。省耕问稼,黍稷盈畴。明刑断狱,烛造知周[20]。豪强敛迹,世族泥楼[21]。浚濬修隍,巩固千秋。弭盗缉奸,匪类潜幽。赈饥济困,鸠鹄[22]形休。祈晴祷雨,旱潦无忧。抚字[23]催科[24],兼施并收。案无夙牍,奸吏不留。见善能徙,恶恶如仇。峄山摄篆[25],四境争守。考绩[26]报最[27],奖励独优。仁风远播,恩膏遍周。惟愿我侯,长为借寇[28]。荣迁伊迩,攀卧[29]无由。镌兹金石,永垂不朽。

【简介】

原碑已无存,载体形态已不可知。《峄山志》在"娄公去思碑"条下记载:"康熙五十九年,峄阳士民立。"未著撰书人姓名。此据文献收录原文。刻立时间为1720年。

【注释】

①浙江会稽:在今浙江绍兴。

②岁贡生:科举制度中贡入国子监的生员之一种,明清两代,一般每二至三年,在各府、州、县学中选送廪生升入国子监读书,因称岁贡生。

③叶县:在河南省。

④丁父忧:丁是遭逢之意。古代官员有丁忧制度,即父或母死后,必须守制三年,不能担任官职。

⑤服阕:服期已满。

⑥康熙三十八年:1699 年。

⑦邑侯:旧时有用古代官职称呼当时官员的习惯说法。县相当于一个侯国的面积,所以称知县为"邑侯",或按其姓氏称为某侯。

⑧越州:绍兴府在隋、唐及北宋时为越州,南宋时升为绍兴府。此处泛指绍兴附近一带地方。

⑨岐嶷:《诗经·大雅·生民》:"诞实匍匐,克岐克嶷。"毛传:"岐,知意也,嶷,识也。"后常用来形容少年聪慧。

⑩才猷:才能谋略。唐钱起《巨鱼纵大壑》诗:"喻士逢明主,才猷得所施。"

⑪夙构:谓事先拟就或备好。唐孟棨《本事诗·嘲戏》:"元一夙构,贵欲辱臣。"

⑫简:选择。

⑬旁流:广泛流布。唐白居易《王泽流人心感策》:"夫欲使王泽旁流,人心大感,则在陛下恕己及物而已。"

⑭化洽:教化普沾。汉蔡邕《司空文烈侯杨公碑》:"功成化洽,景命有倾。帝乃震恸,执书以泣。"

⑮烹鲜:《老子》:“治大国若烹小鲜。”此取其义。

⑯黎首:百姓。

⑰薪槱(yǒu):聚起木柴在祭坛上烧。《诗经·大雅·棫朴》:“芃芃棫朴,薪之槱之。”

⑱苞苴(jū):本意是蒲包,也指馈赠的礼物。《庄子·列御寇》:“小夫之知,不离苞苴竿牍。”引申指贿赂。

⑲蒲罚:《后汉书·刘宽传》:“吏人有过,但用蒲鞭罚之,示辱而已,终不加苦。”

⑳知周:人们对世界万物的感知,能觉察到万物。《周易·系辞上》:“与天地相似,故不违。知周乎万物,而道济天下,故不过。旁行而不流,乐天知命,故不忧。”

㉑泥楼:指泥涂伪装的房屋。《山堂肆考》卷六十二:唐李景让为御史大夫,内臣贵戚有看街楼阁,皆泥之,畏其弹劾也。

㉒鸠鹄:鸠形鹄面的略称,形容身体瘦削,面容憔悴。

㉓抚字:本指对子女的爱护养育,引申为称颂地方官爱护百姓。《北齐书·封隆之传》:“隆之素得乡里人情,频为本州,留心抚字。”

㉔催科:催收田赋。

㉕摄篆:古时官印多用篆文,因用篆作为印信的代称。摄篆指代掌印信,即代理官职。娄一均于知县之外,在峄山代理什么官职,不得而知。观下文可能是与邻境协同防守之类的事务。所以说“四境争守”。

㉖考绩:《尚书·舜典》:“三载考绩,三考黜陟幽明。”在古代有对官员考绩的制度。《清朝通典·选举五》:“康熙元年五月,敕京师考满,俱著堂官详加察议,注定考语。”

㉗报最:考察官吏时把政绩最好的列名报告朝廷叫报最。董仲舒《春秋繁露》:“考试之法……九分三三列之。亦有上中下,以

一为最,五为中,九为殿。"

㉘借寇:《后汉书·寇恂传》:"恂从至颖川,贼盗悉降,而竟不拜郡。百姓遮道曰:愿从陛下复借寇君一年。"旧时因称挽留地方官为"借寇"。

㉙攀卧:"攀辕卧辙"的略语。牵挽车辕,横卧车道,拦阻车行。《后汉书·候霸传》:"临淮太守被征,百姓攀辕卧辙不许去。""攀卧无由"是留不住的意思。

仙人棚歌

张　汉

泰山聚石密，峄山聚石疏。造物[1]并神力，垛叠成奥都[2]，矗不知其万千余。维石顽且巨，内腹嵌空虚。蹒跚[3]石罅通山顶，时或天漏时模糊，如蚁穿行九曲珠[4]。一窍逼仄循水行，下与圣泉达山厨。山东奇绝仙人棚，孤石擎天为深庐。此石覆为盖，下可百人居。其上宽平一亩强，四围老树荫庇十余株。我生未见如此巨石者，拟作惊人句，大为擘窠[5]书。

峄山仙人棚歌，张汉。

门人王尔鉴镌石。

【简介】

碑在白云宫，不著刻石年月。末署“门人王尔鉴镌石”，则当在王尔鉴为邹县知县期间或稍后，即18世纪30年代。碑高215厘米，宽78厘米，方头无额。草书7行，每行字数不等，大气磅礴，一气呵成。王尔鉴署名在左下角，楷书，小字。

诗作者张汉（1680～1759），字月槎，一字蛰存，号峨思，石屏人（在今云南省），康熙五十二年（1713）进士，工行草书，文名尤著，有

仙人棚歌

《留砚堂集》行世。王尔鉴为其诗作刻石,并自称门人,以师礼事之。那时的读书人,得其亲传的人,应以师礼事之。府、乡、会三级科举考试中的考官,也应以师礼事之,不但主考官,连分房阅卷的考官也应以师礼事之。对这三类以师礼事之的人皆可自称门人,不知张汉对于王尔鉴属于哪一类。

【注释】

①造物:古时以为万物是天造的,故称天为造物。《庄子·大宗师》:"伟哉!夫造物者将以予为此拘拘也。"

②奥都:幽深而大。

③蹒跚:此处作旋转的样子解。张彦远《法书要录》:"婆娑蹒跚,绰约文质。"

④九曲珠:一种珠孔曲折难通的宝珠。

⑤擘窠:指大字。擘作划分讲,窠是框格。古人书碑为求匀整。有以横直界线划为方格者,叫擘窠。颜真卿《乞御书放生池碑额表》:"前书点画稍细,恐不堪经久。臣今据石擘窠大书。"后泛指大字为擘窠书。

峄山种桃

王尔鉴

天半峄峰簇[1]锦霞，孤桐老后补桃花。沃[2]根不用人间水，红雨[3]春风到万家。

【简介】

碑在白云宫，方头无额，高188厘米，宽88厘米，刻草书四行，每行字数不等，字径15至20厘米。末行刻“峄山种桃，王尔鉴题”，字径略小。左下刻楷书“济南张鸣远镌”，字径4厘米。未著刻石年代。当在王氏任职邹县期间所为。

作者王尔鉴（1703～1766），字在兹，号熊峰，河南卢氏县人。雍正八年（1730）进士，清雍正五年（1727）任邹县知县。按：志书记载不确，据《邹县续志》记载王在雍正五年开始任职，至雍正十年被曹钰取代。但王氏于雍正十三年《冈山祷雨五章》中仍署“知邹县事”。考《卢氏县志》记载，雍正八年，“熊峰奉命试用山左”。王尔鉴老师张汉在《王熊峰滕阳山水吟序》中有“癸丑之秋郓城初宰三年”之语，知王尔鉴任邹县知县应为雍正八年，《邹县续志》误。《青州府志》载王尔鉴乾隆二年任益都县令，其离任邹县的时间应为雍

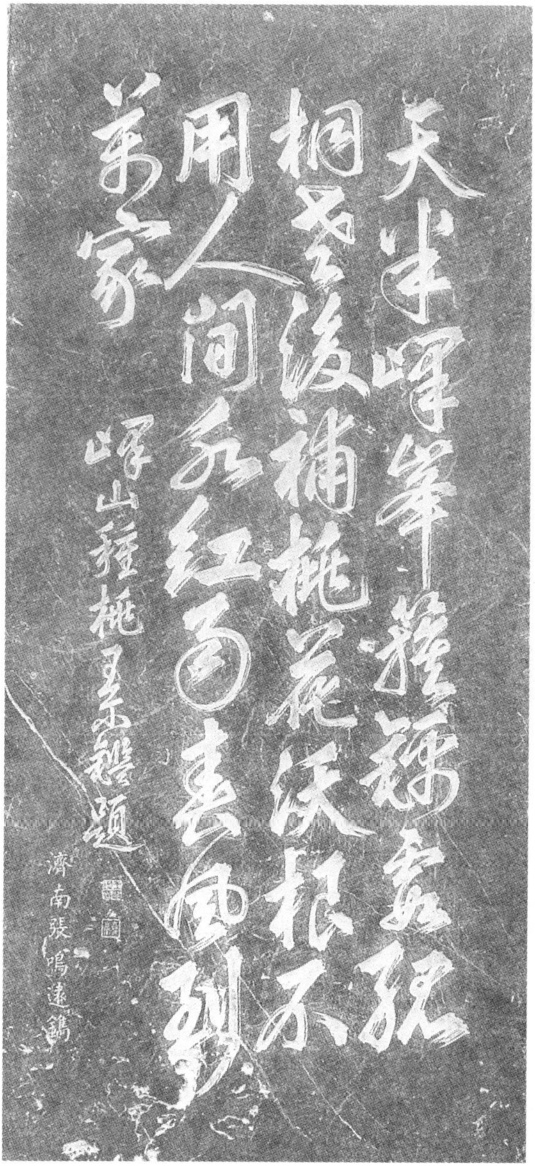

峄山种桃

正十三年或乾隆元年。

【注释】

①簇:聚集、簇拥。

②沃:浇灌。

③红雨:比喻落花。语本唐李贺《将进酒》:“况是青春日将暮,桃花乱落如红雨。”宋晁端礼《宴桃源》:“洞户悄无人,空锁一庭红雨。”

峄山二十四景诗

王尔鉴

五华峰

谁搬女娲[1]石，堆成五华峰？耸翠插天表[2]，不用白云封。

甘露池

仙源何处寻？石罅一泓注。上有采芝人[3]。朝朝饮甘露。

白云宫

宫里白云来，宫外白云去。来去看白云，白云不知处。

观海石

峭石削芙蓉，凌空三岛[4]起。眉睫渤海间，难为江河水。

插花石

摘花瀛海[5]岸，暂缀峄之阳。日日彩云堆，风吹细细香。

纪子墓[7]

郰[6]子曾服邾，今传郰子墓。千载同一丘，空磨峄山雾。

丹丸峰

丹成悬天半，绝埃无根蒂。安得王子乔[8]，攀石腾云际。

仙人棚

何人撑巨石，为此避谷[9]计。有客岭上来，携得白云至。

炉丹峪

炼丹[10]人何在？空余炉丹峪。我心亦有丹，九转[11]出山曲。

大通崖

秀灵钟凫峄，巨崖通奥府[12]。中有杏坛人[13]，千秋宏化雨[14]。

莲　池

云间玉露池，万丈青莲[15]起。会当[16]东风发，馨[17]香飘万里。

日　石

莲池非东隅[18]，何以日耀彩？红光已遍天，一半函[19]沧海。

隐仙洞

隐者聿[20]为谁？问之无姓字。小憩岩洞口，徐徐清风至。

南华观

潺湲泻曲磴，古木杂仙葩。谁展云中锦，簇簇绣南华。

鱼　池

临池观鱼化[21]，茫茫吐烟雾。知非池中物[22]，腾起作霖雨。

金仙庵

石文镂金线，烁光映九天。拟知精舍[23]里，补衮[24]有芝仙。

半山亭

石磴悬山腰，舒目四望青。五华峰渐近，不敢坐危亭。

孤桐书院

孤桐[25]随秦火[26]，荒院空烟雾。欲聆焦尾[27]音，洒以桃花雨[28]。

钟　石

恐惊天上人，金钟化作石。不争万籁鸣，千载悬邹峄。

鼓　石

昔读石鼓文[29]，今见石鼓石。有文藏太璞[30]，荆人[31]亦不识。

书　门

秦碑野火焚[32]，余烬随烟雨。岂但阿房宫[33]，可怜为焦土[34]。

来鹤庵

云中有白鹤，皎皎自潇洒。何时来此庵？松风明月下。

纪王城

文公迁绎处[35]，群呼纪王城[36]。至今人莫辨，衰草暮云平。

船　石

仙人乘槎去[37]，谁将石作船。不泛江湖里，一棹凌苍烟。

峄为邹鲁名山，怪石堆叠，孔窍玲珑，泉涌云间，峰插天表。余簿书[38]余，登临凭眺，寻幽境，造山巅，如游武夷九曲[39]，步步引人入胜。但牧竖采樵，牛羊践踏，孤桐老后，徒留濯濯[40]空山矣。昔石曼卿[41]通判海州，以黄泥裹桃核，置山巅石罅间。数年，花发满山。坡仙[42]咏云："坐令空山出锦绣，倚天照海花无数。"遂成千秋佳话。余仿此意，于雍正寅、卯[43]两岁，环山上下种桃、杏数万株。给近山贫儿培植，禁约樵牧，以李生扬贡襄厥事[44]。从此花映山灵，实赡[45]蔀屋，当不仅空山出锦绣已也。令更疏补以松柏，再植青桐，使葱蔚与桃李相间，峄阳不且改观与？至山中胜迹，考邑乘[46]，访土人，多表可述。其名之尤雅者，得廿四焉。乘兴偶咏小诗，非独言志，亦纪游耳。若夫[47]永嘉历列。使盛事弗替[48]，用以表扬厥山，愿俟后之君子。

【简介】

碑在白云宫，未著刻立年月，当在作者王尔鉴任职邹县期间或稍后，《邹县续志》所载王氏任职时间为清雍正五至十年，即1727年至1732年。据此可断此石应刻立在此前后。碑高170厘米，宽70厘米，被横二道、竖一道的线横分为7栏，每栏又竖分4格。上6栏每格刻诗1首，共24首，行草书，流畅健劲。最下一栏刻小字草书序文，草书18行，每行字数不等。文后署"洧川王尔鉴"，左边刻

二十四景诗

"济南张鸣远刊石"。《大通崖》各文献著录均作"大通岩"，今据原石刻改正。又，此题下有小字"有至圣石主并像"一行7字。《日石》题下有小字"在莲池内"一行4字。

作者王尔鉴，见前篇《峄山种桃》简介。

【注释】

①女娲：神话中人类的始祖，传说人类是由她和伏羲兄妹相婚而繁衍开来的。又传说她曾用黄土造人，炼五色石补天等。

②天表：天之上，天外。

③采芝人：芝即灵芝，是真菌的一种。古人以为是瑞草，服之可以长生。所以采芝人就是仙人。

④三岛：即神话传说中的东海三神山，名曰蓬莱、方丈、瀛洲，都是神仙居住的地方。

⑤瀛海：大海。古人以为九州之外环绕着大瀛海。

⑥鄅(yǔ):古国名,妘姓,建国于启阳,在今山东临沂北。春秋末年,地入于鲁。本诗鄅子旧邾之事,见《春秋·昭公十八年》:“六月,邾人入鄅。”

⑦纪子墓:在峄山五华峰西,诗人以为纪子应是鄅子之讹。按:纪在今山东寿光,地近于齐,后为齐所灭,与邾地无涉。鄅子被俘入邾,卒葬于此。诗人这一看法是可信的。

⑧王子乔:神话人物。名乔,字子晋,为周灵王的太子。喜欢吹笙作凤凰鸣,为浮丘公引往嵩山修炼。三十余年后,在缑氏山上向世人挥手告别,升天而去。故有“王子登仙”的传说。事见《列仙传》。

⑨避谷:据传中国古代的一种修炼方法,即不食五谷,但仍可食药物,并须兼作导引等工夫。后为道家承袭,当作修仙的方法之一。

⑩炼丹:中国古代方士的方术,也是后来道教的法术之一。指将朱砂放于炉火中烧炼,说是服食可以长生。后来又有以静功和气功修炼精、气、神的,叫作内丹,遂指用炉火烧炼药石的叫作

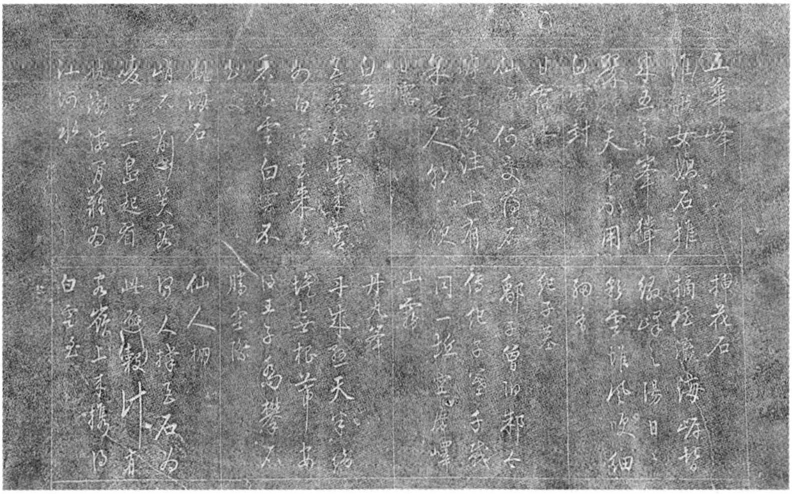

外丹。

⑪九转：谓炼丹时反复经过多次烧炼，所炼之丹叫“九转金丹”。山曲：山中弯曲隐秘之处。

⑫奥府：幽深隐微之处。

⑬“中有”句：杏坛，相传为孔子讲学处。大通岩洞中有孔子与“四配”石像，作当时授受之状。

⑭化雨：《孟子·尽心上》：“君子之所以教者五……有如时雨化之者。”后因以比喻潜移默化的教育。

⑮青莲：原产于印度的青色莲花，音译为“优钵罗”。

⑯会当：恰巧遇着。

⑰馨：散布很远的香气。

⑱东隅：东方。隅是隅谷，古代传说中的日入之处。

⑲ 函：包容。

⑳聿：作语助，无义。

㉑鱼化：古人认为鱼可以化龙。

㉒池中物：鱼鳖之类可以在池中豢养的东西，又以此比喻蛰处一隅，没有远大抱负的人。

㉓精舍：僧道居住或讲经说法之所。

㉔补衮：皇帝穿衮龙衣，故称补救皇帝的缺失为补衮。

㉕孤桐：是峄山的古迹之一，由来甚早。《尚书·禹贡》有徐州贡“峄阳孤桐”的记载。今已不存。

㉖秦火：秦始皇曾焚毁典籍，故以“秦火”借喻一切毁灭文化或有价值的东西的灾难。

㉗焦尾：琴名，典出《后汉书·蔡邕传》。有人烧桐木做饭，蔡邕听见火裂之声，知道是造琴的好材料，遂要来做琴，果然声音很好。因琴尾留有烧焦的痕迹，时人名曰焦尾琴。后遂称良琴为焦尾。

㉘桃花雨:春天开桃花的及时好雨。

㉙石鼓文:中国现存最早的刻石文字。在十二块鼓形的石上,每块刻四言诗一首。内容为歌咏秦国国君游猎情况。书体为籀文。唐初发现,以为制作于周文王或宣王时。杜甫、韦应物、韩愈等都有诗篇题咏。近代人公认为是秦刻石。原石藏北京故宫博物院,但字迹大多剥泐难辨。

㉚太璞:太古时留存的藏有玉的石头。

㉛荆人:楚人。

㉜"秦碑"句:地方志中记载秦始皇峄山刻石后为野火焚毁。

㉝阿房宫:秦代著名大建筑。秦亡,被项羽焚毁。遗址在今西安市西阿房村。

㉞焦土:被火烧焦的土壤。唐杜牧之《阿房宫赋》:"楚人一炬,可怜焦土。"

㉟"文公"句:古邾国十四代国君邾文公,于公元前614年卜迁于峄山之阳。

㊱纪王城:遗址在峄山南面。称纪王是讹传,实为邾国故城。

㊲"仙人"句:"槎"指星槎,是古代神话中往来天上的木筏。《博物志·杂说下》:"旧说云天河与海通。近世有人居海滨者,年年八月有浮槎,去来不失期。"这句本此。

㊳簿书:指办公事。

㊴武夷九曲:武夷是山名,在福建省崇安县西南。中有九曲溪。为福建名山。

㊵濯濯:语出《孟子·告子上》:"牛羊又从而牧之,是以若彼濯濯也。"濯濯是山上光洁,无草木之状。

㊶石曼卿(994~1041),北宋文学家,名延年,字曼卿,宋城(今河南商丘)人。曾任太子中允,秘阁校理,著有《石曼卿诗集》。

㊷坡仙:即苏轼。

㊸雍正寅、卯二岁：指清雍正十二、十三两年。十二年值甲寅，十三年值乙卯，为1734年、1735年。

㊹“以李生”句：李生名扬贡。襄：助理。厥：其，那个。

㊺赡：充裕，足够。蔀屋：《周易·丰》“其蔀”，王弼注：“蔀，覆暖，障光明之物也。”此指住草房的贫民。

㊻邑乘：县志。

㊼“若夫”句：若，这。永嘉：晋时郡名，在今福建。不是现在浙江的永嘉县。东晋谢灵运任永嘉太守，曾遍游永嘉山水，开山水诗一派。

㊽替：止歇，断绝。

登峄山四望作歌

王尔鉴

峄山巉峭以葱倩兮，何谽谺[1]而玲珑，乱摘星而叠秀兮，纷累卵以成峰。上去天而尺五兮，下奠鳌柱[2]于海邦。石颓唐[3]而欲卸兮，径盘曲而巃嵸[4]。恍怒触乎蚩尤兮[5]，又若鞭曾试于祖龙[6]。岂女娲之炼余兮，抑五丁[7]开凿于神功。纵摩诘[8]之善绘兮，恐荆关董巨[9]之难双。余偷闲而戾止[10]兮，寻旷明之仙踪。踏青云而纵眺兮，聊舒啸乎芙蓉。仰宇宙而驰情兮，披四极于穹窿。

试纵眺兮峄之阳，纪城为带兮草鞠途荒[11]。黄河鼓盈兮汹涌，洪涛隐见兮微茫。日卓午[12]兮曦车南指，云霞锦簇兮与日俱长。怀兰之茝馥郁兮沅与湘[13]。访碧鸡与金马兮[14]，淇水其洋洋。越朱陵[15]而及长离[16]兮，鸿雁回翔。酌玛瑙之宝露兮，畴偕铁脚于炎方[17]。

试纵眺兮峄之阴，尼峰[18]耸兮向注我心云。荡泰山之胸兮，接蓊翳之深林。鲲化翼[19]于海澨[20]兮，羊角[21]振乎岩嵌。渡瀚海而越流沙兮[22]，迈在病[23]之征骖。穷龙堆[24]而涉广野兮，红分朝日于千岑。效竖亥[25]之阔步兮，陋邯郸之曳襟[26]。

试纵眺兮峄之左，扶桑[27]若木兮烟横锁。蓬莱惝恍兮方瀛迷[28]，邓林[29]谁攀兮枝叶大。玻璃敲击兮红旭升，气压日观[30]兮舞雩下。

试纵眺兮峄之右，指西海兮测星宿。源混混而汩汩兮，一泓倒激而出窦。安得仙槎之可航兮，屑琼縻[31]而养寿。聆机声之轧轧兮，诣天孙而与之邂逅[32]。返采十丈之红莲兮，道华岭而姑逗，转雁门而溯鹊城[33]兮，亦云飞而还岫[34]。虽远步而心旷兮，何以依泗水之清溜。暇沿波以讨源兮，酌一掬而心骨为之俱漱。

峰纡回兮载歌载吟，洞窈窕兮就浅就深。索秦碑兮杳无迹，慕峄桐兮渺难寻。磴悬兮壁立，兽骇兮禽觇[35]。危险巇兮龙盘虎踞，寒泉鸣谷兮琴筑声含。山风淅淅兮袭我衿，野花烂漫兮手自簪，幽鸟间关[36]兮弄好音。筇[37]扶兮履新，小憩兮幽岩。绝顶在望兮云叆叇，欲直上而小鲁兮力未任。维升高必自下兮，步除除而无嫌。倘不量而躁进兮，又孰告余以良箴？

【简介】

原石刻在峄山馆，现已无存，载体形态已不可知。兹据志书录出原文。

作者王尔鉴，见前篇《峄山种桃》简介。

【注释】

①谽谺：山谷空旷貌。《汉书·司马相如传》："通谷豁兮谽谺。"

②鳌柱：古代神话用鳌的四足作为天柱。《淮南子·览冥训》："于是女娲炼五色石以补苍天，断鳌足以立四极。"

③颓唐：陨坠貌。南朝宋刘义庆《世说新语·容止》："李安国颓唐如玉山之将崩。"

④巃嵸（lóng zōng）：高耸貌。司马相如《上林赋》："崇山矗矗，巃嵸崔巍。"

⑤"恍怒触乎"句：古代有共工怒触不周山的神话，未闻蚩尤有

“怒触”之事。《淮南子·天文训》:“昔者共工与颛顼争为帝,怒而触不周之山,天柱折,地维绝。天倾西北,故日月星辰移焉;地不满东南,故水潦尘埃归焉。”此处诗作者误将共工作蚩尤了。

⑥祖龙:指秦始皇。《史记·秦始皇本纪》:“因言曰:‘今年祖龙死。’”《集解》:“祖,始也;龙,人君象;谓始皇也。”

⑦五丁:神话传说中的五个力士。

⑧摩诘:指王维(701~761),字摩诘,唐代诗人、画家。北宋苏轼曾说他“诗中有画,画中有诗”。

⑨荆关董巨:指五代时的荆浩、关同、董源和僧巨然四大画家。

⑩戾止:来到。《诗经·鲁颂·泮水》:“鲁侯戾止,言观其旂。”毛传:“戾,来;止,至也。”

⑪“纪城”句:纪城实为邾国故城,此处诗作者慨叹当年的邾国已成为历史陈迹。《晋书·石勒载记》:“诚知晋之宗庙鞠为茂草,亦犹洪川东逝,往而不返。”此言草鞠途荒言杂草塞道的荒凉景象。

⑫卓午:正午。曦车:喻指太阳。“曦”指初升的太阳。按“曦车”应为“羲车”。神话传说驾日车的神名羲和。《离骚》:“吾令羲和弭节兮,望崦嵫而勿迫。”

⑬“怀兰茝”句:兰与茝都是香草名。馥郁,香气浓烈。沅、湘是湖南二水名。此句仍是用《楚辞》典故。《湘君》有“令沅湘兮无波”,《湘夫人》有“沅有芷兮澧有兰”的句子。“芷”就是“茝”。

⑭“访碧鸡”句:金马、碧鸡都是神名。《汉书·郊祀志下》:“或言益州有金马、碧鸡之神,可醮祭而致。于是遣谏大夫王褒使持节而求之。”今云南昆明市东有金马山。西有碧鸡山,两山相对,山上都有神祠,相传即汉时祭金马、碧鸡神处。淇水:在河南。

⑮朱陵:道家所称三十六洞天之一,在湖南衡山县。借指神仙居所。北周庾信《道士步虚词》之一:“赤玉灵文下,朱陵真气来。”

⑯长离:即凤。古代传说中的灵鸟。一说为神名。《汉书·司

马相如传下》:“左玄冥而在黟雷兮,前长离而后矞皇。”

⑰铁脚:木瓜别名“铁脚犁”,产南方。炎方:南方炎热之地。白居易《夏日与闲禅师林下避暑》诗:“每因毒署悲亲故,多在炎方瘴海中。”

⑱尼峰:尼山,在峄山之北。孔子诞生之地,儒者心向往之,故下文说“向往我心云”。

⑲“鲲化翼”句:典出《庄子·逍遥游》:“北冥有鱼,其名为鲲。鲲之大,不知其几千里也。化而为鸟,其名为鹏。鹏之背,不知其几千里也。怒而飞,其翼若垂天之云。是鸟也,海运则将徙于南冥。南冥者,天池也。”

⑳海澨(shì):海深处。

㉑羊角:旋风:《庄子·逍遥游》:“抟扶摇羊角而上者九万里。”成玄英疏:“旋风曲戾,状如羊角。”

㉒瀚海:也作“翰海”,指古代北方的大海,即今之呼伦贝尔湖。一说是贝加尔湖。流沙:古代指我国西北的沙漠地区。《尚书·禹贡》:“导弱水,至于合黎,余波入于流沙。”

㉓在病:正在病着。征骖:拉车的马。语出《诗经·周南·卷耳》:“陟彼砠矣,我马瘏矣。”瘏即马病。

㉔龙堆:沙漠名,即白龙堆,在新疆罗布泊以东至甘肃玉门关之间。《汉书·匈奴传》:“岂为康居、乌孙能逾白龙堆而寇西边哉!”

㉕竖亥:神话传说中的人物。《淮南子·坠形训》:“使竖亥步自北极,至于南极,二亿三万三千五百里七十五步。”高诱注:“太章、竖亥,善行人,皆禹臣也。”

㉖“陋邯郸”句:《庄子·秋水》:“且子独不闻夫寿陵余子之学行于邯郸与?未得国能,又失其故行矣,直匍匐而归耳。”曳襟是抓着衣襟,形步学步的姿态。这个故事比喻模仿别人不成,故称“陋”,轻视,鄙视之意。

㉗扶桑：神话中树木名。《山海经·海外东经》："汤谷上有扶桑，十日所浴。"若木：也是神话中的树木名。《离骚》："折若木以拂日兮，聊逍遥以相羊。"《名义考》卷二引《山海经》："灰野之山，有树青叶赤华，名曰若木，日所入处。"按：此句既是望"峄之左"，说扶桑是对的，若木则欠妥。因扶桑在左（东）而若木在右（西）。

㉘"蓬莱"句："方瀛"即瀛洲。蓬莱和瀛洲都是东海中神山，神仙所居之处。

㉙邓林：古代神话传说中的树林。《山海经·海外北经》："夸父与日逐走，入日，渴欲得饮，饮于河渭，河渭不足，北饮大泽。未至，道渴而死。弃其杖，化为邓林。"

㉚日观：日观峰，泰山上峰名，舞雩：舞雩台，《论语·先进》："浴乎沂，风乎舞雩，咏而归。"以上皆东方地名。

㉛琼靡：玉屑。传说食之可以延年。《楚辞·离骚》："折琼枝以为羞兮，精琼靡以为粻。"

㉜"聆机声"以下两句：天孙，星官名，指织女星，即天文学中的"天琴座星"。织女为民间神话传说中擅长织造的仙女，为天帝的孙女，《史记·天官书》："织女，天女孙也。"唐柳宗元《乞巧文》："下士之臣，窃闻天孙专巧于天。"

㉝雁门：地名，雁门关在山西省。鹘城：我国古族回纥又名回鹘，即今维吾尔族之前身。鹘城是回鹘之城，也是西部地名，不详具体所指。

㉞"亦云飞"句：语本陶潜《归去来兮辞》"云无心以出岫"。岫是山穴。古人以为云是从山穴中出来的。

㉟觇（chān）：窥看。

㊱间关：在此处作象声词用。常用作形容好听的鸟叫声。白居易《琵琶行》："间关莺语花底滑。"

㊲筑：一种击弦发音的乐器。

绎　山

王尔鉴

绎山之峰郁葱葱，绎山之阳产孤桐。欲雕孤桐歌解愠，孤桐已迷白云中。白云散去孤桐老，维山终古自玲珑。坠地嶙峋积片玉，插天耸翠削芙蓉。怪石蹒跚难置步，鸟飞虎怒曜青疃[①]。太古浑沦重太璞，谁斫奇巧辟屯蒙？岱色之青青未了，结作青莲插鲁东。双凫齐飞何为带，玉华一望楚江通。登临缅想古贤哲，文穆[②]之政皆称雄。只今荒城余禾黍，夕阳西下歌牧童。秦篆亦随烟霞去，功德空与草木同。叹息往事遨游倦，枕石且卧白云宫。白云宫外舞白鹤，长唳一声天地空。飞来洞开云未锁，清泉一吸洒鸿蒙。更闻石窍鸣应月，万壑风涛响岩松。孤桐老矣孤桐在，峄阳千载奏熏风。

【简介】

原石刻在峄山馆，现已无存，载体形态已不可知。兹据志书录出原文。

作者前已有介绍。

【注释】

①青疃：太阳刚出，渐渐明亮起来的样子。

②文穆：指邾国的国君文公和穆公。文公是邾国十四世国君，鲁文公十三年（前614）卜迁于绎。穆公是战国时的邾国国君，他改国号为“邹”，从孟子的建议，实行仁政。

邑侯于斐去思碑[①]

公,汉军镶蓝旗[②]人也,名斐,字成章,号南溪。自康熙六十一年[③]到任,莅邹五载,刑清政简,万废俱兴。饬学宫,修官署,建官路,立墩台[④],筑河工之堤堰,开连珠、合望二泉,以落水利;置义学田地五处,以延师儒,种种功迹,皆垂不朽。尤加意峄山,凡山中香火之资,丝毫不染。增修山场各处工程,焕然可观。贤声远播,特调汶上,复委监圣庙工程有功,升任郡守。挽留不得,立石以纪。

邑侯于老爷修饬峄山,今升登州太守。道众感恩去思碑。(其下题名不录)

雍正十年三月甲辰庚戌吉日。

【简介】

碑在玉皇殿前东侧,刻立于清雍正十年(1732)。碑高 179 厘米,宽 73 厘米。方头,顶竖刻“大清”二大字,楷书。周围刻龙凤纹。边框刻连枝纹。碑心高 123 厘米,宽 53 厘米。碑右侧刻碑文 3 行,各行字数不等,字迹拙劣。中间大字一行刻“邑侯于……去思碑”字样,左侧下部刻“住持当家道人姜守经”等题名多人,按辈分排列,共 5 代。还有监工、工匠等题名。年月在题名之上,字大与

邑侯于斐去思碑

中间行相同。未著撰文书写人姓名。

【注释】

①去思碑:旧时官吏有德政者,离任后百姓刻碑留念,叫去思碑,即俗说之功德碑,但“功德碑”未有见诸文字者。

②汉军镶蓝旗:满洲八旗之一。八旗制度是清代满族的一种社会组织形式。明万历二十九年(1601)初建黄、白、红、蓝四旗,万历四十三年,增建镶黄、镶白、镶红、镶蓝四旗,共八旗,每旗下辖五参领,每参领下辖五佐领,凡满族成员分隶各佐领。平时生产,战时从征。

③康熙六十一年:即1722年。

④墩台:报警台。旧时在官道上按一定距离设墩台,便利行旅休息及计算里程,也预作修理道路时取土之用。明黄瑜《双槐岁钞·车战器械》:“车骑连云炮震雷,边墙如月接墩台。”

创修火神庙碑记

且自有阴阳，而后有五行。五行之中，而火居其一焉。民非水火不生活，火之有功于世也大矣。况峄山之前，四方之民人商贾咸[①]聚，而烟火尤有万家者乎！借非火帝真君[②]为之覆庇于其间，讵[③]能永享太平耶？是以身蒙其福者，不忘火功之德。募化[④]信士，创建戏楼，庆贺神圣。故勒之于石，以志不朽云。

【简介】

原碑已无存，其体形态已不可知。《峄山志》在"火神庙"条下记载："雍正乙卯岁建，立石庙前。聊城教谕孔兴增记。"此据文献收录原文，未著明书写人姓名，刻立时间"雍正乙卯"，是清世宗雍正十三年(1735)。

撰文者身世无考。

【注释】

①咸：都、皆。

②火帝真君：道教信仰的神名。相传为祝融氏，为高辛氏火正，死后被尊为火神。《吕氏春秋·四月》："其帝炎帝，其神祝融。"

注:“祝融,颛顼氏后,老童之子吴回也。为高辛氏火正,死后为火官之神。”

③讵:焉能。

④募化:即“化缘”。僧、尼或道士向人乞求布施。

重修天竺观碑记

且天下事有创建于其前者，尤必继续于其后也。使创建于其前而不继续于其后，能保久远勿坏乎？乃峄山下有天竺观一座，其来久矣。殿房一几倾圮，且庙内并无神像，是仅有其名而无其实也。有善士沈彦秀，纠合铺户善士邵克仁，纠社一道，蓄积数年，买砖瓦木石以修盖庙宇，请画工以装塑神像。观音①、文殊②、普贤③三大士居其中，眼光、送生居其右，疹痘、子孙居其左④。庙貌焕然一新，其功已告成焉。故刻石以记之。

邹县儒学生员齐治均撰文。

峄山教书先生孔毓瑚书丹。

（以下题名不录）。

乾隆五年岁次庚申孟春谷旦立。

【简介】

碑在天竺观，刻立于清乾隆五年（1740）正月。碑高200厘米，宽68厘米。方头，无额。顶刻楷书“皇清”二字，周围刻二龙戏珠纹饰。碑四周边框刻连枝纹及瑞草纹。碑心高140厘米，宽52厘米。右侧刻碑文6行，满行40字，楷书。其右为撰书人姓名，及社

重修天竺观碑记

首、社众题名。社首、社众题名横19列，每列10至11人不等，末行刻年月。

撰书人身世无考。

【注释】

①观音：佛教大乘菩萨之一，前已有注，浙江定海县舟山群岛中的普陀山是观音菩萨道场。

②文殊：梵文“文殊师利”或“曼殊师利”音译的略称。意译为“妙吉祥”“妙德”等。佛教大乘菩萨之一，以智慧出名。他和普贤并列，作为释迦的胁侍。居左方，塑像多骑狮子。山西五台山是文殊菩萨道场。

③普贤：梵文“三曼多跋奈罗”的意译，也译作“遍吉”。佛教大乘菩萨之一，以行愿著称。他和文殊并称，作为释迦佛祖的右胁侍。塑像多骑白象。四川峨眉山是普贤菩萨道场。

④“眼光”以下三句：“眼光娘娘”、“送生娘娘”、“痘疹娘娘”及其“子孙”都是民间信仰，并无教理依据。

登峰联句[①]

孟敬直　申　伸

群峰突兀欲摩天，泛泛轻云起碧烟。古洞深探惊绝地，幽谷细听响流泉。仙葩带露沾衣袖，老树蔽空插石岩。信是玲珑山毓秀，自宜邹鲁产名贤。

登峰联句

【简介】

《峄山志》记载此联句之后附注:“石刻在源头活水,乾隆十一年丙寅秋日立。”今在源头活水处发现6块残石,拼合已不完整,乃依文献录出。其刻立时间为1746年。

作者二人皆为明代济宁人,其他不详。

【注释】

①联句:古代文字游戏的一种方式。由二人以上共作一诗。一般的规则是明确主题及限定韵律之后,由第一人作起句,第二人接两句,先是对上起句,然后提一上句,以便下面相接。依次联下去,到兴尽时由最后一人作一收束句结束,这样作出来的多是排律体裁的诗。这首联句并不规范。未署何人起、何人接和何人收束,倒像一首七言律诗。

建孤桐书院引

峄阳此地，木美孤桐。夏后[①]书成，贡先浮磬[②]。沧桑几度，空传寺观之名；乔木都非，大有枯荣之感。说牛山[③]之尝美，登鹫岭[④]以相望。凤皇已去，台久荒凉[⑤]。鹭鹭[⑥]不来，歌成□東。不佞官同叶县[⑦]，性好兰纫[⑧]。未遑栽一县之花，且计树十年之木。拟辟香林废址，涤僧寮种芋之场；改筑游艺新宫，为多士锄经之地。邻杏坛[⑨]其未远，尚同鲁殿[⑩]岿然；邀藜火[⑪]以非遥，宁使秦灰[⑫]澌若[⑬]。弗辞倡首，敢告同心。能量力以出金，等为功于敏树[⑭]。魋斤[⑮]勿恤，平时之凭吊奚为？禹迹堪寻，此日之爬梳宜早。沐良材以化雨，为桢为干，依然百尺排云[⑯]；被嘉植以清风，特生丛生，允称千章[⑰]捧日。从此卷阿[⑱]瑞应，条无之而非风，菶菶[⑲]之声教[⑳]翕如[㉑]；庶凡周道无荒，门有自而称龙[㉒]，鞠草之幽忧免矣[㉓]。唱余和汝，因笃为栽。

赐进士出身、知邹县事、甲子山东武闱同考官北吴方鸣球撰。

【简介】

《峄山志》记载此文之后注："石刻毁于道光元年春月。"此据文献所载录入。载体形态无考。刻立于清乾隆十一年（1746）。

书写人为曲阜孔继炘，撰文人方鸣球（1710～?），直隶吴桥县

(在今河北)人。乾隆元年(1736)进士。《邹县续志》称其乾隆十五年任邹县知县,时间有误。书写人身世不详。

【注释】

①夏后:即夏朝。《史记·夏本纪》:"禹于是遂即天子位,南面朝天下,国号曰夏后。"书:指《尚书·禹贡》。

②"贡先"句:《尚书·禹贡》于徐州称:"厥贡……峄阳孤桐,泗滨浮磬。""孤桐"在前,故云。

③牛山:山名,在淄博市临淄南。《孟子·告子上》:"牛山之木尝美矣。"

④鹫岭:山名,即灵鹫山,在中印度,是佛陀说法之地。

⑤"凤皇"以下两句:李白《登金陵凤皇台》诗:"凤凰台上凤凰游,凤去台空江自流。"此借用其意。

⑥鸑鷟(yuè zhuó):凤之别名。《国语·周上》:"周之兴也,鸑鷟鸣于岐山。"鸑鷟,凤之别名。按《峄山志》作"鸾鷟"不成词,是不对的,今据以改正。

⑦不佞:我的谦称。叶县:即王子乔的典故,见前篇《仙人洞》注释。

⑧兰纫:屈原《离骚》:"纫秋兰以为佩。"用绳子穿起秋兰作带。自喻洁美。

⑨杏坛:相传孔子授徒处,在曲阜。

⑩鲁殿:鲁灵光殿的省称。汉代鲁恭王建有灵光殿,屡经战乱而岿然独存。

⑪藜火:刘向天香阁校书的典故,见前篇《重修西华宫记》注释。

⑫秦灰:指秦始皇焚书事。

⑬澌若:象声词,火灭的声音。

⑭敏树:孕育树木。《中庸》:“人道敏政,地道敏树。”

⑮魋(tuí)斤:《史记·孔子世家》:“孔子去曹适宋,与弟子习礼大树下。宋司马桓魋欲杀孔子。”此言桓魋砍树的斧斤。

⑯排云:排开云层,形容高。晋郭璞《游仙诗》之六:“神仙排云出,但见金银台。”

⑰千章:千株大树。《史记·货殖列传》:“水居千石鱼,陂山居千章之材。”

⑱卷阿:《诗经·大雅》篇名。为召康公戒成王之诗,言求贤用吉士之意。其第七、第八章以“凤凰于飞”起头。第九章以“凤凰鸣矣”起头,故下文称“条无之而非凤”。

⑲“菶菶(běng)”句:《诗经·大雅·卷阿》:“菶菶萋萋,雝雝喈喈。”毛传:“梧桐盛也。”金张建《拟古》诗之八:“菶菶峄山桐,一树十二枝。”此承前章“卷阿瑞应”而言。

⑳声教:用音乐教化。《论语·八佾》:“乐其可知也,始作,翕如也。”

㉑翕如:盛貌。

㉒“门有自”句:《后汉书·李膺传》:“膺独持风裁,以声名自高,士有被其容接者,名为登龙门。”

㉓“鞠草”句:形容人死去称坟前鞠为茏草。此言“周道”无荒,庶几死而无憾。

孤桐书院劝学篇

方鸣球

峄阳有嘉木，高比龙门枝。得地吐芳华，雨露涵濡之。凿削成文琴，纬以五朱丝。徽音[1]发清商[2]，藉酬圣主知。盼兹东山崖，孤桐良不衰。欲并兰与茝，共借九畹[3]滋。枝叶峻以茂，爰伐贵及时。奉为朝堂器，连茹[4]以为期。

种桐取桐木，桐木发宫徵[5]。何年弛斧斤，桐枯山谷里。抚迹重徘徊，感动不能已。讵缘流水音，淹没遽[6]尔尔。所惧四气和，不调从兹始。不调伤和气，不树木则否[7]。愿言事栽培，爱此拱把[8]梓。合抱待他来，伶伦[9]来过此。

水积成江河，土积成丘峰。木积日夜息[10]，寻尺[11]成翻风。不见峄阳桐，阳六[12]丁其穷。沉叶历□劫，孤影复童童。况逢休明[13]代，雨露滋蒨[14]葱。卷阿兆来游，鸣凤叶喈雝[15]。所以英俊人，岁月砥其躬。层累而不怠，陟身霄汉中。

鹫鹭振六翮[16]，高踞桐树巅。桐树有华实，栖息得所安。孰旷而不居？孰行而不前？譬彼随风翼，日暮空飞还。嘤嘤鸟出谷，风人美乔迁[17]。择里贵择仁，尼父亦有言[18]。凡志青云侣，岂未讲斯篇。为我语飞飞[19]，深荫托羽翰[20]。

【简介】

《峄山志》在“峄阳书院”条下记载：“《孤桐书院劝学篇》，方鸣球题。勒石在正殿北壁，嘉庆间被人窃去。”载体形态无考，亦不著书写人姓名。此据文献录入，刻立时间为清乾隆十一年(1746)。

【注释】

①徽音：“徽”是系琴弦的绳。《汉书·扬雄传》：“高张急徽。”故徽音即琴发出的声音。刘峻《广绝交论》：“客所谓抚弦徽音。”

②清商：商是中国古代五音之一，商音清，故称清商。古谓其调凄清悲凉。《韩非子·十过》：“公曰：‘清商固最悲乎？’师旷曰：‘不如清徵。’”

③畹(wǎn)：古代地积单位。《离骚》：“余既滋兰之九畹兮，又树蕙之百亩。”王逸注：“十二亩曰畹。”

④茹：根相牵连的样子。《周易·泰》：“初九，拔茅茹以其汇，征吉。”注：“茹，相牵引之貌也。”期：希望。此言朝士互相牵引。

⑤宫徵：五音是宫、商、角、徵(音 zhǐ)、羽。此举其二。

⑥遽：忽然。

⑦否(pǐ)：易卦之一，天地不交之象。《周易·否》：“象曰：天地不交，否。”因作穷、不通、不吉等解。

⑧拱把：两手合围，常用以比拟树木的粗细。

⑨伶伦：传说中黄帝时乐官。

⑩“木积”句：《孟子·告子上》篇中论牛山之木，以为“其日夜之所息，雨露之所润”，才能有“萌蘖之生焉”。

⑪“寻尺”句：八尺为寻。寻尺喻矮，翻风喻高。

⑫阳六：阳九百六的省称。阳九和百六，都是坏运气。《汉书·食货志》：“予遭阳九之厄，百六之会。”丁：遭逢。

⑬休明:用以赞美明君或盛世。《文选·谢朓〈始出尚书省〉》诗:“惟昔逢休明,十载朝云陛。”

⑭蒨(qiàn):草盛而鲜艳的样子。

⑮喈雝:喈喈雝雝,鸟鸣相和之声。

⑯翮(hé):鸟的翅膀。

⑰“嘤嘤”以下两句:《诗经·小雅·伐木》:“伐木丁丁,鸟鸣嘤嘤,出自幽谷,迁于乔木。”诗本意是笃友朋之好的,后世常以此比喻向上的发展。

⑱“择里”以下两句:《论语·里仁》:“子曰:‘里仁为美,择不处仁,焉得知?’”此取其意。

⑲飞飞:以飞鸟喻学者。

⑳羽翰:翅膀。南朝宋鲍照《咏双燕》之一:“双燕戏云崖,羽翰始差池。”

峄阳书院记

圣朝[1]文化，昭洽无外。虽遐荒四裔[2]、蛮夷[3]边徼之域，弦诵声接，人文蔚起。矧地称礼乐名区，密迩京畿[4]，沐浴听睹最近最切者乎？惟邹为万古大圣贤发祥之地，扶舆[5]灵秀，盘礴[6]孕蓄，历汉唐宋明以迄于今，名贤辈出，斯文在兹，由来远矣。岁癸亥[7]，予谒诠部[8]，承乏[9]兹邑。甫下车，览其山川、城郭、土物，民风醇朴近古，心窃韪[10]之。独怪青箱[11]士近科以来，入彀[12]寥寥。释菜[13]孔子庙，序诸生于两阶，考德陈谊[14]之余，询知党塾[15]阙然[16]。大惧人材放失，儒术阔疏[17]，无以称名邦、襄盛治，此宁非守土之责？踌躇者久之。明年甲子冬，奉太府檄，问所部有司，首引兴学校，端士习，振民风数事。历年所奉谕旨，行之有无成效，使悉心条对[18]。予捧檄悸恐，伏思三古[19]郅[20]隆，井田之后首重学校，以学校者，教之所自出也。居今日而欲振兴文教，牖[21]民正俗，其惟书院乎？

越明年乙丑春，相基于峄山之麓，高爽明豁，群峄拱护。若天藏此地，俟兴一代文明之治。乃会邑诸人士，共七十又四人，告以兹役。诸人士咸踊跃欢喜，相率出力，以供厥事。于是着日规景[22]，以太学生齐廷文、李楫、李橘、诸生齐廷宾董工匠。厥土燥刚，厥位面阳，厥材孔良，灰土砖甓黝垩[23]之属，举以法遂。师生有舍，讲集有堂,退有斋膳,浴有次。又斥其旁隙地结小亭,为游息之所,门联匾额悉备。工不劳而费有经。入秋七月,落成且有日,而予调峄之檄适至。予谂于众曰:“士生所难必,地与时耳。自古论文学之最,邹鲁并称。东山、泗水、凫、绎、龟、蒙,四方万里外,闻声响往。今多士依近圣居,道孔子、子舆称引仁义,如取左右,亲炙[24]私淑,绍述[25]有自。又代遭圣神,崇古右文,隆儒重士,千载一遇。凡登斯堂,肄斯业,有不蹶然[26]兴起,将无出遐方四裔蛮夷边徼。下吏令经始亟之,冀以及锋而用[27]。收揽人材,推广儒术,应清淑[28]之气,践圣贤之迹,为氓庶[29]之先,佐圣明之治。用昭一邑维时与地之盛,庶得报政天子,使天下知礼义之邦,鼓舞振兴,一变至道[30],三古隆规,不难立见于今日,非特讲诵占毕[31]、点订文字、博取科名青紫[32]而已。循今之例,吏不概久其地。予幸及书院之成,而又垂望来者之将善其继也,敬志之,告后以不废。

【简介】

原石已无存,载体形态已不可考。《峄山志》在“峄阳书院”条下记载:“《峄阳书院记》,方鸣球撰,曲阜后学孔传□书。勒石在正殿北壁。”今据文献收录原文。刻立时间为清乾隆十一年(1746)。

【注释】

①圣朝:指当时,即清代。

②遐:远。荒:边陲。四裔:四方边远之地。汉班固《西都赋》:“原野萧条,目极四裔。”

③蛮夷:中国古代对南方各族称蛮,对东方各族称夷。也泛指四方的少数民族。

④密迩:很近。畿:古代王都所在方圆千里以内的土地。《诗经·商颂·玄鸟》:“邦畿千里,维民所止。”后来多用来指京城管辖

的地区。

⑤扶舆:亦作“扶于”“扶与”。犹扶摇。盘旋升腾貌。汉王褒《九怀·昭世》:“登羊角兮扶舆,浮云漠兮自娱。”唐韩愈《送廖道士序》:“气之所穷,盛而不过,必蜿蟺扶舆,磅礴而郁积。”明刘基《满庭芳·寿石末公》词:“收拾尽,乾坤清淑,为瑞在扶舆。”

⑥盘礴:同“旁薄”,广大无边的样子。

⑦岁癸亥:此癸亥当为清乾隆八年(1743)。

⑧谒:进见;诠部:即吏部。吏部有诠选司,负责选拔官吏。

⑨承乏:旧时在任官吏的谦辞。意思是所任职位一时无适当人选,暂时由我来充数。按:由这几句知道方鸣球在乾隆八年就任邹县知县,《邹县续志》记载的乾隆十五年是错误的。

⑩韪(wěi):是,对。

⑪青箱:世代相传的家学。《宋书·王淮之传》:“家世相传,并谙江左旧事,缄之青箱,世人谓之王氏青箱学。”

⑫入彀:比喻科举考中进士。《唐摭言·述进士》:“(唐太宗)私幸端门,见新进士缀行而出,喜曰:‘天下英雄入吾彀中矣。’”

⑬释菜:古代读书人入学时,以苹蘩之属祭奠先圣先师的一种典礼。《礼记·月令》:“(仲春三月)命乐正习舞,释菜。”

⑭陈谊:陈说道理。宋岳珂《桯史·吴畏斋猎谢贽启》:“至于陈谊之甚高,与夫期待之太过,此则诸君子之责,而非一郡守之忧。”

⑮党塾:即乡学。古代地方组织五百家为党。

⑯阙然:缺少的样子,不完备的样子。《荀子·礼论》:“其于礼节者阙然不具。”

⑰阔疏:稀疏,稀少。宋苏轼《与颍州运使刘昱启》:“条教阔疏,溪湖清远。”

⑱条对:谓逐条对答天子的垂询。《汉书·梅福传》:“后去官

归寿春，数因县道上言变事，求假轺传，诣行在所条对急政，辄报罢。”颜师古注：“条对者，一一条录而对之。”

⑲三古：指上古、中古、下古。具体时代说法不一。一般以伏羲为上古，神农为中古，五帝为下古。

⑳郅(zhì)：极，大。《史记·司马相如列传》：“爰周郅隆。”司马贞《索隐》：“郅，大也，盛也。”

㉑牖：通“诱”，诱导。《诗经·大雅·板》：“牖民孔易。”

㉒规景：语本《周礼·考工记·匠人》：“为规识日出之景与日入之景。”郑玄注：“日出日入之景，其端则东西正也。”本谓用规测量日影，借指衡量的标准。

㉓黝垩：涂以黑色和白色。《礼记·丧服大记》：“既祥，黝垩。”孔颖达疏：“黝，黑色，平治其地令黑也。垩，白也，新涂垩于墙壁令白。”

㉔炙：喻受到熏陶。

㉕绍述：继承。

㉖蹶然：忽然，突然。

㉗及锋而用：比喻趁人有为之时加以利用。《汉书·高帝纪上》：“吏卒皆山东之人，日夜企而望归，及其锋而用之，可以有大功。”

㉘清淑：清和。

㉙氓庶：百姓。

㉚一变至道：《论语》：“齐一变至于鲁，鲁一变至于道。”

㉛占毕：亦作“占哔”。谓经师不解经义，但视简上文字诵读以教人。后亦泛称诵读。《礼记·学记》：“今之教者，呻其占毕，多其讯，言及于数，进而不顾其安。”郑玄注：“呻，吟也。占，视也。简谓之毕……言今之师自不晓经之义，但吟诵其所视简之文，多其难问也。”宋文天祥《保州道中》诗：“江南占毕生，往来习羊肠。”

㉜青紫：指古代高官印绶、服饰的颜色，比喻高官显爵。杜甫《夏夜叹》：“青紫虽被体，不如早还乡。”

重修圣祠记

盖闻德不至者,不足以隆祀典;道不高者,不足以享庙堂。若至圣孔子,德侔[①]天地,道贯古今。自有生民以来,未有盛我孔子者也。所以自唐贞观四年[②],诏令府州县立庙建祭,祀以太牢[③],历古如兹。

邹邑之南,有山曰峄,天下奇嶂也,香火胜境也。旧有圣祖庙[④],上有登山小鲁亭,中有教授生徒堂,下有燕居读书处。年远日久,不无风雨摧坏之悲。余自康熙庚寅岁[⑤]□□□□□□□□主鬯[⑥],瞻其倾颓,每心焉伤之。一时不能重修。于是励志以图,积财者数年,聚料者数年,纠合众工,告成一庙。爰立碑以俟后之继志述事者。

孔衍璧同子兴标立石。

【简介】

原碑已无存,载体形态已不可知。《峄山志》于"至圣先师祠"条下记载:"乾隆十八年岁次丙寅仲春,庠生孔衍璧,同子兴标重修,有记,立石祠前。"今据文献收录原文,刻立时间为1747年。未著撰书人姓名。

【注释】

①侔:齐等。

②唐贞观四年:贞观是唐太宗年号,贞观四年为630年。

③太牢:古代祭祀时牛、羊、豕三牲具备为太牢。《公羊传·桓公八年》:“冬曰烝。”何休注:“礼,天子诸侯卿大夫,牛、羊、豕凡三牲曰太牢。”也专指牛为太牢。《大戴礼记·曾子天圆》:“诸侯之祭,牛曰太牢。”

④圣祖庙:孔子庙,因立碑人孔衍璧是孔子后裔,故称“圣祖”。

⑤康熙庚寅岁:康熙四十九年逢庚寅,为1710年。

⑥主鬯(chàng):是古代祭祀用的酒。主鬯犹主祭。它的引申义为长子,特指太子。源出《周易·震》:“震惊百里,不丧匕鬯。”孔颖达疏:“震卦施之于人,为长子……出则抚军,守则监国,威震惊于百里,可以奉承宗庙彝器、粢盛,守而不失也。”

重塑地藏王、十帝阎君金身像碑

山东兖州府邹县城东南乡峄山前古有弥陀庵一座，内有地藏王菩萨、十帝阎君木胎活像。被十三年损坏。今又重塑金身[①]，一完建醮立碑。

（以下题名不录）

乾隆二十八年七月吉日立。

重塑地藏王、十帝阎君金身像碑

【简介】

碑在峄阳书院，刻立于清乾隆二十八年（1763）。碑高147厘米，宽54厘米，方头无额，顶刻双线勾楷书“大清”二字。右侧楷书碑文2行，其下皆题名，有“总领会首4人”“女会首3人”“二十六年又领合会人等建醮”“三年庀工”字样。再向左小字题名,上刻村名,计“本村”2 行、“纪王城会”1 行、“参沟会”1 行、“郭山会”1 行、“刘家庄会”1 行、“二夏会”1 行、“高家庄会”2 行、“西参沟会”2 行。每行首皆列会首姓名,多为女眷,其下人数不等。末行刻年月。

【注释】

① 金身:据《大日经疏》说释迦牟尼佛“全身呈真金色,具光辉三十二相”。所以后世塑像以金饰佛身,称为金身。但仅限佛像。地藏、阎君皆不塑金身。此庵中塑像因实物已不存在,具体情况不得而知。

重修三清殿碑记

盖惟庙斯古，惟神斯灵。是则神无大小，皆有覆庇苍生之德也，固不言而喻矣。况三清老祖[1]为众神之宗，诸仙之□，其能默佑我群黎，不更较然[2]哉！特是神功浩大，俨如丘岳。而近山兆庶[3]，报无寸诚，讵不轻渎神圣、大负立庙之稚意□！众念及此，遂约社一道，蓄积赀财，于殿宇之倾颓者加以补葺，使庙貌焕然而一新；于神色之残淡者加以装饰，俾神像灿然而可观。功成之后，命匠立石，虽曰以志不朽，亦以为后人兴感之助也云尔。

（其下题名不录）

乾隆三十一年孟秋月朔四日。

【简介】

碑在东华宫，高100厘米，宽68厘米，无额，碑顶10厘米处缩窄成菱形。碑顶横行楷书阳刻“皇清”二字，字径10厘米，外加界框。界框外一侧刻牡丹，一侧刻石榴图形。边框宽5厘米，刻连枝纹。碑体左刻题目1行，碑文4行，满行45字，皆楷书。最下一字模糊不可见。其左题名8横列，每列题名18人左右。最后一行年月较碑文字大一倍。

重修三清殿碑记

乾隆三十一年为1766年。

【注释】

①三清老祖:道教所尊奉的三清指玉清元始天尊、上清灵宝道君、太清太上老君。又,三清都是元始天尊的化身。此处所供奉即是。

②较然:清楚、分明。

③兆庶:众多的老百姓。

邑侯卢太爷清廉德政感恩碑

公讳述张，字义庵，四川成都府双流县巨族也。三世清节，四杰[①]齐名。乾隆辛酉[②]科，荣叨乡荐[③]。越二十七年戊子[④]，特调邹县正堂。下车以来，兴利除弊，种种善政，难以悉举。未及期年，而颂声已载道矣。

峄山为此邑名胜之区，旧建玉皇庙，秀气所钟，灵爽常昭。每岁春秋两季，四方朝拜者不啻云集。所获香资，我侯饬令修葺庙宇，赡养住持。是恩膏[⑤]下逮，不但蔀屋[⑥]俱沾阳春，即在方外[⑦]之人，亦无不蒙其厚泽也。爰是勒石，以志不忘云。

【简介】

碑在白云宫院内，高191厘米，宽73厘米。碑额与碑身连为一体，碑额部分高56厘米，中间长方框内有楷书“皇清”二字，字径16厘米。碑体部分正中楷书“邑侯卢太爷清廉德政感恩碑”碑题13字，彻上彻下，字径10厘米。碑题右侧刻碑文6行，满行40字。行楷书，字径3厘米。左侧刻道众题名，3至6行。未署撰书人姓名。刻立年月为“乾隆三十四年六月谷旦”，即1769年。

【注释】

①四杰：关于“四杰”有多种说法，最著名的唐高宗时王勃、杨炯、卢照邻、骆宾王称初唐四杰，明初高启、杨基、张羽、徐贲称四杰，明弘正间何景明、李梦阳、边贡、徐祯卿也称四杰。此处只是为了与上句“三世清节”对举成文，不一定是实指。

②乾隆辛酉：乾隆二十年为辛酉，即 1681 年。

③乡荐：唐宋应试进士，由州县荐举，称“乡荐”。唐顾云《上池州卫郎中启》：“自随乡荐，便托门墙。”宋徐铉《稽神录·赵瑜》：“瑜应乡荐，累举不第。”

④戊子：乾隆四十七年为戊子，即 1708 年。

⑤恩膏：“膏”原义是好雨，比喻为恩泽。《孟子·离娄下》：“膏泽下于民。”

⑥蔀屋：草房子，喻贫民。阳春：温暖的春天，比喻惠政。李白《梁甫吟》：“长啸梁甫吟，何时见阳春。”《开元天宝遗事》：“宋璟爱民恤物，朝野归美，时人咸谓璟为有脚阳春，言所至之处，如阳春煦物也。”

⑦方外：僧道等出家人，谓超然于世俗之外。语出《庄子·大宗师》：“彼游方之外者也。”

邑侯卢太爷清廉德政感恩碑

创修钟鼓楼碑记

尝谓王道悬鼗铎[1],固欲振斯世之聋聩;神教设钟鼓,何非惊人间之梦迷。晨而钟也,平旦之元良易动;暮而鼓也,清夜之慆淫[2]自消。以是知维钟与鼓,亦何庙可以或废者哉!况我邹峄山,玉帝行宫,九天[3]真宰,尊冠诸灵。五华凌霄,峻领群峰。储其精而钟灵毓秀,发其祥于古圣先贤。神尊则潜施愈妙,山高则声闻弥周。钟鼓之设,其尤宜焉。倘无慷慨慕义者经营于其间,不终负此名胜乎?

今何幸而得善人王太士、刘希起等,相其形势,补其缺略。于是会邀善社,一道蓄积钱文数年,遂创钟楼于配殿之下,建鼓楼于朝门之旁。东西相对,晨昏齐鸣,巍峨崇四方之仰,音响悚一世之听,岂徒曰壮观瞻、肃神威而已哉!其实大有功于神教也。故勒石以志之。

(其下题名略)

龙飞乾隆岁次己亥庚午月己亥日谷旦同立。

【简介】

碑在玉皇庙,刻立于清乾隆四十四年(1779)之五月。碑高188厘米,宽62厘米。方头,无额。碑顶竖刻篆书"皇清"二大字,字四周及其下边框刻云龙纹。框内碑心部分高146厘米,宽49厘米。

右侧刻碑文7行，满行54字，行书，甚灵动，且不著篆书人姓名，可见是高尚之士所为。左侧刻题名，横12列，每列十一二人至十五六人不等，楷书，与碑文似非一人所书。末行刻年月。

创修钟鼓楼碑记

【注释】

①鼗（táo）铎：鼗鼓和木铎。古代察贤和征询民意时用。清林则徐《广东越华粤秀羊城三书院观风告示》："明台衢室，盛时隆鼗铎之悬；雅管风琴，善俗重輶轩之采。"

②慆（tāo）淫：怠惰纵乐。《尚书·汤诰》："无即慆淫。"蔡忱注："慆，慢也……慆淫，指逸乐言。"

③九天：谓天之中央与八方。《楚辞·离骚》："指九天以为正兮，夫唯灵修之故也。"王逸注："九天谓中央八方也。"

登峄山

袁 枚

峄山高六里,气与泰岱通。我行邹鲁邦,登兹最高峰。拒日留残雪,破崖挺孤松。方截紫玛瑙[①],圆堆青芙蓉。好似万弹丸,抛散青天中。千钧借寸势,枕藉[②]亭[③]虚空。元气相扶持,攸古[④]青蒙蒙。下视九州[⑤],炊烟白几重。天形依水尽,目力与云穷。时当正月会,玉帛[⑥]庆神功。游人万点蝇,穿插五玲珑。不见秦王碑,亦无禹贡桐[⑦]。石烂字迹灭,庙荒莓苔浓。叹息沧桑变,长啸[⑧]凌天风。

【简介】

刻石在峄山馆,今已无存,载体形态已不可知。兹就志书录出原文。

作者袁枚(1716~1798),字子才,号简斋、随园老人,浙江钱塘(今杭州)人。乾隆四年(1739)进士,曾任江宁等地知县。辞官后定居江陵,在小仓山筑园林居住,名“随园”。论诗主“性灵说”。著有《小仓山房集》、《随园诗话》和笔记小说《子不语》等。

【注释】

①玛瑙:是一种石髓,具有不同颜色,呈带状分布,是制装饰品

的材料。这句是比喻峄山的形状。

②枕藉:纵横相枕而卧。这里是形容峄山石相撑压的形状。

③亭:通“停”。

④攸古:远古,攸通“悠”。

⑤九州:相传夏禹时划分的九个地理区域。《禹贡》作冀、兖、青、徐、扬、荆、豫、梁、雍为九州。

⑥玉帛:瑞玉和束帛,古代礼器。

⑦禹贡桐:传说禹会诸侯于涂山,确定天下贡赋。《尚书·禹贡》:“海岱及淮惟徐州……厥贡……峄阳孤桐。”

⑧长啸:撮口发出长而清越的声音叫啸,古人情绪激动时好发出长的啸声。

峄　山

郑板桥

徐州五色土[1],乃在峄山下。凸凹见青黄,崩裂堕赤赭[2]。偃蹇[3]十里石,蓄怒卧牛马。苔斑古铜铸,黑骨积铁冶。砉[4]然触穹苍,千峰构云厦。曲径回肠盘,飞泉震雷泻。大碑断虫鱼[5],老屋颓甓[6]瓦。秋河舀可竭,寒星摘盈把。悲鸟百群叫,孤鹤万年寡。结茅此间住,万事棼[7]可舍。山中古仙人,或有骑龙者[8]。

【简介】

刻石镶在长春宫西壁,现已无存,载体形态已不可知。兹就志书记载录出原文。

作者郑板桥(1693～1765),名燮,字克柔,板桥是其号,江苏兴化人。清代书画家、文学家。应科举为康熙秀才、雍正举人、乾隆进士。曾任山东范县、潍县知县。后在扬州卖画为生,为“扬州八怪”之一,有《板桥全集》传世。

【注释】

①五色土:孔颖达《礼记疏》:“五色,谓青、赤、黄、白、黑,据五

方也。”旧时皇帝祀天的处所,布五色土以象征四方和中央。此处形容峄山的多姿多彩。

②赭:赤褐色。

③偃蹇:高耸貌。《楚辞·离骚》:“望瑶台之偃蹇兮,见有娀之佚女。”王逸注:“偃蹇,高貌。”唐杨炯《青苔赋》:“借如灵山偃蹇,巨壁崔巍,画千峰而锦照,图万壑而霞开。”

④砉(huā):形容动作迅速的声音。

⑤虫鱼:指鸟虫书。《资治通鉴·后晋齐王开运三年》:“契丹以所献传国宝锤琢非工,又不与前史相应,疑其非真。”胡三省注引宋李心传曰:“秦玺者,李斯之虫鱼篆也,其围四寸。”此指秦碑篆文。

⑥甓:砖。

⑦棼:纷乱。

⑧骑龙者:游仙的人。

修醮演戏三年圆满碑记

邹邑城东南峄山之后，旧有东华观，内塑三清[①]老祖金像。斯庙之建，其来久矣。近山兆庶，莫不被其覆庇。若报功醮祭之典，岁无一设，岂不慢渎神圣，有负前人之厚望乎哉！是有下庄冯远太，纠集善会，蓄积资财，逢圣诞之辰，修醮演戏庆贺神圣，聊表愚诚于万一耳。三年圆满，命匠立石。虽作善降祥，不敢妄设是想，而纪年志月亦□焉，后□观感之助云尔。(其下题名不录)

嘉庆八年岁次癸亥仲夏上浣之吉日立。

【简介】

碑在东华宫，新近才被从山阴护林房东南处清出。碑高 129 厘米，宽 68 宽未，顶端 15 厘米渐窄、呈菱形。顶横刻楷书“皇清”二字，有边框宽 5 厘米，刻几何图形，甚粗俗。右侧刻碑文 4 行，每行 40 字。首行题目与碑文连刻不提行。其左题名行数不等，最宽者 27 行，上下共 11 横列。于第 11 列题名缺处刻撰书立石者题名 3 行，首行“郭福琦沐手敬书”，次行“铁笔周兴□□”，三行“住持道人□……”碑左末行题年月，刻立于清嘉庆八年癸亥之五月上旬，为 1803 年。

【注释】

①三清:道教所尊的最高神,即玉清元始天尊、上清灵宝道君、太清太上老君。道书中说这三位尊神居住在天外仙境,称为“三清境”,即玉清、上清、太清。又有“一气化三清”之说,就是说“三清”都是元始天尊的化身。

绎山赋

牛运震

泰山从海上来，冲会中条[1]，抗不得西，迤逦而南。二百余里，欲断不断，齿齿离离[2]。虬结[3]地脉，蜿蟺[4]郁积。扶空直上，数十千尺。土人穿走孔洞，往往如数间屋，迷不知出。丽山[5]分气，厥名曰绎。是山也，盘根茀郁[6]，建标崒嵂[7]。岿崎[8]险巇[9]，岑岩隆崛[10]。或十步而回析，既峞崿[11]之皑皑；或互陬[12]之参差，又嶦峣[13]而崖陨；或豁尔[14]而中绝，乃横纵之相追。其上则峰列为五，探海插天，竦若画屏，直若剑铤[15]。鲜丽兮，珠光之在夜；菁葱兮，芙蓉之在悬。是不可上，盖惟飞仙。若夫绝壁无上，断如杵臼[16]；箭括[17]通天，如刀削就；窈窕无地，双人可受。山中人指曰：此天门也，往往云吐不三四丈，山下四野立雨。青莲泊池，丹樱烧林；地髓[18]天药，文台紫姑，周环阴森。王母之石，可坐千人。仙迹如箕，苔藓蚀侵。伟楼杰阁，鳞露岩壑。南华冠疑在天上，又岂人间所能寻耶？洞曰天田，岩曰大通。皇皇[19]琅材，落落[20]长松。青围一束，驰矗云封。青春不动，明月遗踪。匪丝而响，金石玲珑。凤凰何处？接我弦中。天雨新霁[21]，瀑布争界。衔涧击壑，潎洌[22]澎湃。砏汃[23]汤濡[24]，井井如带。毂转云集，交引却会[25]。磕磕[26]震天，潼潼高厉[27]。斯亦绎山之巨观也哉！日稳风柔，麀[28]浅草肥。相与扪萝[29]分葛，陟彼翠微[30]。周览其上，邈若凌飞。践莓苔之滑滑，揽樛木[31]之垂垂。仿君山之金奏[32]，挹琅琊之爽晖[33]。悼纪城之离黍，怅秦门之石碑。捡孔洞之遗书，窥孟氏之芳徽。为漫声而长歌，心慷慨以忘旧。歌曰：绎山之青，青到青天光断处。飞泉路尺五。曾无一线迹，怅望神仙从此渡。石仄苔径滑，一步三回顾。下山莫拂袖，袖得白云山下去。

【简介】

石刻在峄山馆前，现已无存，其载体形态已不可知。兹就志书录出原文。

作者牛运震（1706～1758），字阶平，号真谷，人称空山先生，滋阳县（今兖州市）人。乾隆年间考博学鸿词科未中，任过知县等官。返乡后著述讲学，为著名经学家和金石学家。著有《读史纠谬》《孟子论文》《尚书详注》《周易解》《春秋传》《金石图》《金石经眼录》（与褚峻合著）等。

【注释】

①中条：山名，在山西省。

②峕峕离离：山势连绵的样子。

③虬结：虬是古代传说的一种无角的龙。《离骚》："驷玉虬以乘鹥兮。"虬结地脉是形容地脉像虬龙一样蜷曲的样子。

④蜿蟺：即蚯蚓。此处指屈曲盘旋。语出王延寿《鲁灵光殿赋》："虬龙腾骧以蜿蟺。"

⑤丽山：此"丽"字作附着解。《周易·离》："日月丽乎天，百谷草木丽乎土。"

⑥岪郁（fú yù）：山势曲折。宋司马光《太行》诗："岪郁天关近，峥嵘地轴回。"

⑦崒嵂(zú lǜ):山高峻的样子,也可颠倒作"嵂崒"。《汉书·司马相如传》:"其山则盘纡茀郁,隆崇嵂崒。"

⑧峭崎:山势险峻。王褒《洞箫赋》:"徒观其傍山侧兮,则岖嵚岿崎。"

⑨险巇(xī):艰难难行的样子。

⑩岑岩隆崛:山势高起。

⑪岝崿:山深险貌。左思《吴都赋》:"虽有石林之岝崿,请攘臂而靡之。"

⑫互陬:山角落。

⑬嶒岖:壑深平之貌。

⑭豁尔:犹豁然。

⑮鋋(chán):古代一种铁柄短矛。也泛指短矛。

⑯杵臼:臼是舂米的石器,杵是在臼中捣米的木棒。此处用以形容山势直立。

⑰箭括:括是箭的末端。《孔子家语》:"括而羽之,镞而砺之,其入之不益深乎?"这里也是形容山势直上。

⑱"地髓"以下两句:按这两句是接续"青莲""丹樱"之后,描写山的颜色的。地髓是呈带状延伸的像筋络一样的岩层的颜色。天药指红色的岩石。文台是有纹理的石台。"紫姑"一词费解,据《显异录》所记,是古代神话中的厕神。又名"坑三姑娘"。此女生前姓何名媚,字丽卿。山东莱阳人,唐武后垂拱三年(687)寿阳刺史李景纳为妾,为大妇曹氏所嫉,正月十五日夜被暗杀于厕所中,上帝怜悯,命为厕神。关于"紫姑"的典故只此一说,但放在这里并不贴切。古人作赋堆砌掌故,常有以词害意之处。此处"姑"若视为"崮"字之讹,紫崮,呈紫色的陡山,可通。

⑲皇皇:美盛貌。

⑳落落:开朗的样子。

㉑霁：雨止天晴。

㉒浟湙（yóu yì）：水流貌。《文选·海赋》："浟湙潋滟，浮天无岸。"李善注："浟湙，流行之貌。"

㉓砏汃（pīn bīn）：波浪冲击声。《文选·张衡〈南都赋〉》："流湍投濈，砏汃輣轧。"李善注："砏汃輣轧，波相激之声也。"

㉔汤（shāng）：水急流貌。潏（yù）：水涌出貌。

㉕"毂转"以下两句：形容流水像车子转弯，像云气集中，有进、有退、有相交，相会。

㉕磕磕：物碰撞声。

㉖潼潼高厉：宋玉《高唐赋》："沫潼潼而高厉。"李善注："潼潼，高貌。"

㉘麀（yōu）：母鹿。《诗经·大雅·灵台》："麀鹿濯濯。"

㉙扪萝：攀缘葛藤。南朝梁范云《送沉记室夜别》诗："扪萝正忆我，折桂方思君。"

㉚翠微：青翠的山色。

㉛樛（jiū）木：树枝向下弯曲，《诗经·周南·樛木》："南有樛木，葛藟累之。"

㉜"仿君山"句：此君山指洞庭湖中的湘山，相传为舜妃湘君游处。《楚辞·九歌》中有《湘君》《湖夫人》两篇。便是二神互相思念而作歌。此言"仿君山之金奏"意谓登临此山也模仿《楚辞》来作歌。

㉝"挹琅琊"句：秦始皇二十八年东巡，登琅琊山，筑台以望东海。立石颂德。此言登峄山如当年秦始皇登琅琊山一样东望大海，挹取东方的光明。

登峄山赋碑

甲子之春，与客登高览胜，莫名其状，嘱余援笔以赋：

邹邑之南，滕阳之北。峄山独耸，流传邾国名区；桐树孤芳，志载禹贡方策。名垂今古[①]，地接龟凫[②]。高峰与北岳而争雄，威同虎踞；片石较东山而吐秀，势若龙蟠。八面玲珑，洞藏一轮明月寂；四平波井，水浸数点夜星寒。石笋插碧霄之中，云染龙孙[③]粉黛；山头露苍柏之际，叶籀佛顶螺纹[④]。上建楼台，崇高百尺；中穿石径，曲转千层。蹑足如步云梯，置身恍游月殿[⑤]。风敲柏子，依稀植萼芬芳；云吐石花，仿佛藤萝锦簇。天葩雅艳，地轴繁华。色色苔衣，一幅远连春水绿；丝丝柳线，千条斜挂夕阳红。青山如画，烟波翠色，逼人眉宇。地当要道，往来挽学士以停骖[⑥]；事属奇逢，景物供高人之雅韵。悬崖镂绿字，陡壁镌青诗。笔走龙蛇，蝌蚪腾右军之书法[⑦]；词倾珠玉，翰墨夺太白之风华[⑧]。奇文美不胜收，效颦[⑨]自觉可厌。徘徊石室，俯仰天门。欲麾[⑩]季札之碑，轰雷翦碎；回忆张仲之篆[⑪]，蔓草封迷。强索枯肠，终成俗响；句无锤炼，愧属袜线[⑫]。庸才字乏推敲[⑬]，妄逞雕虫小技[⑭]。一言赋就，四韵诗成；

檐鸦惊晓寺鸣钟，爽气横山几万重。

坠石密云平补合，残岩细草曲穿缝。

擎天砥柱无双品，霁月光风第一峰。
只有碧桐寻不见，种桃人去再栽松。

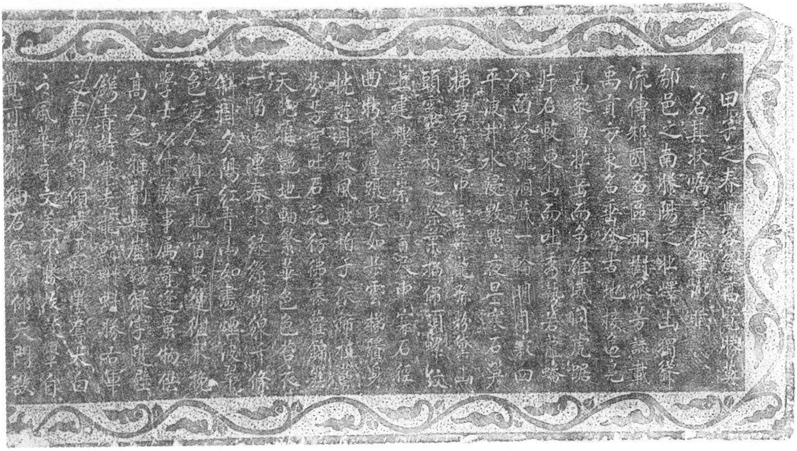

登峄山赋碑

【简介】

此碑原嵌在通明天宫殿门东壁，2009年建设白云宫时才被从瓦砾中挖出。碑高103厘米，左侧断茬垂直。碑周围有7厘米边框，刻连枝纹饰。碑文行楷体，存文25行，每行12字。无题目，此处题目是整理者加的。碑右侧两行小序，以下便是赋文。“俯仰天门，欲……”字以下断去。此处以下的文字，是斟酌《峄山奇观》及《峄山新志》二书记录的文字补上的。

此刻石侯文龄《峄山志》不载。从现存碑石看，未著刻立年代及撰书人姓名。《峄山新志》著录此文时称“作者俞廷之，江西雅堂人”，按江西无“雅堂”地名，不可从。《峄山奇观》著录此文时称“立于清代康熙甲子岁(1684)，江西雅堂喻廷撰文，曲阜张西林书丹勒石”。按古人署名习惯,“雅堂”是“喻廷”的表字,喻廷字雅堂,于字义讲得通,可从。但不论此人姓俞还是姓喻,身世皆无可考,书写人张西林身世亦无考。二书著录皆未说明出处,不知何据。有谓作者为俞廷选者,可从,但亦不详其履历。《明清苏州工商业碑刻集》(江苏人民出版社 1981 年版,第 355~356 页)收录道光十二年(1832)《吴江盛泽镇徽宁会馆缘始碑记》碑文,有“婺邑:俞廷选”记载,不知是否为一人。

其刻立时间定为 1684 年,即清康熙二十三年甲子,此说明显有误。此文末句“种桃人去再栽松”。王尔鉴在峄山种桃在清雍正五至十年期间,即 1727 年至 1732 年之间。1684 年种桃人尚未来,何言“人去”? 显系据碑文“甲子之春”语杜撰。按:桃树生长期虽较短,自然生长亦当有二三十年时间。下推一个甲子,1744 年甲子即清乾隆九年,亦嫌过早。十余年的时间,峄山桃树不会已成过去,而且改种上了松树。推测此石刻立年代当在清晚期,因碑石风化轻微,笔画棱角分明。按乾隆九年以后,清代尚有两个甲子年,即 1804 年(嘉庆九年)和 1864 年(同治三年)。姑且将此文系于 1804 年。因 1864 年峄山甫经教匪之乱,残破不堪,作者行文亦不应有此平和心态。

【注释】

①“名垂今古”句:《新志》及《奇观》均作“千古”,此据原碑改正。

②“地接龟凫”句:《新志》作“龟岛”,此据原碑改正。龟山、凫山皆附近山名。

③龙孙:笋的别称。辛弃疾词:“见龙孙穿破,紫苔苍壁。”又为竹名。粉黛形容竹茎叶上的粉状物。

④佛顶螺纹:佛寺中佛陀的塑像头顶常作螺纹状。据《大日经

疏》称佛像“全身呈真金色，具光辉三十二相”。《瑜伽师地论》对“三十二相”作了记载，其第三十二相是“顶肉髻成相”。佛顶的螺纹即“肉髻”，此借以比喻形容山顶的形状。

⑤月殿：月宫。《新志》作“月展”，此据原碑改正。

⑥停骖：一车驾三马，故称“骖”，又特指旁边的马。《楚辞·九歌·国殇》：“左骖殪兮右刃伤。”停骖就是停车。

⑦“笔走”以下两句：右军指王羲之。这两句铺叙上文“悬崖镂绿字”。

⑧“词倾”以下两句：太白指李白。这两句铺叙上文“陡壁镌青诗”。

⑨效颦：《庄子·天运》：“故西施病心而颦其里。”此为作者谦称自己水平不够即勉强模仿。

⑩“欲摩”句：作者此处用典错误。元马致远杂剧《荐福碑》，写穷秀才张镐向人求助，有人想拓几份碑文出售来资助他，而碑又被雷神轰碎。此处用以写山上的残碑断碣，季札是春秋时吴国贵族，吴王寿梦第四子，吴王诸樊之弟，多次推让君位，因被推崇为仁德礼让的千古楷模。此人没有碎碑的典故。

⑪张仲之篆：出典不详。按张氏没有以篆书名家的。汉之张芝，唐之张旭都善草书。而且芝字伯英，旭字伯高，都是老大（伯）而非老二（仲）。后世模仿的辞赋作品多有为求形式的合乎规则而杜撰和以辞害意的地方。

⑫袜线：比喻才短。后蜀韩昭为礼部尚书，后主孟旭时很受恩宠，其人艺多不精。当时有个朝士李台嘏说他：“韩八座事艺，如拆袜线，无一条长。”（见孙光宪《北梦琐言》）

⑬推敲：反复斟酌修改文字。胡仔《苕溪渔隐丛话》记贾岛于驴上得句：“鸟宿池边树，僧推月下门。”后又欲改“推”字为“敲”字，在驴上反复吟哦比划，为此冲撞了吏部侍郎权京兆尹韩愈的仪

仗,被捉到大尹面前。岛说明缘由,韩愈说:“作‘敲’字佳矣。”

⑭雕虫小技:《法言·吾子》:“或问:‘吾子少而好赋’曰:‘然,童子雕虫篆刻。’俄而曰:‘壮夫不为也。’”比喻小技巧,不算大本事。

邹峄山创建戏楼记

凡山林川谷之能出云为风雨者，皆在祀典[①]。况峄山北拱岱宗，东接尼防，钟天地之秀灵，而为东南之保障者哉！每当甘露既零，黍稷既介，农人乘三时之闲，相与召优人[②]，演戏剧，用是顺丰年，勤报赛[③]，方诸琴瑟击鼓，以御田祖焉[④]，甚盛事也。

神祠以前，旧有戏楼一所，风雨损坏已久。诸羽士爰广为募化，鸠工庀材，即旧基而拓其规模，似因而实创矣。工竣，问记于余。余以兹阁之成，出于邑中绅士之好施，与四方善人之佽[⑤]助，其功不可没。且丁此望氛祲[⑥]、时观游、节劳佚，亦政治所攸关，固不仅答神庥[⑦]庆丰乐而已也，故识之。

【简介】

原石已无存，载体形态已不可知。《峄山志》在“白云宫”条下记载：“戏楼与朝门对峙。嘉庆十三年，本宫主持孟来钦拓修，知县周景岩记，勒石西壁。”今据《峄山志》收录原文。刻立时间为1808年。

撰文者周景岩，直隶衡水县（今河北省衡水市）人。拔贡，清嘉庆九年（1804）起任邹县知县，至嘉庆十四年（1809）。

【注释】

①祀典：祭祀的礼仪和制度。《国语·鲁语上》："凡禘、郊、祖、宗、报，此五者国之典祀也。加之以社稷山川之神，皆有功烈于民者也，及前哲令德之人，所以为明质也。及天之三辰，民所以瞻仰也，及地之五行，所以生殖也，禁九州名山川泽，所以出才用也。非是，不在祀典。"

②优人：旧时称演员为优人、伶人，或优伶。

③报赛：古时农事完毕后举行谢神的祭祀。《周礼·春官·小祝》"将事侯禳祷祠之祝号"，唐贾公彦疏："求福谓之祷，报赛谓之祠。"

④"以御"句：田祖是古代祭祀的农神。《诗经·小雅·甫田》："琴瑟击鼓，以御田祖。"孔颖达疏："以迎田祖先啬之神而祭之。"

⑤佽(cì)：帮助。

⑥氛：古时认为能预示吉凶的云气，也特指凶气。祲(jìn)：阴阳相侵之气。古时有迷信说法，这类妖气望气的人是能够看见的，所以说"望氛祲"。

⑦庥(xiū)：荫庇，保护。

玉皇宫香火社碑

尝考舆志[1]，邹邑南界，有山曰绎。孤峰插天，深秀盈目，玲珑嵌空，莫可名状。自秦皇帝已有事其上，前明又封之，盖古今一名胜也。论者以为脉发泰岱，理或信然。山之巅宫宇壮丽，不减金阙。殿后左古洞幽邃，玉皇上帝神象在焉。每岁暮春初，香火极盛。凡直省善士，胥络绎而来。岂神以山灵欤，抑山以神灵欤？第[2]思上帝者，天之尊号也。天以生人为德，天之下，无人非天所生，即无人不当敬天者。由是言之，则香火之盛，亦固其所。或曰："何处无天？何处不可敬天？何必绎山？"余曰："凡事神者，事之于无形，不若事之于有象。绎山之神象昭昭矣，使供香火者因象求神，因神生畏，因畏起敬，求之古人神道设教之意，未始不有合也。"

余同邑张君魁元，结社进香，于今有年。今冬将鸠工勒石，自河堤来索文于余。余嘉其乐善之诚，而报答生成之至意，亦不觉油然起也。故乐为之书。

滕邑（会首）张魁元（以下题名三十九人略）。

龙飞嘉庆十三年岁次戊辰腊月上浣，滕县兑十二保马家口立石。

玉皇宫香火社碑

【简介】

碑在八卦石前。碑高168厘米,宽62厘米,无额。碑顶作菱形,刻楷书“皇清”二字。两侧刻日月图形,及“日”“月”二字。底边刻云水纹,其他三边刻连枝纹。碑心高153厘米,宽51厘米,碑文楷书9行,满行37字,有两行不满。其下题名5行,每行8人,共40人。不著撰文及书写者名字。此碑刻立于清嘉庆十三年戊辰,即1808年。是滕县马家口村四十人立香火社的记事碑。

【注释】

①舆志:即地方志。

②第:但。

重修炉丹峪碑记

《曲礼》[1]曰："非其所祭而祭之，名曰淫祀。"则夫祀所宜举者，其庙食百世也固宜。邹之炉丹峪，有老子行宫，世传为伯阳[2]炼丹之所，故庙祀之。予以为不然。夫伯阳，生于苦县[3]，仕周为柱下史[4]。及其隐也，度关而西。其生平经此地与不经此地，俱未可知，而必曰炼丹在兹，则固惑于神仙之说，不足信也。至峪以"炉丹"名，安知不犹黄州之赤壁[5]乎？

尝读圣祖《年谱》，三十四岁适周，问礼于老聃。而《曾子问》篇中亦屡言"闻诸老聃"，则是礼订诸仲尼，实老子所传述者也。而或谓自汉以来，老与佛黄并炽。昌黎韩愈[6]辟之，此《原道》[7]之所为作也。老子不庙食为是。不知老子当周尚文，欲返于自然。特其所见太高，而不善学者专事清净，遂致激为刑名[8]。故苏子曰："老庄[9]之后，其祸为申韩[10]。"而要皆非老子之本意也。《祭法》[11]曰："有功于民者祀之。"如老子，通礼乐之原，总道德之归，此其为功何如？而忍听遗像暴露于风雨邪？且夫琳宇梵宫，于世何裨？尚有仁人君子，输布增修，矧其老子栖神者哉！

今春二月，协力捐赀，缺者补，滮者新，而轮奂如故。虽老子之神在天下，如水在地中，无所往而不存。而邑人信之深，奉之谨，即谓神之来格可也。若云"日监在兹"，而后修之，是犹凿井得泉，而曰"水专在是"矣，岂理也哉！

由是言之，老子为礼宗，建庙合礼典，而今之修葺，亦即崇礼教也。礼所不容废者，虽屡兴工，不得以淫祀比。予因为序之，以待后之续修而重礼者。

已卯科举人、检选知县阙里孔继坤撰文。

重修炉丹峪碑记

【简介】

碑已残，在炉丹峪，只余下半截，宽 80 厘米，高度已不可知。楷书碑文 15 行，后面有题名两行，一行书"……县阙里孔继坤撰文"，一行书"……学生员罗翊清书丹"。未署篆额者，应是无额的。

此处据《峄山志》所载录出全文。按:《峄山志》在“长生观”条下记载:“道光九年重修,阙里举人孔继坤记。”道光九年为1829年,此碑当刻立于此时。

撰、书者除以上记载的以外,无更多身世资料。

【注释】

①《曲礼》:《礼记》篇名。“曲”是委曲周到的意思。杂记春秋前后饮食、起居、丧葬等各种礼制的细节。

②伯阳:据说是老子的字,但《史记》不载,不足凭信。《史记》载老子“姓李氏,名耳,字聃”,应是最早也最权威的记载。

③苦县:今河南鹿邑东。

④柱下史:周、秦时官名,即汉以后的御史。因其常侍立殿柱之下,故名。《史记·张丞相列传》:“而张苍乃自秦时为柱下史,明习天下图书计籍。”司马贞《索隐》:“周秦皆有柱下史,谓御史也。所掌及侍立恒在殿柱之下。”

⑤黄州之赤壁:赤壁在今湖北武昌县西之赤矶山。苏轼任黄州太守时曾游湖北黄冈县之赤鼻山,作前、后《赤壁赋》和《念奴娇·赤壁怀古》词,误以为赤壁之战处在此。

⑥昌黎韩愈(768~824):唐代文学家、哲学家,河南河阳(今河南孟县南)人。唐宋八大家之首。“昌黎”是他的郡望。

⑦《原道》:韩愈所作的哲学文章。提出自尧舜至孔孟一脉相承的儒家“道统”说,排斥佛教、道教思想,对宋明理学的形成有重大影响。

⑧刑名:本是“形名”之学,指形态和名称。先秦法家与法术联系起来,把“名”引申为法令、名分、言论等,主张循名责实,慎赏明罚,成为刑名之学。

⑨老庄:老子和庄子。

⑩申韩：申不害和韩非。申不害（约前385～前337），战国时法家。郑国人，任韩昭侯相15年，主张法治，著《申子》6篇，现辑存《大体》1篇。韩非（约前280～前233）：战国末期法家的主要代表人物。著《韩非子》。

⑪《祭法》：《礼记》中的篇名。

重修混元老祖洞碑记

盖闻莫为之前，虽美弗彰；莫为之后，虽盛弗传。若我乡有芽山东南面混元老祖[①]洞一座，自康熙年间创修。上山庄有李廷富、孟均宪，因香火不便，特敬请白云洞中，颓败者修之，残缺者补之。迄今被风雨损坏，合庄善士触目惊心，咏叹咨嗟，各输赀财，又重为整理，神像焕然以新。此因序前贤之功德，足以启后世之缵承[②]也。于是勒碑题名，永垂不朽云尔。

草场南至福山，北至大石崖，东至朝阳寺，西至虎皮石，栽柏树五株、杨柳树丨株。如有作害草场树株者，罚钱五十千。

平邑郡庠生孙绪文撰文沐手敬书。

（以下题名不录）

同治十一年岁次壬申菊月中浣吉日。

【简介】

碑在峄山北牙山，高 106 厘米，宽 59 厘米，方头无额，无边框。顶横行楷书“皇清”二字，字经 10 厘米。碑右无题目，此处题目是整理者拟加的。碑文 5 行，行楷书。文后有撰书者姓名。其左侧题名 6 横列，每列 14 人，第十二列每列 15 人。碑中有圆洞，径约

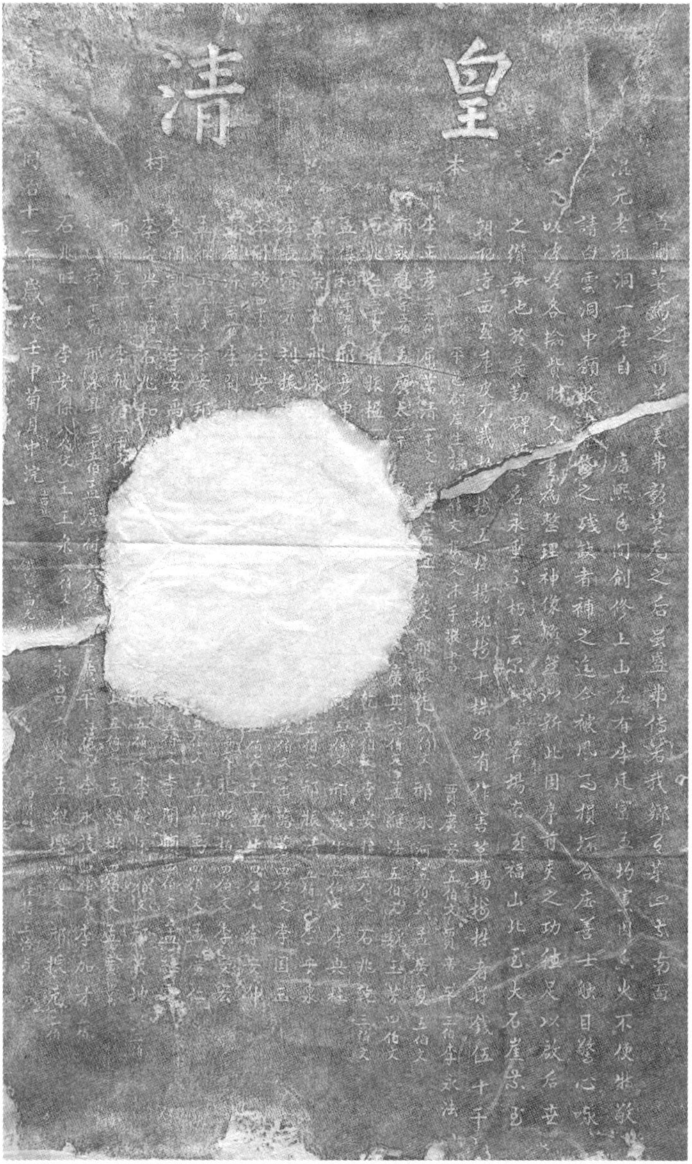

重修混元老祖洞碑记

30 厘米,似汉碑之碑穿而略大,不知何故造成。幸在题名部分,未伤及碑文。刻立时间为同治十一年,即 1872 年。

【注释】

①混元老祖:混元是天地形成之初的状态,所以混元老祖是道教最初的大神,在“三清”之前。

②缵(zuǎn)承:继承,继续。《诗经·豳·七月》:“载缵武功。”毛传:“缵,继。功,事也。”此缵承是同义复词,就是继承的意思。

重修老君庙、关帝庙、土地祠记

我皇上御极之五载，余馆[1]于山阴之兰谷村。炉丹峪重修老君庙成，首事诸公来问序。余以不文辞，不获。

据云：是峪也，相传为仙人李伯阳炼丹之所，洗药池、炼丹石至今尚存，文士名流多题咏焉。左则关帝庙，右有土地祠，创建年代不可考。寻其石刻，只有大元至正四年[2]重修碑记在。约略记之，五百有余岁矣。自咸丰九年[3]秋，教匪[4]倡乱，南捻[5]北来。所过之处，村落为墟，而峪中祠庙遂化灰烬。幸同治二年[6]，藩王僧[7]、镇军陈[8]，合九省之兵力，重奋天戈，始能剪灭净尽。吁！前后四五年间，反复蹂躏，焚掠杀伤，为乡民者，其何以堪耶！

年来风雨调顺，黍稔丰登。姜公得性、罗公殿华等，纠合众善，复踵修之。虽曰重修，无殊创始。兹当落成之日，聊述巅末[9]，以告后来诸君子。至老君之为仙、关帝之为圣、土地之为神，或有益于道德，或有助于纲常，或有功于民社，经史俱载，昭昭天壤，则不敢赞一词云。

莱州府平度州学正、辛酉壬戌并科举人孟传琦撰文并篆额。

业儒孟兴立书丹，镌字侯佐清。

（以下题名不录）

皇清

萊州府平度州學正辛酉壬戌并科舉人孟傳琦撰文并篆額

我

皇上御極之五載余館於山陰之蘭谷邨適丹峪重修老君廟成首事諸公來問序余以不文辭不獲援云是

相傳為仙人李伯陽煉丹之所洗約池煉丹石至今尚存文士名流多題詠焉存則關帝廟右有土地

建年代不可考其石刻祗有大元至正四年重修碑記在約略計之五百有餘歲矣自咸豐九年秋[illegible]

偽亂南竄北來所過之處村落為墟而峪中祠廟遂化灰燼幸同治二年蒙王僧鎮軍陳合九省之兵

重奮　天戈始能剪滅淨盡呀前後四五年間反覆蹂躪焚掠殺傷為鄉民者其何以堪耶年來風

調順黍稌豐登姜公得性羅公毅華等糾合眾善復蹱修之雖曰重修無殊創始茲當落成之日鄉[illegible]

來以告後來諸君子至老君之為德關帝之為聖土地之為神或有益於道德或有助於綱常或有功於

社經史俱載昭昭天壤則不敢贅一詞云

業儒孟興五書丹

光緒五年歲次己卯花月中浣穀旦　立

重修老君庙、关帝庙、土地祠记

光绪五年岁次己卯花月中浣谷旦立。

【简介】

碑在炉丹峪,刻立于清光绪五年(1879)三月。碑高186厘米,宽76厘米,方头,无额。顶端横刻篆书"皇清"二字。其下右侧刻楷书碑文及撰书人名计9行,满行42字(第二行"皇上"抬头多二字不计)。其首行仅一"我"字,第二字即抬头另起。在第一行下刻撰文人姓名,此格式甚罕见,或可说不合体例,不知何故。碑文左侧刻捐钱题名,人名共十三行,每行七人。底部刻住持道人本、合、教、永四代名姓及匠人姓名。字径减半,末行刻年月,字同碑文。

撰文者孟传琦,字魏卿,邹县山头村人,同治壬戌(1862)科举人,大挑为平度州学正,商河县教谕。才学俱优,工书画,著有《东山樵客诗草》《一封书传奇》。

书碑人孟兴立身世无考。

【注释】

①馆:旧时书塾称馆,如蒙馆、学馆,此为动用,设馆授徒之意。

②大元至正四年:即1344年。

③咸丰九年:即1859年。

④教匪:指邹县宋继鹏"文贤教"。

⑤南捻:清代末年捻军起事在苏、鲁、豫、皖四省交界处。在邹县之南,故称南捻。

⑥同治二年:即1863年。

⑦藩王僧:指蒙古科尔沁亲王僧格林沁(1811~1865),清朝咸、同年间与太平天国、捻军作战以及抗击英法联军侵略的重要

将领。

⑧镇军陈:陈国瑞,淮军将领。

⑨颠末:从开始到末尾,谓事情的全过程。

重修大白楼记

忆夫庙宇之设，所以妥神明。前已创者，宜重修；志未逮者，宜继起。兹峄峰有大白楼，在昔具炳耀[①]之观，于后有残缺之虑。及同治二年二月十三日，突被教匪损坏。倘不举意重整，恐灵爽无凭，景福[②]何介？士君子谅共赞襄[③]，乐输赀财。庶克期[④]告竣，焕然一新矣。是为志。

重修大白楼记

教谕李润之撰。

王兰亭书。

敬募四方：李瑞居。

管理工事：王宗礼。

督工：赵贻泽、王清泰。

（以下施财题名 10 行不录）

石匠：王继连、王吉。

主持:鄪坤衍 叩化。

皇清光绪八年岁次壬午梅月上浣立。

【简介】

碑在峄山大白楼,刻立于清光绪八年(1882)壬午之腊月上旬。碑高137厘米,宽65厘米,方头无额。右侧楷书碑文5行,满行30字。其左为题名及年月,均楷书,施财者题名字体小(字径减半)。

撰文者李润之,邹县教谕(地方志失载)。书写人身世不详。

【注释】

①炳耀:光辉灿烂。《后汉书·刘瑜传》:"盖诸侯之位,上法四七,垂文炳耀,关之盛衰者也。"

②景福:大福。《诗经·小雅·小明》:"介尔景福。"《毛传》:"介、景,皆大也。"

③赞襄:辅助、协助。

④克期:限期。

于慎行《峄山记》后跋

此明季于公慎行《峄山记》①也。向在县署《峄山图碑》②下，零落横陈。欲即其地而安置之，惜无处镶嵌，不保存之于心终觉未慊。且年湮日久，兵燹迭遭，中间断去片石，脱落三百余字，遍觅无著□□下，余以未窥全豹为憾。不得已采石配合，嘱张君□□考原文而补书之。□□移此而镶之于壁，以垂永久。非敢谓保全古迹

于慎行《峄山记》后跋

也，俾后之览者不至徒贻碧落之叹云尔。

知邹县事金陵郑庆萱谨识。

邑士孟庆□敬书。

甲寅季冬立。

【简介】

原石原存邹县县署，现藏孟府缘绿楼廊下。高 28 厘米，宽 47.5 厘米，厚 10.5 厘米。碑文行书，潇洒俊逸。共 16 行，每行 11 字。个别字迹不可识。刻立年代为 1914 年。

【注释】

①《峄山记》：见前篇于慎行《游峄山记》。

②峄山图碑：见前篇《峄山图记》。

重修真人阁

真人阁在莲花池上，建置无可考。中多明人石刻。当时倚山作壁，凿石为汀[1]，铺青天于潭底，缀明月于波间。凡山之高，云之浮，水之流，鸟兽鱼之遨游，回巧献技于阁之下，诚胜地也。近阁废池平，游人绝迹。幸李君茂桢，不忍阁之倾圮。略为修葺，阅数月而工始竣。至于莲花池，则无力复旧观焉，能无今昔之慨欤？然试观大江以南，有啮而兵者[2]，有瘠而沟者[3]，有易子而食、析骨以爨[4]者，怨苦之气，惨动天日。独吾乡江山虽易，风景不殊。即此一片干净土，朝夕尚可盘桓。真人之于我辈，护亦周矣，恩亦厚矣。援有功则祠之典[5]，复□阁。然浚池疏泉，以待后之作者。

邑人董汧撰、孟庆桐书。

主持刘本楫监修。

洪宪元年丙辰三月上浣谷旦。

【简介】

碑在莲池，是真人阁的重修碑记，刻立于“洪宪元年”，即民国五年(1916)三月上浣。按：袁世凯于上年底宣布改次年为洪宪元年，当年3月22日宣布取消。该年3月22日当农历二月十九日，

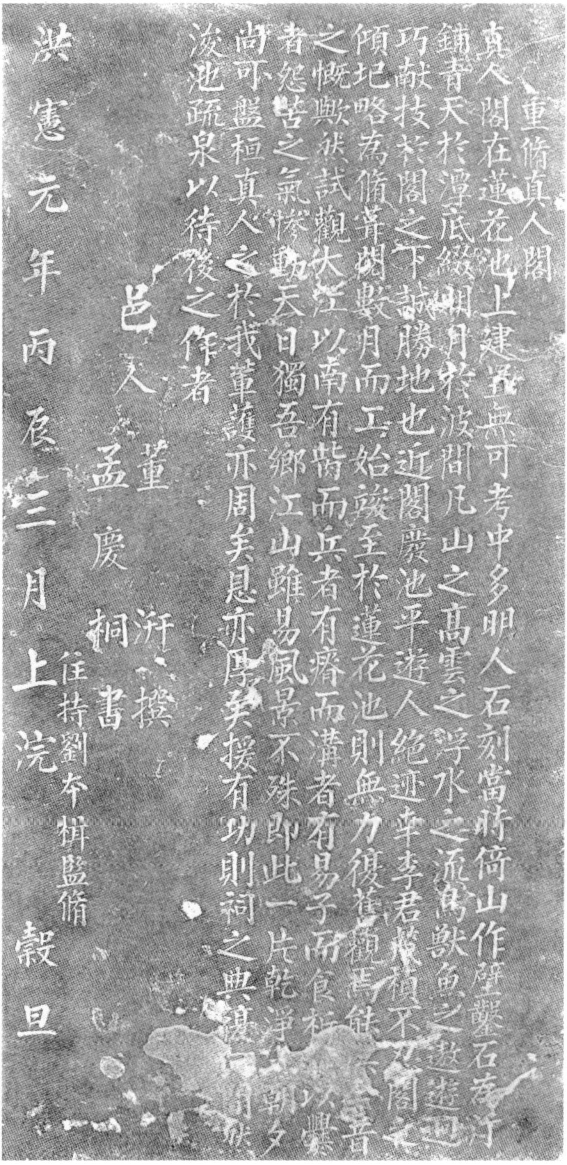
重脩真人閣
真人閣在蓮花池上建置無可考中多明人石刻當時倚山作壁鑿石為
鋪青天於潭底綴明月於波間凡山之高雲之浮水之流鳥獸魚之遊
巧獻技於閣之下誠勝地也近閣廢池平遊人絕迹幸李君樹楨不
傾圮略為脩葺閱數月而工始竣至於蓮花池則無力復舊觀焉
之慨歟然試觀大江以南有菑而兵者有瘠而溝者有易子而食
者怨苦之氣慘動天日獨吾鄉江山雖易風景不殊即此一片乾淨
尚可盤桓真人之於我輩護亦周矣恩亦厚矣援有功則祠之典
浚池疏泉以待後之作者
邑人董游撰
孟慶桐書
洪憲元年丙辰三月上浣
住持劉本枏監脩
穀旦

重修真人阁

距立碑时已过了十几天，可能是当时消息闭塞，民间尚不知情之故。碑高 137 厘米，宽 65 厘米，无碑额。颜体楷书，碑文 9 行，满行 29 字。左侧题名及年月 4 行。

撰文人董汧，邹县城关人，是东平州训导董炳之孙、举人董锡蕃堂侄，邑庠生，民国初年当地著名文人和教育家。书写人孟庆桐，民国六年(1917)曾为峄山书“老君洞”，其他无考。

【注释】

①汀：水中或水边的平地。

②“有胔(zì)”句：肉还没有烂尽的骨殖。此句言有被兵刃所丧的尸体在腐烂。

③“有瘠”句：《荀子·荣辱》：“是其所以不免于冻饿，操瓢囊为沟壑中瘠者也。”

④爨：烧火煮饭。

⑤“援有”句：《礼记·祭法》：“夫圣王之制祭祀也，法施于民，则祀之；以死勤事，则祀之；以劳定国，则祀之；能御大灾，则祀之；能捍大患，则祀之。……此皆有功烈于民者也。”此言援引《祭法》中有功于民则享受祭祀的典籍。“祠”亦祭的意思。

重修南华观记

峄在邹，为东南群山领袖。层叠障目，□相映发。其使人应接不暇者，则尤以南华观为称首。观在峄之冠峰□，其石多突怒偃蹇，负土而出，争为奇状者，殆不可数。观之东有鱼池，清泉漱玉；观之西有盘路，石磴穿云。每逢旭日东升，峰以首承之，似吐似吞。下视千岩万壑，有垤若者[①]，有穴若者，攒蹙累积[②]，莫得遁隐，如涂山诸侯执玉帛朝天子焉[③]。绕观而行，峰腰有洞，透如一轮明月。蛇盘蚓曲约十步，折而西，级而上，又有□隙地，杂花若锦，细草铺茵，为游子憩息之所。始知造物有心作态，示人以文，□□不为工也。

清咸、同间[④]，观毁于兵燹[⑤]。善士李瑞居倡修之。又数十年，为风□□落，观中伽蓝尊者[⑥]半堆瓦砾。噫！曾岁月之几何，遂而屡就尘埃。况人生不百年，苟不善自树立，留姓名于天地间，宁不与草木同腐耶？幸李瑞居之子李茂桢，不忘乃父之志，纠合八村仁人君子，鸠工庀材，不数月而告成焉。

邑人董汧撰。

孟庆桐书。

住持刘木楫监修。

洪宪元年丙辰三月中浣谷旦。

【简介】

碑在南华观，高135厘米，宽65厘米，从中间断开为两截，对合后右侧缺三角形的一块。三角形边长分别为45、47、65厘米。正当碑文部分，不能连续。幸邹城市北关医院董伟先生是碑文作者董汧的后人，藏有此碑未断毁前的照片，他为我们提供了照片的复印件，惜缩得太小，仍难辨认。又参酌新拍此碑照片，及其他文献中引用的部分原文，基本补上了缺字，大致弄清了其载体形态。碑文12行，满行30字，颜体正楷书。首行是题目，以下是碑文（仍缺七字）。碑文后题名三行（最后一行字体略小），最后是年月一行。撰书者生平详上篇，刻立年月的说明也与上篇相同。

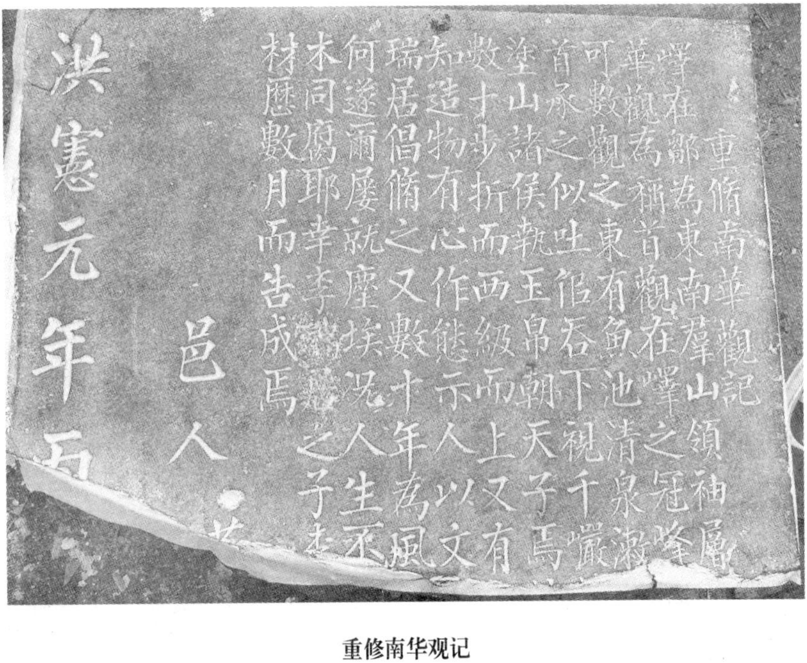

重修南华观记

【注释】

①"有垤若者"句：垤是小土阜。此句是从山上往下看的景象，"有垤若者"就是有的好像小土阜。下句"有穴若者"准此。

②"攒蹙"句：紧密聚集。唐柳宗元《始得西山宴游记》："其高下之势，岈然洼然，若垤若穴，尺寸千里，攒蹙累积，莫得遁隐。"清刘大櫆《半野园图记》："夫天下之山水，攒蹙累积于东南。"

③"如涂山"句：《左传·哀公七年》："禹合诸侯于涂山，执玉帛者万国。"此句用以形容峄山群石簇拥的形势。玉帛是古代诸侯盟会时的礼器。

④清咸、同间：清朝咸丰、同治年间。清咸丰为1851年至1861年，清同治为1862年至1874年。

⑤兵燹：燹是野火。兵燹指因战乱所遭受的焚烧破坏等灾害。《宋史·神宗纪》："诏：岷州界，经鬼章兵燹者赐钱。"

⑥伽蓝尊者：佛教寺庙的保护神。佛说有十八神保护伽蓝，即美音、梵音、天鼓、叹妙、叹美、摩妙、雷音、师子、妙叹、梵响、人音、佛奴、颂德、广目、妙眼、彻听、彻视、遍视。佛教寺庙里有伽蓝殿，就是供奉伽蓝神的殿堂。

重修白衣殿记

峄之有白衣殿也，由来旧矣。靳公云鹏[①]以其残敝，输赀而重新之。□□□□□。公家于邹，民国成立后，超迁[②]为山东泰武将军，建节[③]济南。当其时□□□，□势孔亟。公拥重兵镇抚其间，作东方之保障，为万里之长城。其时□□□□□里，福庇我人民者，功至大而业至伟，区区庙宇之修，又奚足为公□。□□□□敬神，皆公素志。是庙重新之后，观瞻益壮，神灵益妥。后之人苟能□□□□，屡修不替，是此庙之不朽，公之德亦愈以不朽也。是为志。

清优贡孟宪纶撰文。

邑人孟庆桐书丹。

高毓秀镌石。

住持孔理福、徒周□□。

民国五年岁次丙辰秋八月上浣。

【简介】

碑在白衣殿，刻立于民国五年(1916)。有额，篆书2行6字：“重修白衣殿记。”碑高158厘米，宽50厘米，无边框。刻字共11行，楷书，字径约4厘米。其中题目1行，碑文6行，题名3行(撰文、书丹共为1行)。最后年月1行。满行30字。基部五至七字剥落不辨。

撰书人皆乡贤,生平无考。

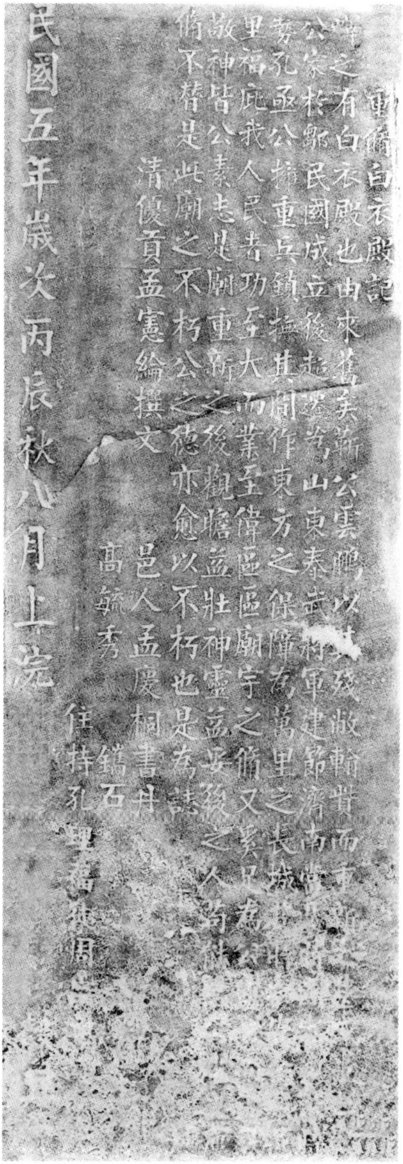

重修白衣殿记

【注释】

①靳公云鹏(1877～1951),字翼青,邹城人。北洋武备学堂毕业,历任北洋军五师师长、山东省都督、陆军总长,并两次出任国务总理。1921年去职,寓居天津。1951年病逝于天津。

②超迁:越级升迁。《史记·张释之冯唐列传》:"今陛下以啬夫口辩而超迁之,臣恐天下随风靡靡,争为口辩而无其实。"

③建节:隋唐时代地方大吏叫节度使,节度使驻地叫节镇。就任节度使叫建节,意为建立节度使衙门。民国时期的省督军,管辖范围相当于旧时的节度使。这是套用旧时说法,指靳氏任山东督军之意。

新建牛善人祠碑记

善人张氏，为牛君连璧之淑配，生平好善，闻于远近，故识与不识，皆以“牛善人”称之。居滋阳城南段家村，薄田数亩，仅可自给。然夙好行善，城东郭之天仙庙、西关之三官庙暨城内之大悲庵多年失修，善人皆力为倡募，一一修整而规复之。其他平治道路、修补桥梁，以及救危难、恤孤苦诸善事，不可枚举，而其尤著者则峄山一工。上至玉皇殿，下至盘路，旁及群庙道院，工程浩繁，所费不赀。善人不辞劳瘁，历数年之久，集合众资，往来奔走，始得经营缔构，复其旧而焕其新。善人之心愿亦云慰，善人之精力亦云痡[1]矣。当游览绎山时，爱其风景，尝有“他日归真栖神于此”之言。其高门次女心焉识之。洎[2]善人八十有五寿终后，其女回忆前言，拟成其志，遂独输京钱二十千，又约同炼师王教山[3]及其子牛广滋等，及同志众善女各捐若干，共得京钱六百余千。爰于玉皇殿下东偏拓地一弓，建祠三楹，内塑真容而虔祀焉。工竣，索文于予。予心仪善人之懿行、其女之孝思，而又与牛府有世交，不获辞，因据事直书以记之，而因有感焉。

夫世间之善事夥矣，即如修庙供神，传自古昔，然或以为迷信，而鄙而不屑为；或为之而心弗笃、力弗逮，始奋终辍者有之。求其好善不倦，至老靡衰，卒能大工迭建、功德长留如善人者，诚不数数觏④。顾善人一女流耳，举世间善事，男子所逊谢不敏者，善人竟从容经理，以底⑤于成，亦足以愧须眉矣。然积善获报，历征不爽⑥。今为善人建祠于此，得与此山不朽，岂非天之报施善人乎？后之进香此山、入祠展拜者，当不河汉⑦斯言欤？

丁酉拔贡滋阳孟蓝田撰文并书。

（以下题名不录）

民国丁巳年二月上浣立石。

【简介】

碑在白云宫东配房后，刻立于民国六年(1917)二月上旬。碑高 176 厘米，宽 69 厘米，方头，无额。楷书碑文 11 行，满行 53 字。碑左侧顶端横刻楷书“捐施姓氏”4 字。与碑文同大。其下刻题名 14 行，每行 16 人，行字大小均为碑文之半。最后一行刻年月，与碑文同大。

撰书者孟蓝田身世无考。

【注释】

①痡(pū)：过度疲劳。《诗经·周南·卷耳》：“我仆痡矣。”疏：“痡，人疲不能行之病。”

②洎：到，及。

③王教山：民国期间峄山道教领袖人物。龙门派十六世传人。

④数数：常常。觏：见。

⑤底：通“扺”，到达。

⑥爽：错失，差。《诗经·卫风·氓》：“女也不爽，士贰其行。”

⑦河汉：比喻遥远不着边际，常用来形容语言不可信从。

新建牛善人祠碑记

重修南天门记

名山极顶之前，皆有神阙，名为天门，所以醒观瞻、示仰止也。况峄山为邹鲁名胜，玉皇行宫乃众善所云集乎？故灵岩阁前亦曾有门，相传呼为南天门。惟未题其额而名目不彰，殊不足以醒豁心目也。滋阳善士兴念及此，鸠赀重修，因其旧址，增以新题曰“南天门”。登顶者至此则伫立凝神，俯察仰观，爽然曰：神宫在望，将觐玉皇矣，吾其拂尘静心以致敬也。自题名此门，岂非若前途之指南欤？因众善之请，爰为志之，以垂不朽云。

滋阳县前清优廪生侯敬修撰并书。

镌石：高毓秀。

（以下题名不录）

中华民国九年岁在庚申中秋上浣谷旦。

重修南天门记

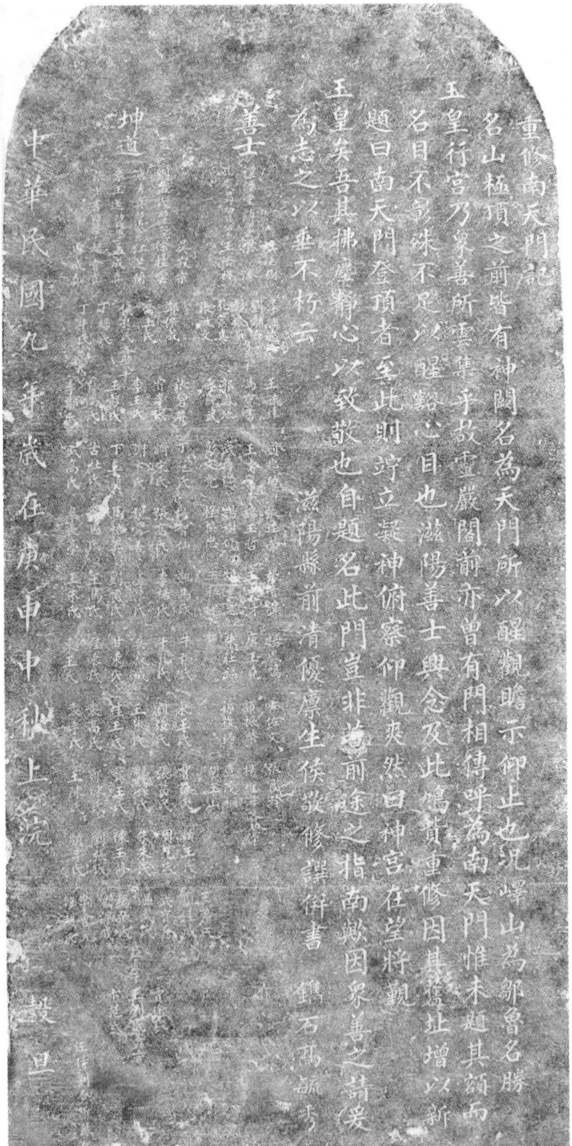

重修南天門記

名山極頂之前皆有神闕名為天門所以醒觀瞻示仰止也况峄山為鄒魯名勝

玉皇行宮乃眾善所雲集乎故靈巖闕前亦曾有門相傳呼為南天門惟未題其額而

名目不彰殊不足以醒黔心目也滋陽善士興念及此傷資重修因其舊址增以新

題曰南天門登頂者至此則竚立凝神俯察仰觀爽然曰神宮在望将觀

玉皇矣吾其拂塵靜心以致敬也自題名此門豈非善前途之指南歟因眾善之請爰

為志之以垂不朽云　滋陽縣前清優廩生侯敬修撰併書　鐫石馬毓秀

善士

坤道

中華民國九年歲在庚申中秋上浣　穀旦

【简介】

碑在南天门，刻立于民国九年(1920)八月。碑高154厘米，宽66厘米，碑顶作圆形，无额。右侧刻碑文(包括撰书者题名)共7行，满行32字。楷书，甚遒劲。左侧刻“善士”及“坤道”两部分题名，各于顶端以楷书竖行刻这两个名目，与碑文同大。其下各排名横列13行，“善士”每行二至三四人不等，“坤道”每行5至6人不等。左下角刻“住持刘合炘募化”，字径均较碑文减半。末行刻年月，大小与碑文同。

重修峄山灵岩侯阁碑记

予鲁人也，而系出于邹。邹峄山为鲁省名胜，去兖城数十里。予于弱冠[①]时仅一登焉，嗣拟再试蜡屐[②]，卒以橐笔[③]四方未果。今老矣，谈及此山名胜，竟茫然莫知，讵[④]不为山灵所笑乎？今春，友人孔君辅中为修此山灵岩侯阁工竣，请余为记，并贻以钞来《峄山志》一册。浏览一过，称快者累日，一快于平生未获快睹之名胜，一展卷如亲历其境；并快于灵岩侯阁之缘起得所考据也。

盖灵岩侯之封号始于宋（其下小字两行作“大中祥符九年[⑤]十月十五日封”），沿于元（其下小字两行作“延祐元年[⑥]书碑致祭”），改于明（其下小字两行作“洪武七年[⑦]改封为峄山之神”），而仍复旧号，建阁于南天门外者，则清康熙二十七年[⑧]也（下小字两行作“邹人韩峰起[⑨]创建”）。嗣后百余年间，两次重修。自道光十九年[⑩]重修，并添塑侯像于阁上以来（下小字两行作“白云阁道人张□秀偕善士王□□倡修之”），迄今又八十余年，风雨剥蚀，日就倾颓。滋阳信女马成真时来此山进香，既将南天门重新其气象，复悯此阁之暗淡无华也，爰集众善，醵[⑪]金而重修之，不阅月而告成。

嗟乎，以数十年失修之杰阁，一旦复其旧制，焕然为此山生色。可见无论何人，但秉乐善不倦之诚心，自无不能兴修之善事。余深嘉马信女之诚心为善，故乐书之以劝后来之乐善不倦者。是为记。

候选直隶州州判、丁酉科拔贡、滋阳孟蓝田敬撰。

山东法政校员、滋阳县儒学优廪生侯敬修敬书。

善士孔宪真、汪廷树、郭凤池襄助。

住持道人刘合炘。

邹邑高毓銮镌石。

中华民国十年岁在辛酉仲夏上浣谷旦。

【简介】

碑在南天门，刻立于民国十年（1921），高 190 厘米，宽 73 厘米。无额。刻楷书碑文 11 行，满行 44 字。其下为题名及月日 4 行。

撰书者身世无考。

【注释】

①弱冠：二十岁。《礼记·曲礼上》："二十曰弱冠。"

②嗣：接续。蜡屐：涂蜡的木屐。语出南朝宋刘义庆《世说新语·雅量》："或有诣阮（阮孚），见自吹火蜡屐，因叹曰：'未知一生

重修峄山灵岩侯阁碑记

当着几量屐!'神色闲畅。"后因以"蜡屐"指悠闲、无所作为的生活。

③橐笔:指文士的笔墨生活。《汉书·赵充国传》:"安世本持橐簪笔,事孝武帝数十年。"颜师古注:"橐,契囊也。近臣负橐簪笔,从备顾问,或有所纪也。"

④讵:岂,怎。

⑤大中祥符九年:即1016年。

⑥延祐元年:即1314年。

⑦洪武七年:即1374年。

⑧康熙二十七年:即1688年。

⑨韩峄起:字伯伏,直隶盐山县(今河北盐山)人。丁酉科清顺治十四年(1657)举人,康熙二十七年二月莅任邹县知县。任职十年,年老告归。

⑩道光十九年:即1839年。

⑪醵(jù):凑钱,集资。

建皇经醮碑记

峄山本名绎山，位镇东南，俨分岱岳之脉，孤峰插天，深秀盈目，虚空玲珑，胜迹班班，诚古今一名胜也。五华峰前，古洞幽邃，祀有玉帝像焉。由是精英所感，遂结香火之缘。号招所通，咸如奔走之愿。法鼓金铙，岁岁之香火结彩；钟声佛号，年年之烛焰生光。凡直省善士，莫不络绎而来。岂神以山灵欤？抑山以神灵欤？

建皇经醮碑记

第思上帝者，天之尊号也。天以生人为德，天下之人，无人非天所生，即无人不当敬天也。而事之者，率皆于无形，何若事之于有象？山之巅，圣象昭昭，使进香者因象生神，因神生畏，因畏起敬。求之古人神道设教之意，未始不有合也。某等结连皇经社，朝山进香，已有数年。今特鸠工勒石以志焉。

本庙道人撰文并书。

峄山东南四十五里香城社兴隆等村信女社首王秦氏（以下村名、人名不录）。

中华民国十年岁次辛酉正月立。

【简介】

碑在南天门，刻立于民国十年（1921），是香火社碑。碑高160厘米，宽68厘米。无额。顶书“万古流芳”两行4字。楷书。下右侧碑文8行，满行40字。左侧题名及年月10行，每行字数不等。

撰书人但称“本庙道人”，未著姓氏。

此碑内容大多抄袭前《玉皇宫香火社碑》。

滕县东关进献袍伞碑记

邹邑之南，层山亘绵，惟峄山居其首。北枕泰岱，南迎龙岭，万峰刺天，穹岩巨谷。钟灵华秀，以亭以毒[1]。磅唐[2]瑰伟，实堪神栖，故玉皇上帝而居焉。非此山不足以玉皇之居，非玉皇不得以喻此山之美，实可谓人间天上之福地也。

滕县东关进献袍伞碑记

夫天，荡荡巍巍，人莫能测。遍覆曰天，主宰曰帝，浩大曰皇，至贵曰玉。常于神道设教，化民励俗。乃曰昊天在上，临下有赫[3]，神道无亲，惟善是依，恩泽普被，遐迩皆得。每岁正月朔九，乃圣诞之日也。弗论各郡乡僻城镇，仕宦居民，无不欲登山而进香者。

兹有滕郭协萃康君[4]、杜氏秀珍，嗜好善，性好施，集同

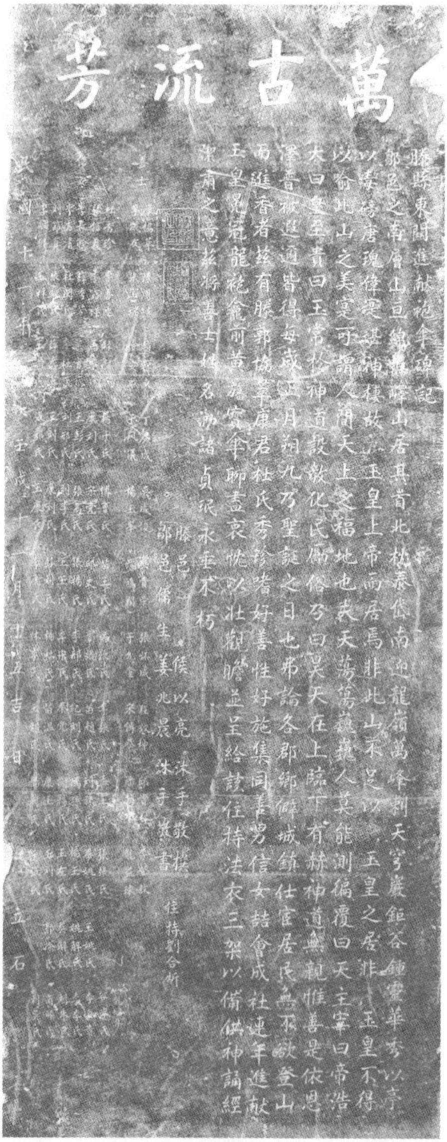

善男信女，喆会成社，连年进献玉皇冕冠、龙袍，龛前黄幡、宝伞，聊尽衷忱，以壮观瞻，并呈给该住持法衣三架，以备供神诵经结肃之意。兹将善士姓名泐⑤诸贞珉⑥，永垂不朽。

滕邑侯以亮沐手敬撰。

邹邑儒生姜兆晨沐手敬书。

住持刘合炘。

（其下题名不录）。

民国十一年岁次壬戌十一月十五吉日。

【简介】

碑在南天门，刻立于民国十一年(1922)。碑高195厘米，宽75厘米。方头，无额。顶端横刻“万古流芳”四大字。其下右侧刻楷书碑文9行，满行36字。此碑逢神名如“玉皇”等字样，用上空一格的办法以示尊敬，不似以前各碑另起一行并抬高一至二格的格式。碑左侧刻题名。顶端并刻“善士”“信女”字样，把题名分为两部分。

右侧善士部分下人名9列,每列2人,共刻康协萃等18人。信女部分下人名12列,每列除一列4人外,其余均为6人,共刻杜秀珍等70人。信女题名中有十数人用本人姓名,不似以前纯以某门某氏为名,均表明了时代的进步。

撰书者的身世无考。

【注释】

①"以亭"句:《老子》:"长之育之,亭之毒之。"亭、毒均是养的意思。

②唐:通"荡"。磅、唐:皆大的意思。

③临下有赫:指玉皇大帝临视人间,探求人民安定。《诗经·大雅·文王之什·皇矣》:"皇矣上帝,临下有赫。监观四方,求民之莫。"

④滕郭协萃康君:郭作城郭讲、滕县城郊人,姓康名协萃。

⑤泐(lè):通勒,刻碑。

⑥贞珉:石刻碑铭的美称。元余阙《化城寺碑》:"斫辞贞珉,永告无斁。"

通明殿装塑神像碑

通明殿装塑神像碑

从来善创者必有善述，善始者尤有善终。盖无创于始，则述于终者难稽①；无述于终，则创于始者未明，是二者固相需甚殷也。况峄山灵镇邹鲁，神侔②泰岱，时兴云雨，以膏③四方，上有白云宫、玉皇殿为全球人民瞻拜祈祷弥已者乎？创自宋延祐④时，屡经修葺，有碑可考。本宫住持王羽士云亭，募化滋阳牛女士，曲阜楚善士，于壬子岁重修。迄今年虽未远，而风雨剥蚀，日就摧残，门楹惨淡。今有陈善士印畴，字益之，江苏丹徒⑤人也。世嗜善，济孤贫，家立皇经坛，时设超度⑥会。现充津浦铁路工程处工务段长。甲子⑦春，登巅仰拜，见而欷歔。于是金输囊底，鸠工储材，将通明殿八大帅遗像妆塑辉煌，五圣⑧堂神像亦光华灿烂。更有关帝金身，并三星阁、东西配殿及山门、重门、诸楹、群榱复加彩绘，顿觉改观。从此丹珠相映，金碧交辉，轮奂一新，共仰声灵之赫耀；蒸尝[⑨]千古，永施慈惠于闾阎[⑩]。诚足以妥神明而壮观瞻，抑亦见陈君之善述于终者，不较创于始者为有光欤？后之人若踵而效之，则功德为无穷矣，是为叙。

儒学优廪生吕继瑞撰文。

清授征仕郎内阁中书董瑞生书丹。

按察司检校张震德篆额。

高毓銮镌字。

（以下题名不录）

丙寅岁杏月百花生日吉辰立。

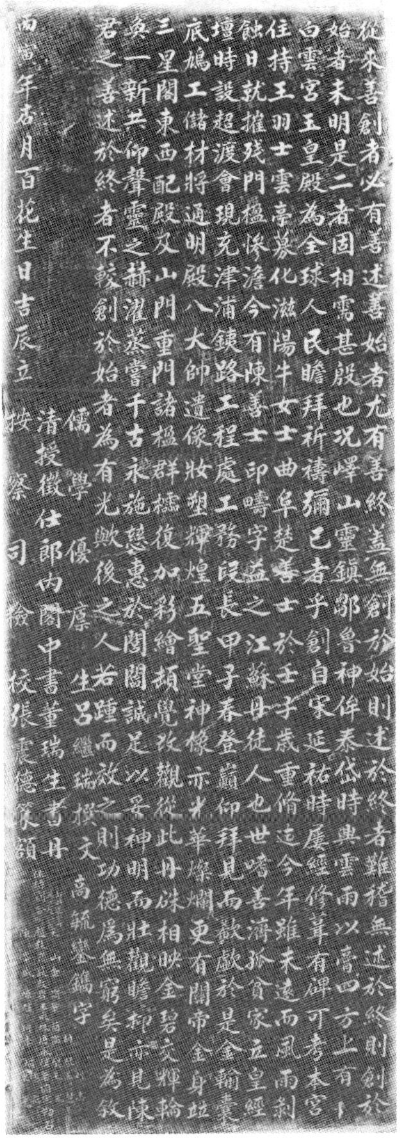
從來善創者必有善述善始者尤有善終蓋無創於始則述於終者難稽無述於終則創於
始者未明是二者固相需甚殷也況嶧山靈鎮鄒魯神侔泰岱時興雲雨以膏四方上有
白雲宮玉皇殿為全球人民瞻拜祈禱彌已者乎創自宋延祐時屢經修葺有碑可考本宮
住持王羽士雲亭募化滋陽牛女士曲阜楚善士於壬子歲重脩迄今年雖未遠而風雨剝
蝕日就摧殘門楹漆滲今有陳善士印疇字益之江蘇丹徒人也世嗜善濟於貧家立皇經
壇時設超渡會現充津浦鐵路工程處工務段長甲子春登嶧仰拜見而歆羨於是金輸囊
鳩工儲材將通明殿八大帥遺像妝塑輝煌五聖堂神像亦光華燦爛更有閣帝金身並
底星閣東西配殿及山門重門諸楹群榱復加彩繪頓覺改觀從此丹珠相映金碧交輝輪
奐一新共仰聲靈之赫濯蒸嘗千古永施慈惠於閭閻誠足以妥神明而壯觀瞻抑亦見陳
君之善述於終者不較創於始者為有光歟後之人若踵而效之則功德為無窮矣是為敘
儒學優廩生呂繼瑞撰文
清授徵仕郎內閣中書董瑞生書丹
按察司檢校張震德篆額
高毓鑾鐫字
丙寅年杏月百花生日吉辰立

【简介】

碑在白云宫，刻立于民国十五年（1926）一月。高150厘米，宽49厘米。方头，无额，无边框，刻楷书碑文10行，每行35字。字迹甚端妍。右下角小字刻刘合炘以下4代道众人名。

按此碑年月不著朝代，只书“丙寅年”，内容有“津浦铁路”“全球”等近代语，道众署名中刘合炘、王教山皆活动在民国初年，故知此丙寅年当是民国十五年之丙寅。不奉民国之正朔，可能是前清遗民的一种政治态度。

撰文、书写、篆额者，身世皆无考。

【注释】

①稽：考。

②侔：齐等。

③膏：润泽，滋润。

④宋延祐：按宋无延祐年号。元仁宗有延祐年号，1314 年至 1320 年，共七年。宋哲宗建元元祐，非延祐。不知碑文错在何处。

⑤丹徒：县名，在江苏镇江市。

⑥超度：僧、尼、道士为人诵经拜忏，说是可以救度亡者超越苦难。

⑦甲子：此甲子是民国十三年，即 1924 年。

⑧五圣：道教神名，据说是兄弟五人，也叫“五通”“五显公”，据说是凶神。

⑨蒸尝：本指秋、冬二祭，也泛指祭祀。

⑩闾阎：泛指民间。《汉书·异姓诸侯王表》：“闾阎偪于戎狄。”注：“闾，里门也；阎，里中门也。”

后 记

“齐鲁名山归岱峄。”峄山自然景观优美，历史文化积淀丰厚，素有“邹鲁秀灵”“岱南奇观”之美誉。《尚书·禹贡》有“峄阳孤桐”的记载；《诗经·鲁颂·閟宫》有“保有凫峄”的诗句；《礼记·正义》卷六、卷十中记邾峄多处，连注疏有2000多字；《左传》写邾峄有150多处；《春秋穀梁传》写邾峄也有110多处；《春秋公羊传》写到邾峄有120多处。历代文人墨客多有登临，留下了大量的诗文碑刻。峄山碑刻作为峄山文化的重要载体，内容包含政治、历史、军事、宗教、名胜古迹、民俗风情、神仙鬼怪等各个方面，真草隶篆诸体皆备，诗文辞赋兼收并蓄，具有极高的文化价值和艺术价值。

作者曾在峄山工作数年，前几年组织编辑了一本峄山碑刻的册子，但由于种种条件所限，有些内容不够翔实，也存在着一些错误。在这次重新整理的过程中，本人识读抄录，校勘考证，钩沉索隐，重新进行注释，并增加了十多篇碑文，尽可能订正原来的错误。但限于自己的学识水平，依然错漏难免，尚祈读者不吝指教。

感谢文化功底深厚、学识渊博的文友刘书龙先生、乔培华先生，帮助通读书稿，校错指谬，考证典故，使我受益匪浅。

本书还得到了张延龄先生、王昭溪先生、邵泽水先生的大力关心支持，夫人刘飞帮助做了很多校改工作，在此表示最真挚的感谢。

作　者

2016 年 12 月